Der Willensmangel bei Eingehung der Ehe und Begründung der Lebenspartnerschaft

Europäische Hochschulschriften

Publications Universitaires Européennes
European University Studies

Reihe II
Rechtswissenschaft

Série II Series II
Droit
Law

Bd./Vol. 4634

PETER LANG
Frankfurt am Main · Berlin · Bern · Bruxelles · New York · Oxford · Wien

Julia Drolshagen

Der Willensmangel bei Eingehung der Ehe und Begründung der Lebenspartnerschaft

PETER LANG
Internationaler Verlag der Wissenschaften

Bibliografische Information der Deutschen Nationalbibliothek
Die Deutsche Nationalbibliothek verzeichnet diese Publikation
in der Deutschen Nationalbibliografie; detaillierte bibliografische
Daten sind im Internet über <http://www.d-nb.de> abrufbar.

Zugl.: Bochum, Univ., Diss., 2007

D 294
ISSN 0531-7312
ISBN 978-3-631-57430-0

www.peterlang.de

Vorwort

Die vorliegende Arbeit entstand während meiner Tätigkeit am Lehrstuhl für Deutsche Rechtsgeschichte, Bürgerliches Recht und Handelsrecht der Ruhr-Universität Bochum.
Mein besonderer Dank gilt Herrn Prof. Dr. Karlheinz Muscheler für die Betreuung der Arbeit und den gewährten Freiraum bei der Erstellung. Herrn Prof. Dr. Bernd Schildt danke ich für die zügige Erstellung des Zweitgutachtens und für seine wertvollen Hinweise. Weiteren Dank schulde ich Frau Bärbel Dröghoff für die Hilfe bei der Erstellung des Manuskripts. Darüber hinaus danke ich meinen jetzigen und ehemaligen Lehrstuhlkollegen für die gute Zusammenarbeit. Der größte Dank gilt meiner Familie für die Unterstützung, Geduld und Rücksichtnahme während meines Studiums und meiner Promotion.

Bochum im Juli 2007

Julia Drolshagen

Inhaltsverzeichnis

A. Einleitung 27
B. Der Willensmangel bei Eingehung der Ehe 29
I. Die aktuelle Rechtslage im Überblick 29
1. Die Eingehung der Ehe und das Eheverhältnis 29
2. Abgrenzung zur Nichtehe 30
3. Aufhebung der Ehe bei Willensmängeln 30
4. Ausschluss der Aufhebung und Verfahren 32
5. Rechtsfolgen 32
II. Historische Entwicklung 32
1. Die Ehe im römischen Recht 33
2. Das kirchliche Eherecht 33
a) Das kanonische Eherecht 33
aa) Das Verhältnis des kanonischen zum weltlichen Recht 34
bb) Nichtigkeit der Ehe 34
(1) Decretum Gratiani 35
(2) Cic von 1918 36
(3) Cic von 1983 37
b) Das protestantische Eherecht 38
c) Ergebnis: Das kirchliche Eherecht 41
3. Partikularrechte und Naturrecht 41
a) Das Allgemeine Preußische Landrecht von 1794 41
aa) Vertraglicher Charakter der Ehe 42
bb) Abgrenzung zwischen ungültiger und von Anfang an nichtiger Ehe 43
cc) Die ungültige Ehe 43
b) Das sächsische bürgerliche Gesetzbuch von 1863 45
4. Das Reichspersonenstandsgesetz von 1875 46
5. Das BGB von 1900 48
a) Vertraglicher Charakter der Ehe 48
b) Abgrenzung zwischen nichtiger und anfechtbarer Ehe 49
c) Die anfechtbare Ehe 50
aa) Fehlender Eheschließungswille, § 1332 BGB a. F. 50
bb) Irrtum über die Person oder persönliche Eigenschaften des anderen Ehegatten, § 1333 BGB a. F. 51
cc) Arglistige Täuschung (§ 1334 BGB a. F.) und widerrechtliche Drohung (§ 1335 BGB a. F.) 52
d) Rechtsfolgen 53
e) Ergebnis: Beeinflussung des BGB durch andere Gesetze 54
6. Entwicklungen nach 1900 54
a) Ehegesetz von 1938 55

b) Das Ehegesetz von 1946 ... 56
c) Eherechtsreformgesetz von 1976 ... 56
d) Das Eheschließungsgesetz von 1998 ... 57
7. Zwischenergebnis: Vertraglicher Charakter der Ehe ... 58
III. Der Tatbestand des Willensmangels ... 59
1. Der Willensmangel im allgemeinen Teil des BGB ... 59
a) Der bewusste Willensmangel im allgemeinen Teil ... 59
b) Der unbewusste Willensmangel im allgemeinen Teil ... 61
2. § 1314 Abs. 2 Nr. 1 BGB ... 62
a) Textgeschichte ... 62
b) Tatbestandsvoraussetzungen und Vergleich mit dem allgemeinen Teil ... 63
3. § 1314 Abs. 2 Nr. 2 BGB ... 65
a) Textgeschichte ... 65
b) Tatbestandsvoraussetzungen ... 65
c) Vergleich mit dem allgemeinen Teil ... 66
d) Anwendungsbereich ... 66
4. § 1314 Abs. 2 Nr. 3 BGB ... 69
a) Textgeschichte ... 69
b) Vergleich mit dem allgemeinen Teil ... 70
c) Tatbestandsvoraussetzungen ... 70
aa) Täuschung durch positives Tun oder Unterlassen ... 71
bb) Offenbarungspflicht ... 72
cc) Subjektive und objektive Kausalität ... 73
(1) Subjektive Kausalität ... 73
(2) Objektive Kausalität ... 74
(aa) Beurteilungskriterien ... 75
(bb) Das Wesen der Ehe ... 75
dd) Kritik an der Rechtsprechung ... 80
(1) BGHZ 25, 66 ... 80
(2) OLG Hamm FPR 2004, 26 ... 81
ee) Verfassungsmäßigkeit und Zweckmäßigkeit der objektiven Kausalität ... 82
(1) Zweckmäßigkeit der objektiven Kausalität ... 82
(2) Verfassungsmäßigkeit der objektiven Kausalität ... 83
ff) Arglist ... 85
gg) Täuschung durch Dritte ... 86
d) Abschließende Betrachtung ... 86
5. § 1314 Abs. 2 Nr. 4 BGB ... 87
a) Textgeschichte ... 87
b) Vergleich mit dem allgemeinen Teil ... 87
c) Tatbestandsvoraussetzungen ... 88

aa) Drohung 88
bb) Drohung durch Dritte 89
cc) Widerrechtlichkeit 90
(1) Widerrechtlichkeit des Mittels 90
(2) Widerrechtlichkeit des Zwecks/ Erfolgs 91
(3) Widerrechtlichkeit der Zweck-Mittel-Relation 92
(4) Subjektives Element 93
dd) Kausalität 94
d) Zwangsheirat-Bekämpfungsgesetz 94
aa) Hintergrund Zwangsheirat 95
bb) Maßnahmen gegen Zwangsheirat 96
cc) Tatbestand der Zwangsheirat 97
6. Anwendbarkeit sonstiger, im Eherecht nicht (mehr) berücksichtigter Willensmängel des BGB 99
a) Anwendbarkeit der §§ 116-118 BGB 99
b) Anwendbarkeit der §§ 119, 123 BGB 100
c) Durch die Reform von 1998 abgeschaffte Tatbestände 100
aa) § 31 Abs. 1 S. 1 Alt. 2, S. 2 EheG 100
bb) § 32 EheG 101
cc) Ergebnis: Durch die Reform von 1998 abgeschaffte Tatbestände 103
d) Ergebnis: Vertraglicher Charakter der Ehe 103
7. Gründe für die Reduzierung der Aufhebungstatbestände 108
IV. Ausschluss der Aufhebung 109
1. Bestätigung, § 1315 BGB 110
2. Verzicht und Rechtsmissbrauch 111
V. Verfahren 112
1. Antrag auf Scheidung und Aufhebung 113
2. Antragsberechtigung, § 1316 BGB 113
3. Antragsfrist, § 1317 BGB 114
a) Aktuelle Rechtslage 115
b) Zwangsheirat-Bekämpfungsgesetz 115
VI. Rechtsfolgen der Aufhebung der Ehe 119
1. Einführung 119
2. Nachehelicher Unterhalt, §§ 1569-1586 b BGB 120
a) Aktuelle Rechtslage 120
b) Zwangsheirat-Bekämpfungsgesetz 121
3. Unterhalt wegen Pflege und Erziehung 122
4. Zugewinn- und Versorgungsausgleich, §§ 1363-1390, 1587-1587 p BGB 122
5. HausratsVO 124
6. Erbrecht 125

a) Gesetzliches Erbrecht 125
aa) § 1933 S. 2 BGB 125
(1) Textgeschichte 125
(2) Anwendungsbereich 126
(3) Kritik an § 1933 S. 2 BGB 127
bb) § 1318 Abs. 5 BGB 129
(1) Systematik und Dogmatik 130
(2) Zweifelhafte Auswahl der Gründe, die zum Ausschluss führen 131
(aa) Aktuelle Rechtslage 131
(bb) Zwangsheirat-Bekämpfungsgesetz 132
(3) Nichtbeachtung der Heilungsmöglichkeit 132
(aa) Aktuelle Rechtslage 132
(bb) Zwangsheirat-Bekämpfungsgesetz 132
cc) Unterhaltsanspruch gem. § 1933 S. 3 BGB 133
dd) Ergebnis: Gesetzliches Erbrecht 134
b) Gewillkürtes Erbrecht 134
7. Personenrechtliche Folgen 135
a) Ehename 135
b) Auswirkungen der Aufhebung auf das Eltern-Kind-Verhältnis 137
8. Ergebnis: Regelung der Rechtsfolgen 137
9. Ergebnis: Zwangsheirat-Bekämpfungsgesetz 138
VII. Abschaffung der Eheaufhebung 138
1. Statistik 139
2. Auflösung mit Ex-nunc-Wirkung 139
3. Unterschiedliche Rechtsfolgen bei Eheaufhebung und Scheidung 140
a) Sanktionscharakter der Rechtsfolgen 140
b) Wiedereinführung des Verschuldensprinzips 140
c) Zwischenergebnis 142
4. Interessenausgleich über Härteklauseln 142
a) Nachehelicher Unterhalt 142
b) Versorgungsausgleich 143
c) Zugewinnausgleich 144
d) Erbrecht 144
e) Ehename 144
f) Ergebnis: Interessenausgleich über Härteklauseln 145
5. Unterschiedliche Tatbestandsvoraussetzungen 145
6. Prozesskosten 146
7. Kein Verbund mit Folgesachen 146
8. Emotionaler Aspekt 147
9. Beachtung der Willens- und Eheschließungsfreiheit 147
10. Antragsrecht der Behörde 148

11. Überschneidung der Scheidungs- und Aufhebungsgründe 148
12. Aufhebungsgründe als Scheidungsgründe 149
13. Ergebnis: Beibehaltung der Eheaufhebung 150
C. Der Willensmangel bei Begründung der Lebenspartnerschaft 153
I. Die aktuelle Rechtslage im Überblick 153
II. Historische Entwicklung 153
1. Das LPartG von 2001 153
a) Eingehung und Eingehungsvoraussetzungen 154
b) Der Willensmangel bei Eingehung der Lebenspartnerschaft 155
c) Vertraglicher Charakter der Lebenspartnerschaft 156
2. Das LPartG von 2005 156
III. Der Tatbestand des Willensmangels 157
1. § 15 Abs. 2 S. 2 LPartG 157
a) § 15 Abs. 2 S. 2 LPartG, § 1314 Abs. 2 Nr. 1 BGB 158
b) § 15 Abs. 2 S. 2 LPartG, § 1314 Abs. 2 Nr. 2 BGB 158
c) § 15 Abs. 2 S. 2 LPartG, § 1314 Abs. 2 Nr. 3 BGB 159
aa) Fälle der arglistigen Täuschung 159
bb) Das Wesen der Lebenspartnerschaft 159
d) § 15 Abs. 2 S. 2 LPartG, § 1314 Abs. 2 Nr. 4 BGB 161
e) Ergebnis: § 15 Abs. 2 S. 2 LPartG 161
2. Anwendbarkeit sonstiger, vom LPartG nicht berücksichtigter Willensmängel des BGB 161
a) Anwendbarkeit der §§ 119 ff. BGB 162
aa) Bedürfnis der Anwendbarkeit 162
(1) Inhaltsirrtum, § 119 Abs. 1 Alt. 1 BGB 162
(2) Erklärungsirrtum, § 119 Abs. 1 Alt. 2 BGB 163
(3) Eigenschaftsirrtum, § 119 Abs. 2 BGB 163
(4) Zwischenergebnis 163
bb) Anwendbarkeit 163
b) Anwendbarkeit der §§ 116 ff. BGB 165
aa) Bedürfnis der Anwendbarkeit 165
bb) Anwendbarkeit 166
(1) § 117 BGB 166
(2) §§ 116 und 118 BGB 168
c) Ergebnis: Vertraglicher Charakter der Lebenspartnerschaft 169
IV. Ausschluss der Aufhebung 170
V. Verfahren 170
1. Antragsberechtigung 171
2. Antragsfrist 172
3. Prozesskosten 172
4. Verbundszwang 172
VI. Rechtsfolgen 173

1. Einführung ... 173
2. Textgeschichte ... 173
3. Nachpartnerschaftlicher Unterhalt, § 16 LPartG ... 173
4. Unterhalt wegen Pflege und Erziehung eines gemeinschaftlichen Kindes ... 174
5. Zugewinn- und Versorgungsausgleich ... 175
6. Hausrat ... 175
7. Erbrecht ... 175
a) § 10 Abs. 3 LPartG ... 176
b) § 1318 Abs. 5 BGB ... 177
8. Personenrechtliche Folgen ... 177
a) Lebenspartnerschaftsname ... 177
b) Auswirkungen auf das Eltern-Kindverhältnis ... 178
9. Ergebnis: Regelung der Rechtsfolgen ... 178
VII. Ergebnis: Beurteilung der Reform und Reformbedarf ... 179
1. Beurteilung der Reform ... 179
2. Reformbedarf ... 180
3. Reformbemühungen des Gesetzgebers ... 181
D. Schlussbemerkung ... 183

Literaturverzeichnis

Anz, Heinrich, Eheschließung, Ehenichtigkeit und Eheaufhebung nach dem Gesetz vom 6. Juli 1938, JW 1938, S. 2069-2080 (zit.: Anz, JW 1938)

Bähr, Otto, Ueber Irrungen im Contrahieren, JherJB 14 (1875), S. 393-427 (zit.: Bähr, JherJB 14 (1875))

Bamberger, Heinz Georg, Roth, Herbert (Hrsg.), Kommentar zum Bürgerlichen Gesetzbuch, Band 3, §§ 1297-2385, EGBGB, CISG, München 2003 (zit.: Bamberger/Roth/Bearbeiter)

Barth, Thomas, Wagenitz, Thomas, Zur Neuordnung des Eheschließungsrechts, FamRZ 1996, S. 833-844 (zit.: Barth/Wagenitz, FamRZ 1996)

Battes, Robert, Die Änderung erbrechtlicher Vorschriften im Zusammenhang mit der Reform des Scheidungsrechts, FamRZ 1977, S. 433-440 (zit.: Battes, FamRZ 1977)

ders., Probleme bei der Anwendung des Gesetzes über Eingetragene Lebenspartnerschaften, FuR 2002, S. 49-54 (zit.: Battes, FuR 2002)

Beitzke, Günther, Libera debent esse matrimonia, FamRZ 1981, S. 1122-1125 (zit.: Beitzke, FamRZ 1981)

Bergerfurth, Bruno, Zweifelsfragen im neuen Eheverfahrensrecht, FamRZ 1976, S. 581-584 (zit.: Bergerfurth, FamRZ 1976)

Bergerfurth, Bruno, Rogner, Jörg, Der Ehescheidungsprozess und die anderen Eheverfahren, 14. Aufl., Bonn 2003 (zit.: Bergerfurth/Rogner)

Bosch, Friedrich W., Familienrechtsreform, Siegburg 1952 (zit.: Bosch, Familienrechtsreform)

ders., Die Neuordnung des Eherechts ab 1. Juli 1977, FamRZ 1977, S. 569-582 (zit.: Bosch, FamRZ 1977)

ders., Staatliches und kirchliches Eherecht – in Harmonie oder im Konflikt?, FamRZ 1988, S. 665-676 (zit.: Bosch, FamRZ 1988)

ders., Die geplante Neuregelung des Eheschließungsrechts, FamRZ 1997, S. 65-75 (zit.: Bosch, FamRZ 1997)

ders., Neuordnung oder nur Teilreform des Eheschließungsrechts?, NJW 1998, S. 2004-2012 (zit.: Bosch, NJW 1998)

Bork, Reinhard, Allgemeiner Teil des Bürgerlichen Gesetzbuchs, 2. Aufl., Tübingen 2006 (zit.: Bork)

Bruns, Manfred, Kemper, Rainer (Hrsg.), Lebenspartnerschaftsrecht, Handkommentar, Baden-Baden 2001 (zit.: Hk-LPartR/Bearbeiter, 1. Aufl.)

dies., Lebenspartnerschaftsrecht, Handkommentar, 2. Aufl., Baden-Baden 2006 (zit.: Hk-LPartR/Bearbeiter)

Bydlinski, Franz, Privatautonomie und objektive Grundlagen des verpflichtenden Rechtsgeschäftes, Wien, New York 1967 (zit.: Bydlinski, Privatautonomie)

ders., Erklärungsbewusstsein und Rechtsgeschäft, JZ 1975, S. 1-6 (zit.: Bydlinski, JZ 1975)

Dernburg, Heinrich, Lehrbuch des preußischen Privatrechts und der Privatrechtsnormen des Reichs, Dritter Band, Halle a. S. 1880 (zit.: Dernburg)

Dethloff, Nina, Die Eingetragene Lebenspartnerschaft – Ein neues familienrechtliches Institut, NJW 2001, S. 2598-2604 (zit.: Dethloff, NJW 2001)

Deubner, Karl G., Kündigungsdrohung als Zwang zur Abgabe einer Willenserklärung - BAG, NJW 1970, 775, JuS 1971, S. 71-74 (zit.: Deubner, JuS 1971)

v. Dickhuth-Harrach, Hans-Jürgen, Das Lebenspartnerschaftsrecht Version 2005, FPR 2005, S. 273-279 (zit.: v. Dickhuth-Harrach, FPR 2005)

Dieckmann, Albrecht, Erbrechtliche Fragen familienrechtlicher Reformgesetze im Spiegel neuer Lehrbücher, FamRZ 1979, S. 389-396 (zit.: Dieckmann, FamRZ 1979)

ders., Zum Erbrechtsverlust gem. § 1933 BGB, in: Festschrift für Dieter Schwab zum 70. Geburtstag, Bielefeld 2005, S. 473-493 (zit.: Dieckmann, FS Schwab)

Dieterich, Hartwig, Das Protestantische Eherecht in Deutschland bis zur Mitte des 17. Jahrhunderts, München 1970, zugl. Diss. iur. Tübingen 1968 (zit.: Dieterich)

Dölle, Hans, Familienrecht, Band I, Karlsruhe 1964 (zit.: Dölle)

Dürschke, Joachim, Ehekonsens und Irrtumsfragen in weltlichem und kirchlichem Recht, München 1997 (zit.: Dürschke)

Endemann, Friedrich, Lehrbuch des Bürgerlichen Rechts, II. Band, 7. Aufl., Berlin 1900 (zit.: Endemann)

Enneccerus, Ludwig, Nipperdey, Hans Carl, Allgemeiner Teil des Bürgerlichen Rechts, 2. Band, 15. Aufl., Tübingen 1960 (zit.: Enneccerus/Nipperdey)

Erman, Walter (Begr.), Bürgerliches Gesetzbuch, 11. Auflage, Köln 2004 (zit.: Erman/Bearbeiter)

Evangelische Kirche in Deutschland, Zur Reform des Ehescheidungsrechts in der Bundesrepublik Deutschland, 3. Auflage, Gütersloh 1970 (zit.: EKD)

Fahlbusch, Erwin (Hrsg.), Evangelisches Kirchenlexikon, Internationale theologische Enzyklopädie, Band 1, 3. Aufl., Göttingen 1986 (zit.: Bearbeiter in: Evangelisches Kirchenlexikon)

Finger, Peter, Die Eheaufhebung und das neue Scheidungsrecht, NJW 1981, S. 1534-1541 (zit.: Finger, NJW 1981)

ders., Zur Neuordnung des Eheschließungsrechts, FuR 1996, 124-128 (zit.: Finger, FuR 1996)

ders., „Registrierte Lebenspartnerschaft" – Die aktuellen Änderungen des Lebenspartnerschaftsgesetzes, MDR 2005, S. 121-124 (zit.: Finger, MDR 2005)

Flatten, Heinrich, Irrtum und Täuschung bei der Eheschließung nach kanonischem Recht, in: Gesammelte Schriften zum kanonischen Eherecht, Paderborn, München, Wien, Zürich 1987, S. 123-179 (zit.: Flatten)

Flume, Werner, Allgemeiner Teil des Bürgerlichen Rechts, Zweiter Band, 3. Aufl., New York 1979 (zit.: Flume)

Förster, Franz, Eccius, Max Ernst, Preußisches Privatrecht, IV. Band, 7. Aufl., Berlin 1897 (zit.: Förster/Eccius)

Friedberg, Emil, Lehrbuch des katholischen Kirchenrechts, 5. Aufl., Leipzig 1903 (zit.: Friedberg)

Geiß, Hildegard, Wesen der Ehe und Irrtum im Eherecht des BGB, Diss. iur. Durlach (Baden) 1936 (zit.: Geiß)

Gernhuber, Joachim, Familienrecht, 3. Aufl., München 1980 (zit.: Gernhuber)

Gernhuber, Joachim, Coester-Waltjen, Dagmar, Familienrecht, 4. Aufl., München 1994 (zit.: Gernhuber/Coester-Waltjen, 4. Aufl.)

dies., Familienrecht, 5. Aufl., München 2006 (zit.: Gernhuber/Coester-Waltjen)

Gordon, Michael, Das Wesen der Ehe. Die wechselnde Auffassung vom Wesen der Ehe im Wandel der Verfassungsepochen des 20. Jahrhunderts, Diss. iur. Berlin 1978 (zit.: Gordon)

Grziwotz, Herbert, Die Lebenspartnerschaft zweier Personen gleichen Geschlechts, DNotZ 2001, S. 280-302 (zit.: Grziwotz, DNotZ 2001)

ders., Gleichstellung der Lebenspartnerschaft nach dem Gesetz zur Überarbeitung des Lebenspartnerschaftsrechts – Beratungs- und Gestaltungsprobleme, DNotZ 2005, S. 13-29 (zit.: Grziwotz, DNotZ 2005)

Hepting, Reinhard, Gaaz, Berthold, Personenstandsrecht mit Familienrecht und Internationalem Privatrecht, Band 2 BGB und IPR, Frankfurt a. M., Berlin 2006 (zit.: Hepting/Gaaz)

Herrmann, Horst, Kleines Wörterbuch des Kirchenrechts, Freiburg, Basel, Wien 1972 (zit.: Herrmann)

Hoffmann, Edgar, Stephan, Walter (Begr.), Ehegesetz nebst Durchführungsverordnungen, 2. Aufl., München 1968 (zit.: Hoffmann/Stephan)

Höhne, Manfred, Der Geltungsanspruch der Eheaufhebung, Diss. iur. Frankfurt a. M. 1974 (zit.: Höhne)

Honsell, Heinrich, Mayer-Maly, Theo, Selb, Walter, Römisches Recht, 4. Aufl., Berlin, Heidelberg, New York 1987 (zit.: Honsell/Mayer-Maly/Selb)

Huber, Rudolf Walter, Die Folgen von Vernichtung und Aufhebung der Ehe nach neuem Recht, Diss. iur. Regensburg 1977 (zit.: Huber)

Jayme, Erik, Nevada-Ehen deutscher Touristen, StAZ 1982, S. 208-209 (zit.: Jayme, StAZ 1982)

Johannsen, Kurt H. (Begr.), Henrich, Dieter (Hrsg.), Eherecht, Kommentar, 4. Auflage, München 2003 (zit.: Johannsen/Henrich)

Jone, P. Heribert, Gesetzbuch des kanonischen Rechtes, Erklärung der Kanones Band II Sachenrecht (Kan. 726 – 1551), Paderborn 1940 (zit.: Jone)

Kaiser, Dagmar, „Entpartnerung“ – Aufhebung einer eingetragenen Lebenspartnerschaft gleichgeschlechtlicher Partner, FamRZ 2002, S. 867-874 (zit.: Kaiser, FamRZ 2002) dies., Die eingetragene Lebenspartnerschaft – Status und Personenstand, StAZ 2006, S. 65-73 (zit.: Kaiser, StAZ 2006)

Kaser, Max, Knütel, Rolf, Römisches Privatrecht, 18. Aufl., München 2005 (zit.: Kaser/Knütel)

Kaufhold, Franz, Der Irrtum über persönliche Eigenschaften als Anfechtungsgrund der Ehe, Düsseldorf 1909, zugl. Diss. iur. Heidelberg (zit.: Kaufhold)

Kelek, Necla, Die fremde Braut, Köln 2005 (zit.: Kelek)

Kemper, Rainer, Rechtsanwendungsprobleme bei der Eingetragenen Lebenspartnerschaft, FF 2001, S. 156-166 (zit.: Kemper, FF 2001)

ders., Ehe und Eingetragene Lebenspartnerschaft, FPR 2001, S. 449-457 (zit.: Kemper, FPR 2001)

ders., Die Lebenspartnerschaft in der Entwicklung, FPR 2003, S. 1-5 (zit.: Kemper, FPR 2003)

Kern-Eimann, Sandra, Das neue Ehebild des EheschlRG, Frankfurt a. M. 2003, zugl. Diss. iur. Mainz (zit.: Kern-Eimann)

Kingreen, Thorsten, Das Grundrecht von Ehe und Familie (Art. 6 I GG), Jura 1997, S. 401-408 (zit.: Kingreen, Jura 1997)

Koch, Christian Friedrich (Hrsg.), Allgemeines Landrecht für die Preußischen Staaten, Kommentar mit Anmerkungen, Dritter Band, 6. Aufl., Berlin, 1879 (zit.: Koch)

Köhler, Helmut, BGB Allgemeiner Teil, 28. Aufl., München 2004 (zit.: Köhler)

Kramer, Ernst A., Grundfragen der vertraglichen Einigung, München, Salzburg 1972 (zit.: Kramer)

Lange, Heinrich, Fragen des Eheschließungsrechtes, AcP 145 (1939), S. 129-176 (zit.: Lange, AcP 145 (1939))

ders., Die Neugestaltung der Anfechtung und das Vertragsverhältnis, JherJB 89 (1941), S. 277-344 (zit.: Lange, JherJB 89 (1941))

Larenz, Karl, Wolf, Manfred, Allgemeiner Teil des deutschen Bürgerlichen Rechts, 9. Aufl., München 2004 (zit.: Larenz/Wolf)

Lehnhoff, Liane, Sklavinnen der Tradition, in: Zwangsheirat, Lebenslänglich für die Ehre, Tübingen 2002, S. 12-17 (zit.: Lehnhoff)

Liebs, Detlef, Römisches Recht, 6. Aufl., Göttingen 2004 (zit.: Liebs)

Lipp, Volker, Rechtsprobleme bei der Begründung einer Lebenspartnerschaft, StAZ 2002, S. 354-361 (zit.: Lipp, StAZ 2002)

Lüke, Gerhard, Die Persönlichen Ehewirkungen und die Scheidungsgründe nach dem neuen Ehe- und Familienrecht, in: Festschrift für Friedrich Wilhelm Bosch zum 65. Geburtstag, Bielefeld 1976, S. 627-643 (zit.: Lüke, FS Bosch)

Lüderitz, Alexander, Familienrecht, 27. Aufl., München 1999 (zit.: Lüderitz, Familienrecht)

Lüdicke, Klaus, Eherecht, Essen 1983 (zit.: Lüdicke)

v. Mangoldt, Hermann (Begr.), Das Bonner Grundgesetz, Band 1, Art. 1-16, 5. Aufl., München 2005 (zit.: v. Mangoldt/Bearbeiter)

Medicus, Dieter, Allgemeiner Teil des BGB, 9. Auflage, Heidelberg 2006 (zit.: Medicus)

Meyer, Thomas, Mittelstädt, Andrea, Das Lebenspartnerschaftsgesetz, Köln 2001 (zit.: Meyer/Mittelstädt)

Mikat, Paul, Rechtsgeschichtliche und rechtspolitische Erwägungen zum Zerrüttungsprinzip, FamRZ 1963, S. 65-76 (zit.: Mikat, FamRZ 1963)

Möller, Kai, Der Ehebegriff des Grundgesetzes und die gleichgeschlechtliche Ehe, DÖV 2005, S. 64-71 (zit.: Möller, DÖV 2005)

Molls, Werner, Das Institut der Eheaufhebung, Diss. iur. Bonn 1972 (zit.: Molls)

Motive zum Entwurf eines Bürgerlichen Gesetzbuches für das Deutsche Reich, Band I, Allgemeiner Teil, Berlin, Leipzig 1888 (zit.: Motive, I)

dies., Band IV, Familienrecht, Berlin, Leipzig 1888 (zit.: Motive, IV)

Müller-Freienfels, Wolfram, Ehe und Recht, Tübingen 1962 (zit.: Müller-Freienfels)

Münchener Kommentar zum Bürgerlichen Gesetzbuch, Band 1 Allgemeiner Teil, 5. Aufl., München 2006 (zit.: MünchKomm/Bearbeiter) ders., Band 7 Familienrecht I, 3. Aufl., München 1993 (zit.: MünchKomm/Bearbeiter, 3. Aufl.)

ders., Band 7 Familienrecht I, 4. Aufl., München 2000 (zit.: MünchKomm/Bearbeiter)

ders., Band 8 Familienrecht II, 4. Aufl., München 2002 (zit.: MünchKomm/Bearbeiter)

ders., Band 9 Erbrecht, 4. Aufl., München 2004 (zit.: MünchKomm/Bearbeiter)

ders., Band 10 Internationales Privatrecht, 4. Aufl., München 2006 (zit.: MünchKomm/Bearbeiter)

ders., Ergänzungsband zur 4. Aufl., München 2006 (zit.: MünchKomm/Bearbeiter)

Münchener Kommentar zum Strafgesetzbuch, Band 2, Teilband 2, §§ 80-184 f, München 2005 (zit.: MünchKomm/Bearbeiter, StGB)

Münchener Kommentar zur Zivilprozessordnung, Band 2, §§ 355-802, 2. Aufl., München 2000 (zit.: MünchKomm/Bearbeiter, ZPO)

Muscheler, Karlheinz, Der Entwurf eines Gesetzes zur Neuordnung des Eheschließungsrechts, JZ 1997, S. 1142-1149 (zit.: Muscheler, JZ 1997)

ders., Das Recht der Eingetragenen Lebenspartnerschaft, Berlin 2001 (zit.: Muscheler, Lebenspartnerschaft, 1. Aufl.)

ders., Das Recht der Eingetragenen Lebenspartnerschaft, 2. Aufl., Berlin 2004 (zit.: Muscheler, Lebenspartnerschaft)

ders., Familienrecht, Neuwied 2006 (zit.: Muscheler, Familienrecht)

Musielak, Hans-Joachim (Hrsg.), Kommentar zur Zivilprozessordnung, 5. Aufl., München 2007 (zit.: Musielak/Bearbeiter)

Nehlert, Gerhard, Das Ehegesetz des Kontrollrats für Deutschland, JR 1947, S. 69-75 (zit.: Nehlert, JR 1947)

Neuhaus, Paul Heinrich, Das Verhältnis von Auflösung und Annullierung der Ehe in rechtsvergleichender Sicht, in: Festschrift für Hans G. Ficker zum 70. Geburtstag, Frankfurt, Berlin, 1967, S. 337-361 (zit.: Neuhaus, FS Ficker)

Palandt, Otto (Begr.), Bürgerliches Gesetzbuch, 57. Aufl., München 1998 (zit.: Palandt/Bearbeiter, 57. Aufl.)

ders., Bürgerliches Gesetzbuch, 58. Aufl., München 1999 (zit.: Palandt/Bearbeiter, 58. Aufl.)

ders., Bürgerliches Gesetzbuch, 63. Aufl., München 2004 (zit.: Palandt/Bearbeiter, 63. Aufl.)

ders., Bürgerliches Gesetzbuch, 66. Aufl., München 2007 (zit.: Palandt/Bearbeiter)

Paschen, Rolf, Heiraten in Las Vegas, StAZ 1991, S. 200 (zit.: Paschen, StAZ 1991)

Peter, Birgit, Ausgewählte Probleme des neuen Eheschließungsrechts, Diss. iur. Halle a. S. 2001 (zit.: Peter)

Pieroth, Bodo, Schlink, Bernhard, Grundrechte, Staatsrecht II, 21. Aufl., Heidelberg 2005 (zit.: Pieroth/Schlink)

Planck, Gottlieb, Bürgerliches Gesetzbuch nebst Einführungsgesetz, 4. Band, Familienrecht, 1. und 2. Auflage, Berlin 1901 (zit.: Planck)

Protokolle der Kommission für die zweite Lesung des Entwurfs des Bürgerlichen Gesetzbuchs, Band IV, Familienrecht, Berlin 1897 (zit.: Protokolle, IV)

Ramm, Thilo, Eheaufhebung oder Eheanfechtung?, in: Festschrift für Fritz von Hippel zum 70. Geburtstag, Tübingen 1967, S. 313-341 (zit.: Ramm, FS Hippel)

Rauscher, Thomas, Familienrecht, Heidelberg 2001 (zit.: Rauscher)

Renner, Günther, Ausländerrecht, 8. Aufl., München 2005 (zit.: Renner)

RGRK, Das Bürgerliche Gesetzbuch mit besonderer Berücksichtigung der Rechtsprechung des Reichsgerichts und des Bundesgerichtshofes, IV. Band, 3. Teil, Ehegesetz und Hausratsverordnung, 10./11. Aufl., Berlin 1968 (zit.: RGRK/Bearbeiter, 10./11. Aufl.)

ders., Das Bürgerliche Gesetzbuch mit besonderer Berücksichtigung der Rechtsprechung des Reichsgerichts und des Bundesgerichtshofes, IV. Band, 2. Teil, §§ 1303-1320; §§ 1564-1588; VAHR §§ 1-13; VAÜG §§ 1-5; EheG §§ 58-73; HausratsVO, 12. Aufl., Berlin 1999 (zit.: RGRK/Bearbeiter)

Richter, Aemilius Ludwig (Begr.), Lehrbuch des katholischen und evangelischen Kirchenrechts, 8. Aufl., Leipzig 1886 (zit.: Richter)

Rieger, Gregor, Das Vermögen der eingetragenen Lebenspartnerschaft, FamRZ 2001, S. 1497-1508 (zit.: Rieger, FamRZ 2001)

Rilk, Otto, Das neue Eherecht, Leipzig 1938 (zit.: Rilk)

Roever, Wilhelm, Ueber die Bedeutung des Willens bei Willenserklärungen, Rostock 1874 (zit.: Roever)

Roth, Andreas, Unterhaltsanspruch nach Eheaufhebung, in: Festschrift für Dieter Schwab zum 70. Geburtstag, Bielefeld 2005, S. 687-699 (zit.: Roth)

Sachs, Michael (Hrsg.), Grundgesetz Kommentar, 3. Aufl., München 2003 (zit.: Sachs/Bearbeiter)

v. Savigny, Friedrich Carl, System des heutigen Römischen Rechts, Dritter Band, Berlin 1840 (zit.: Savigny)

Schaefer, Christoph, Der Einfluß des kanonischen Eherechts auf die moderne staatliche Ehegesetzgebung, vor allem das deutsche Eherecht, in Hinblick auf Konsensmängel, wie Irrtum, Täuschung und Drohung, Diss. iur. Heidelberg 1969 (zit.: Schaefer)

Scheuermann, Audomar, Eherecht im Codex Iuris Canonici von 1983, FamRZ 1984, S. 321-327 (zit.: Scheuermann, FamRZ 1984)

Schmidt-Bleibtreu, Bruno, Klein, Franz (Hrsg.), Kommentar zum Grundgesetz, 10. Aufl., München 2004 (zit.: Schmidt-Bleibtreu/Klein/Bearbeiter)

Schmidt-Dalhoff, Ilse, Auswirkungen von Willensmängeln bei Eingehung der Ehe nach bisherigem und künftigem Recht, Diss. iur. Bonn 1986 (zit.: Schmidt-Dalhoff)

Schönke, Adolf, Schröder, Horst, Strafgesetzbuch, 27. Aufl., München 2006 (zit.: Schönke/Schröder/Bearbeiter)

Schuber, Karin, Moebius, Isabella, Zwangsheirat – Mehr als nur ein Straftatbestand: Neue Wege zum Schutz der Opfer, ZRP 2006, S. 33-37 (zit.: Schuber/Moebius, ZRP 2006)

Schwab, Dieter, Die Negierung von gesetzlichen Strukturelementen der Ehe im Eheschließungswillen nach kanonischem und bürgerlichem Recht, FamRZ 1965, S. 474-487 (zit.: Schwab, FamRZ 1965) ders., Grundlagen und Gestalt der staatlichen Ehegesetzgebung in der Neuzeit, Bielefeld 1967 (zit.: Schwab, Grundlagen und Gestalt)

ders., Aspekte des Eheaufhebungsverfahrens nach der Eherechtsreform, in: Festschrift für Günter Beitzke zum 70. Geburtstag, Berlin, New York 1979, S. 357-369 (zit.: Schwab, FS Beitzke)

ders., Eingetragene Lebenspartnerschaft – Ein Überblick, FamRZ 2001, S. 385-398 (zit.: Schwab, FamRZ 2001)

ders., Familienrecht, 14. Aufl., München 2006 (zit.: Schwab, Familienrecht)

Soergel, Hans Theodor (Begr.), Bürgerliches Gesetzbuch, Band 2 Allgemeiner Teil, 13. Aufl., Stuttgart, Berlin, Köln 1999 (zit.: Soergel/Bearbeiter)

ders., Bürgerliches Gesetzbuch, Band 7 Familienrecht I, 12. Aufl., Stuttgart, Berlin, Köln, Mainz 1988 (zit.: Soergel/Bearbeiter)

ders., Bürgerliches Gesetzbuch, Band 8 Familienrecht II, 12. Aufl., Stuttgart, Berlin, Köln, Mainz 1987 (zit.: Soergel/Bearbeiter)

Statistisches Bundesamt (Hrsg.), Statistisches Jahrbuch 1979 für die Bundesrepublik Deutschland, Stuttgart, Mainz 1979 (zit.: Statistisches Jahrbuch 1979)

dass., Statistisches Jahrbuch 2006 für die Bundesrepublik Deutschland, Wiesbach, Stuttgart 2006 (zit.: Statistisches Jahrbuch 2006)

v. Staudinger, Julius (Begr.), Kommentar zum Bürgerlichen Gesetzbuch mit Einführungsgesetzen und Nebengesetzen, Buch 1, Allgemeiner Teil, §§ 90-133; §§ 1-54, 63; BeurkG Bearbeitung 2004, Berlin 2004 (zit.: Staudinger/Bearbeiter)

ders., Kommentar zum Bürgerlichen Gesetzbuch mit Einführungsgesetzen und Nebengesetzen, Buch 4, Familienrecht, Einleitung zu §§ 1297 ff; §§ 1297-1302; Nichteheliche Lebensgemeinschaft; §§ 1-80 EheG, §§ 1353-1362, 12. Aufl., Berlin 1993 (zit.: Staudinger/Bearbeiter, 12. Aufl.)

ders., Kommentar zum Bürgerlichen Gesetzbuch mit Einführungsgesetzen und Nebengesetzen, Buch 4, Familienrecht, Einleitung zu §§ 1297 ff; §§ 1297-1302; Nichteheliche Lebensgemeinschaft; §§ 1303-1362, 13. Bearbeitung 2000, Berlin 2000 (zit.: Staudinger/Bearbeiter) ders., Kommentar zum Bürgerlichen Gesetzbuch mit Einführungsgesetzen und Nebengesetzen, Buch 4, Familienrecht, §§ 1587-1588, VAHRG, Neubearbeitung 2004, Berlin 2004 (zit.: Staudinger/Bearbeiter)

ders., Kommentar zum Bürgerlichen Gesetzbuch mit Einführungsgesetzen und Nebengesetzen, Buch 5, Erbrecht, Einleitung, §§ 1922-1966, Neubearbeitung 2000, Berlin 2000 (zit.: Staudinger/Bearbeiter)

ders., Kommentar zum Bürgerlichen Gesetzbuch mit Einführungsgesetzen und Nebengesetzen, EGBGB/IPR, Art. 13-17 b EGBGB; Anhang zu Art. 13 EGBGB: Verlöbnis und nichteheliche Lebensgemeinschaft, Neubearbeitung 2003, Berlin 2003 (zit.: Staudinger/Bearbeiter)

Stein, Albert, Evangelisches Kirchenrecht, Neuwied, Darmstadt 1980 (zit.: Stein)

Strätz, Hans-Wolfgang, Kanonische Konsensmängel in der Rechtsprechung vornehmlich deutscher Kirchengerichte, in: Festschrift für Dieter Schwab zum 70. Geburtstag, Bielefeld 2005, S. 305-326 (zit.: Strätz, FS Schwab)

Stüber, Stephan, Gleichstellung homosexueller Lebensgemeinschaften als „Eingetragene Lebenspartnerschaft“ mit der Ehe verfassungsgemäß?, KritJ 2000, S. 594-600 (zit.: Stüber, KritJ 2000)

ders., Gesetz zur Überarbeitung des Lebenspartnerschaftsrechts, FamRZ 2005, S. 574-578 (zit.: Stüber, FamRZ 2005)

Toprak, Ahmet, Das schwache Geschlecht – die türkischen Männer, Freiburg i. B. 2005 (zit.: Toprak)

Tschernitschek, Horst, Der mißglückte § 1318 BGB, FamRZ 1999, S. 829-830 (zit.: Tschernitschek, FamRZ 1999)

Volkmar, Erich, Das neue Eheschließungs- und Ehescheidungsrecht, DJ 1938, S. 1118-1121 (zit.: Volkmar, DJ 1938)

Wagner, Rolf, Das neue Internationale Privat- und Verfahrensrecht zur eingetragenen Lebenspartnerschaft, IPRax 2001, S. 280-293 (zit.: Wagner, IPRax 2001)

Walter, Martin, Die Überarbeitung des Lebenspartnerschaftsrechts und deren Auswirkungen auf die notarielle Praxis, MittBayNot 2005, S. 193-199 (zit.: Walter, MittBayNot 2005)

Weber, Peter, Das Lebenspartnerschaftsrecht nach der Novellierung des Lebenspartnerschaftsgesetzes, ZFE 2005, S. 187-191 (zit.: Weber, ZFE 2005)

Weinrich, Gerd, Das Lebenspartnerschaftsgesetz, FuR 2001, S. 481-486 (zit.: Weinrich, FuR 2001)

Weinrich, Gerd, Klein, Michael, Kompaktkommentar Familienrecht, 2. Aufl., München 2005 (zit.: Weinrich/Klein/Bearbeiter)

Wellenhofer-Klein, Marina, Die eingetragene Lebenspartnerschaft, München 2003 (zit.: Wellenhofer-Klein, Lebenspartnerschaft)

dies., Das neue Recht für eingetragene Lebenspartnerschaften, NJW 2005, S. 705-709 (zit.: Wellenhofer-Klein, NJW 2005)

Wieacker, Franz, Geschichtliche Ausgangspunkte der Ehereform, DR 1937, S. 178-184 (zit.: Wieacker, DR 1937)

Windel, Peter A., Die eingetragene Lebenspartnerschaft in der deutschen Gesetzgebung, in: Was gehen Staat Ehe und Lebenspartnerschaft an?, Heidelberg 2002, S. 45-69 (zit.: Windel)

Windscheid, Bernhard, Wille und Willenserklärung, AcP 63 (1880), S. 72-112 (zit.: Windscheid, AcP 63 (1880))

Wolf, Ernst, Lüke, Gerhard, Hax, Herbert, Scheidung und Scheidungsrecht, Tübingen 1959 (zit.: Wolf/Lüke/Hax)

ders., Zur „Institution Ehe“, JZ 1967, S. 749-751 (zit.: Wolf, JZ 1967)

ders., Zwang zur Ehe – „Institution Ehe“, JZ 1968, S. 172-174 (zit.: Wolf, JZ 1968)

ders., Grundgesetz und Eherecht, JZ 1973, S. 647-652 (zit.: Wolf, JZ 1973)

Zaha, Max, Die Aufhebung der Ehe, Diss. iur. Innsbruck 1939 (zit.: Zaha)

Zimmermann, Friedrich, Ueber den Einfluss des Irrthumes und des Betruges auf die Gültigkeit der Ehe, Zeitschrift für Kirchenrecht 1869, S. 37-68 (zit.: Zimmermann, Zeitschrift für Kirchenrecht 1869)

Zitelmann, Ernst, Die juristische Willenserklärung, JherJB 16 (1878), S. 357-436 (zit.: Zitelmann, JherJB 16 (1878))

Zöller, Richard (Begr.), Zivilprozessordnung, 26. Aufl., Köln 2007 (zit.: Zöller/Bearbeiter)

A. Einleitung

Eingehung der Ehe und Begründung der Lebenspartnerschaft erfordern zwei korrespondierende Willenserklärungen der Ehegatten und der Lebenspartner gem. § 1310 Abs. 1 BGB, § 1 Abs. 1 LPartG. Probleme entstehen, wenn eine oder beide Personen bei der Erklärung einem Willensmangel unterliegen. BGB und LPartG sehen grundsätzlich zwei Möglichkeiten vor, sich aus Ehegatten oder Lebenspartner zu lösen: Beim Scheitern von Ehe oder Lebenspartnerschaft können die Ehegatten sich gem. §§ 1564 ff. BGB voneinander scheiden, die Lebenspartner die Lebenspartnerschaft gem. § 15 Abs. 2 S. 1 LPartG aufheben lassen. Liegt ein Willensmangel bei Eingehung der Ehe oder Begründung der Lebenspartnerschaft vor, so können Ehe und Lebenspartnerschaft gem. § 1314 Abs. 2 BGB, § 15 Abs. 2 S. 2 LPartG aufgehoben werden. Eine Aufhebung in diesem Sinne ist für den sich Irrenden oftmals günstiger als eine Scheidung oder einer Aufhebung gem. § 15 Abs. 2 S. 1 LPartG. Schon die unklare Begriffsbezeichnung – der Begriff „Aufhebung" ist bei der Lebenspartnerschaft doppelt besetzt – deutet an, dass die Aufhebung der Lebenspartnerschaft bei Willensmängeln einige Unklarheiten mit sich bringt, welche in dieser Arbeit aufgezeigt und soweit wie möglich beseitigt werden sollen.

Die Zahl der Aufhebungen von Ehen ist im Vergleich zur Zahl der Scheidungen verschwindend gering: Standen im Jahr 1950 noch 1.601 Nichtigkeits- und Aufhebungserklärungen[1] 84.740 Scheidungen gegenüber, waren es 2004 nur 371 Eheaufhebungen gegenüber 213.691 Ehescheidungen[2]. Vergleichbare Zahlen zur Lebenspartnerschaft liegen nicht vor. Diese Entwicklung wirft die Frage auf, ob das Institut der Eheaufhebung und der Aufhebung der Lebenspartnerschaft wegen Willensmangels bei dem heutigen so weitreichenden Scheidungsrecht überflüssig geworden ist und ganz abgeschafft werden sollte, oder ob die immer weiter gehende Zurückdrängung der Aufhebungstatbestände ungerechtfertigt ist und dieses Institut mehr Aufmerksamkeit verdient. Besondere Aktualität gewinnt das Thema nicht nur durch Aufnahme der Aufhebung wegen Willensmangels in das LPartG[3], sondern auch aufgrund des gesetzgeberischen Vorhabens, die §§ 1314, 1317 und 1318 BGB durch das Zwangsheirats-Bekämpfungsgesetz zu modifizieren[4].

Eine Willenserklärung besteht aus einem objektiven und einem subjektiven Tatbestand. Der objektive Tatbestand liegt vor, wenn der Wille, eine bestimmte

---

[1] 834 Ehelösungen durch Nichtigkeits-, 767 durch Aufhebungserklärung, Statistisches Jahrbuch 1979, S. 75.

[2] Statistisches Jahrbuch 2006, S. 56.

[3] Gesetz zur Überarbeitung des Lebenspartnerschaftsrechts vom 15.12.2004, BGBl. I 2004, S. 3396, in Kraft getreten am 1.1.2005.

[4] Gesetzentwurf Bundesrat, BR-Drucks. 546/05.

Rechtsfolge herbeizuführen, nach Außen hin *geäußert* wird[5]. Die geäußerte Erklärung muss auf einen Handlungswillen, Erklärungsbewusstsein und Geschäftswillen schließen lassen, welche den *subjektiven* Tatbestand bilden[6]. Fallen der tatsächliche Wille und das Geäußerte auseinander, so besteht ein Willensmangel[7].

Willensmängel lassen sich in die Kategorien „*bewusster*" und „*unbewusster*" Willensmangel unterteilen: Ein *bewusster* Willensmangel liegt vor, wenn der Erklärende sich bewusst ist, dass er das Erklärte tatsächlich nicht will, ein *unbewusster*, wenn ihm die Divergenz zwischen Gewolltem und Erklärtem nicht bewusst ist[8]. Ein Unterfall des unbewussten Willensmangels ist der Irrtum. Ein Irrtum besteht, wenn jemand eine Willenserklärung abgibt und dabei unbewusst von unrichtigen Vorstellungen ausgeht[9]. Diese unrichtigen Vorstellungen können auf falschen oder fehlenden Informationen über den Sachverhalt beruhen[10].

Es lässt sich keine allgemeingültige Aussage darüber treffen, wann einem Willensmangel rechtliche Relevanz zukommt und wann nicht. Der BGB-Gesetzgeber entschied sich weder für die im 19. Jahrhundert herrschende Willens-[11] noch für die Erklärungstheorie[12]. Das BGB legt die Rechtserheblichkeit und die daraus resultierenden Rechtsfolgen der Willensmängel einzeln fest.

---

5 *Köhler*, S. 56.

6 Handlungswille liegt vor, wenn der Handelnde sein Verhalten beherrscht, Erklärungsbewusstsein, wenn er weiß, dass sein Handeln berechtigter Weise als Willenserklärung aufgefasst werden darf, und Geschäftswille, wenn er gerade die Rechtsfolge will, auf die seine Erklärung objektiv gerichtet ist, Staudinger/*Singer*, Vor §§ 116-144 Rn. 27-29; *Bork*, Rn. 578.

7 Palandt/*Heinrichs*, Vor §§ 116 Rn. 15; *Bork*, Rn. 785.

8 *Köhler*, S. 77.

9 Erman/*Palm*, § 119 Rn. 31; Soergel/*Hefermehl*, § 119 Rn. 1; *Köhler*, S. 77.

10 Erman/*Palm*, § 119 Rn. 31.

11 Willenstheorie: Der Wille an sich muss als das einzig Wichtige und Wirksame gedacht werden, *Savigny*, System, Bd. 3, S. 258. Sind Wille und Erklärtes nicht identisch, ist die Erklärung nichtig (Willensdogma), *Windscheid*, AcP 63 (1880), 72 ff.; *Zitelmann*, JherJB 16 (1878), 357 ff.

12 Erklärungstheorie: Allein das Erklärte gilt, *Bähr*, JherJb 14 (1875), 393, 400; *Roever*, S. 17 ff.

B. Der Willensmangel bei Eingehung der Ehe

I. Die aktuelle Rechtslage im Überblick

Zunächst soll die rechtliche Behandlung des Willensmangels bei Eingehung der Ehe im heutigen BGB kurz dargestellt werden, um im nächsten Abschnitt, der die historische Entwicklung in der Regelung des Willensmangels bei Eingehung der Ehe aufzeigt, Vergleiche mit der heutigen Rechtslage ziehen zu können.

1. Die Eingehung der Ehe und das Eheverhältnis

Gem. § 1310 Abs. 1 S. 1 BGB wird die Ehe dadurch geschlossen, dass die Eheschließenden vor dem Standesbeamten erklären, die Ehe miteinander eingehen zu wollen. Die Erklärung hat gem. § 1311 S. 1 BGB persönlich und bei gleichzeitiger Anwesenheit zu erfolgen. Der Standesbeamte muss gem. § 1310 Abs. 1 S. 2 BGB seine Mitwirkung verweigern, wenn offenkundig ist, dass die Ehe nach § 1314 Abs. 2 BGB aufhebbar wäre, was er schon vor der Eheschließung zu prüfen hat. Haben die Eheschließenden die Erklärung abgegeben, so soll der Standesbeamte gem. § 1312 Abs. 1 S. 1 BGB aussprechen, dass sie nunmehr kraft Gesetzes rechtmäßig verbundene Eheleute sind.

Die Eingehung der Ehe ist ein Vertrag[13], welchen die Eheleute durch zwei korrespondierende Willenserklärungen schließen (Eheschließung). Der Vertragsschluss begründet das Eheverhältnis, welches kein Vertragsverhältnis, sondern ein Rechtsverhältnis ist[14]. Der Ausspruch des Standesbeamten, dass die Eheschließenden nunmehr kraft Gesetzes rechtmäßig verbundene Eheleute seien, sowie die Eintragung der Ehe in das Heiratsbuch haben rein deklaratorische Wirkung und sind bloße Verfahrensakte[15]. Die Ehe wird nämlich *vor*, nicht *durch* den Standesbeamten geschlossen[16]. Die allgemeinen Regeln des Vertragsrechts, beispielsweise die §§ 116 ff., 123 BGB, sind nicht auf die Eheschließung anwendbar. Sie werden von den Spezialregeln des Eherechts (§§ 1303 ff., §§ 1314 ff. BGB) aus im Verlauf dieser Arbeit auszuführenden Gründen verdrängt[17]. Des Weiteren soll untersucht werden, wie stark der vertragliche Charakter der Eheschließung in der Vergangenheit ausgeprägt war[18] und ob er seit In-Kraft-Treten des BGB stärker oder schwächer geworden ist[19].

---

13 *Hoffmann/Stephan*, § 11 Rn. 20; MünchKomm/*Müller-Gindullis*, § 1310 Rn. 2; Staudinger/*Strätz*, § 1310 Rn. 48; *Dölle*, S. 184; *Gernhuber*, 3. Aufl., S. 113; *Muscheler*, Familienrecht, Rn. 100.

14 Staudinger/*Strätz*, § 1310 Rn. 49.

15 *Muscheler*, Familienrecht, Rn. 100.

16 Gernhuber/*Coester-Waltjen*, S. 85.

17 Siehe S. 99 ff.

18 Siehe S. 32 ff.

19 Siehe S. 103 ff.

2. Abgrenzung zur Nichtehe

Nicht nur der Willensmangel berechtigt zur Aufhebung der Ehe, gem. § 1314 Abs. 1 BGB kann die Ehe auch aufgehoben werden, wenn sie gegen die Vorschriften der §§ 1303, 1304, 1306, 1307 oder 1311 BGB, also gegen ein Eheverbot oder eine sonstige Eheeingehungsvoraussetzung, verstößt. Diese Tatbestände führten bis zur Eherechtsreform im Jahr 1998 noch zur Erklärung der Nichtigkeit der Ehe. Die Aufhebung aufgrund eines Verstoßes gegen die §§ 1303, 1304, 1306, 1307, 1311 BGB unterscheidet sich heute auf der Rechtsfolgenseite grundsätzlich nicht von der Aufhebung wegen Willensmangels. Die Aufhebung erfolgt in beiden Fällen gem. § 1318 BGB mit Ex-nunc-Wirkung. Das Institut der nichtigen oder vernichtbaren Ehe existiert, im Gegensatz zur Nichtehe, heute nicht mehr. Eine Nichtehe (*matrimonium non existens*) liegt nur in wenigen Fällen vor, nämlich wenn die Ehe nicht vor einem Standesbeamten (§ 1310 Abs. 1 S. 1 BGB) oder wenn sie vor einem örtlich unzuständigen Standesbeamten außerhalb seines Sprengels geschlossen wird, wenn zwei Personen gleichen Geschlechts die Ehe schließen, wenn eine Person bei der Eheschließung nicht mehr am Leben ist oder wenn gar kein Konsens vorliegt[20]. Im Fall des § 1310 Abs. 1 S. 1 BGB kann eine Heilung gem. Abs. 2 und 3 eintreten, ansonsten entfaltet die Nichtehe keinerlei Rechtswirkung.

3. Aufhebung der Ehe bei Willensmängeln

Anders als die Eheschließung richtet sich die Beendigung der Ehe nicht nach Vertragsrecht. Das BGB stellt statt Anfechtung, Rücktritt, Kündigung und Aufhebungsvertrag nur die Möglichkeiten der Scheidung und Aufhebung bereit. Welche Ähnlichkeiten trotzdem zwischen der Beendigung einer Ehe und der Beendigung eines Vertrags bestehen und wie stark der vertragliche Charakter der Eheaufhebung ausgeprägt ist, soll in dieser Arbeit untersucht werden. Eine Ehe kann gem. § 1314 Abs. 2 BGB aufgehoben werden, wenn ein Ehegatte sich bei der Eheschließung im Zustand der Bewusstlosigkeit oder vorübergehender Störung der Geistesfähigkeit befand (Nr. 1), bei der Eheschließung nicht gewusst hat, dass es sich um eine Eheschließung handelt (Nr. 2), zur Eingehung der Ehe durch arglistige Täuschung über solche Umstände bestimmt worden ist, die ihn bei Kenntnis der Sachlage und bei richtiger Würdigung des Wesens der Ehe von der Eingehung der Ehe abgehalten hätten (Nr. 3), zur Eingehung der Ehe widerrechtlich durch Drohung bestimmt worden ist (Nr. 4) oder beide Ehegatten sich bei der Eheschließung darüber einig waren, dass sie keine Verpflichtung gem. § 1353 Abs. 1 BGB begründen wollen (Nr. 5).

Im Fall der Nr. 1 liegt ein *unbewusster* Willenmangel vor: Dem Ehegatten war zum Zeitpunkt der Abgabe der Willenserklärung nicht bewusst, dass er das Erklärte tatsächlich gar nicht wollte, da er zu diesem Zeitpunkt aufgrund von

---

20 MünchKomm/*Müller-Gindullis,* § 1310 Rn. 22 ff.; *Muscheler,* Familienrecht, Rn. 232.

Bewusstlosigkeit oder vorübergehender Störung der Geistestätigkeit gar nicht fähig war, einen fehlerfreien Willen zu bilden.

Weiß der Ehegatte bei der Eheschließung nicht, dass es sich um eine Eheschließung handelt (Nr. 2), so will er entweder irgendeine rechtsgeschäftliche Erklärung abgeben, aber nicht genau die, die auf den Abschluss einer Ehe gerichtet ist, oder er will gar keine rechtlich relevante, sondern nur eine tatsächliche Erklärung abgeben. Es mangelt im ersten Fall am Geschäftswillen, im zweiten am Erklärungsbewusstsein. Der tatsächliche und der erklärte Wille weichen *unbewusst* voneinander ab.

Die Einordnung des Willensmangels, dem derjenige unterliegt, der durch eine arglistige Täuschung zur Abgabe der Willenserklärung bestimmt worden ist (Nr. 3), stellt sich als problematisch dar. Im Fall der arglistigen Täuschung beabsichtigt der Getäuschte im Moment der Willenserklärung genau die Erklärung abzugeben, die er abgegeben hat. Erst später, nach Entdeckung der Täuschung, möchte er sich von der Willenserklärung lösen. Hätte der Ehegatte zum Zeitpunkt der Abgabe der Willenserklärung den wahren Sachverhalt gekannt, dann hätte er die Willenserklärung nicht abgegeben. Der getäuschte Ehegatte unterliegt zum Zeitpunkt der Eheschließung Fehlvorstellungen über Tatsachen. Diese Fehlvorstellungen sind ihm zunächst *nicht bewusst*. Der Irrtum bezieht sich auf Umstände bei der Willensbildung, es liegt ein Motivirrtum vor. Da beim Motivirrtum grundsätzlich eine wirksame Willenserklärung besteht, kommt dem Mangel nur dann Rechtserheblichkeit zu, wenn dies, wie zum Beispiel im Fall des §1314 Abs. 2 Nr. 3 BGB, gesetzlich angeordnet ist[21].

Auch bei der Drohung (Nr. 4) kommt ein Mangel bei der Willensbildung in Betracht[22]. Infolge der Drohung wird die Willensbildung durch ein fremdes Motiv, das in Aussicht gestellte Übel, beeinflusst. Der Bedrohte ist nicht mehr frei in seiner Willensbildung. Der tatsächliche, von der Drohung unbeeinflusste Wille und der geäußerte Wille stimmen nicht überein. Der Willensbildungsmangel ist, anders als bei der arglistigen Täuschung, ein *bewusster*, da der Bedrohte weiß, dass sein nicht durch die Drohung beeinflusster Wille mit dem erklärten nicht übereinstimmt. Rechtserheblichkeit kommt diesem Mangel nur in den vom Gesetzgeber angeordneten Fällen zu. Hierdurch soll, wie auch bei der arglistigen Täuschung, die rechtsgeschäftliche Selbstbestimmung vor schweren Störungen im Bereich der Willensbildung geschützt werden[23].

Im Fall der Scheinehe, § 1314 Abs. 2 Nr. 5 BGB, wollen die Ehegatten keine ehelichen Pflichten eingehen, geben dies aber vor und eine entsprechende Willenserklärung ab. Der Gesetzgeber fügte diese Norm im Rahmen der Eherechts-

---

21 Vgl. Staudinger/*Singer,* § 119 Rn. 2. Ein anderer Fall, in dem das Gesetz die Rechtserheblichkeit des Motivirrtums anordnet, ist § 123 BGB.

22 Vgl. *Larenz/Wolf,* S. 683; Staudinger/*Singer/v. Finckenstein,* § 123 Rn. 1.

23 *Motive,* I, S. 204; *RGZ* 134, 43, 55; *BGHZ* 51, 141, 147; Staudinger/*Singer/v. Finckenstein,* § 123 Rn. 1.

reform von 1998 in das Gesetz ein; ihr Sinn und Zweck ist es, Schein- oder Aufenthaltsehen zur Erlangung eines Aufenthaltstitels zu verhindern[24]. Inwieweit die Formulierung der Norm geglückt ist und ob die Entscheidung, die Sanktionierung ins Eherecht des BGB einzubinden, richtig war, soll hier nicht erörtert werden, da § 1314 Abs. 2 Nr. 5 BGB, anders als § 1314 Abs. 2 Nr. 1-4 BGB, nicht den freien Willen der Eheleute, sondern den Staat vor Einwanderern schützen soll[25].

4. Ausschluss der Aufhebung und Verfahren

Ist ein Tatbestand des § 1314 Abs. 2 BGB erfüllt, so kann der Willensmangel geheilt werden und die Aufhebung der Ehe gem. § 1315 BGB ausgeschlossen sein, wenn der dem Willensmangel unterliegende Ehegatte nach Entdeckung des Willensmangels (Nr. 1-3) oder nach Beendigung der Zwangslage (Nr. 4) die Ehe fortsetzen will.

§ 1316 BGB legt fest, wer berechtigt ist, den Antrag auf Aufhebung der Ehe zu stellen. Das sind in den Fällen des 1314 Abs. 1 Nr. 1 und 5 BGB jeder Ehegatte sowie die zuständige Verwaltungsbehörde (§ 1316 Abs. 1 Nr. 1 BGB), in denen des Abs. 1 Nr. 2-4 die dort genannten Ehegatten (§ 1316 Abs. 1 Nr. 2 BGB). Die Antragsfrist beträgt gem. § 1317 Abs. 1 BGB in den Fällen des § 1314 Abs. 2 Nr. 2-4 BGB ein Jahr. Sie beginnt mit Entdeckung des Irrtums, der Täuschung oder mit Beendigung der Zwangslage zu laufen. Prozessuale Besonderheiten für das Verfahren auf Aufhebung einer Ehe sind in den §§ 631 und 632 ZPO geregelt.

5. Rechtsfolgen

Die Aufhebung der Ehe erfolgt gem. § 1313 S. 2 BGB mit Ex-nunc-Wirkung. § 1318 BGB regelt die Folgen der Aufhebung. Er erklärt die dort aufgezählten Rechtsfolgen der Scheidung (Unterhalt, Zugewinnausgleich, Versorgungsausgleich, Aufteilung nach der Hausratsverordnung, Erbrecht) in bestimmten Fällen für anwendbar.

II. Historische Entwicklung

Die Problematik des Willensmangels bei Eingehung der Ehe ist keine Erscheinung erst und nur der Gegenwart. Der folgende Abschnitt zeigt, wie und aus welchen Gründen Tatbestände und Rechtsfolgen sich bis zur Entstehung des BGB verändert und wie sie den Gesetzgeber von 1900 beeinflusst haben.

---

[24] Staudinger/*Klippel*, § 1314 Rn. 73.

[25] Zu diesem Tatbestand existieren auch schon zahlreiche Arbeiten. Exemplarisch seien die Dissertationen von *Jobst Conring*, Rechtliche Behandlung von „Scheinehen" nach der Reform des deutschen Eheschließungsrechts, Frankfurt a. M., Berlin 2002, *Jens Eisfeld*, Die Scheinehe in Deutschland im 19. und 20. Jahrhundert, Tübingen 2005 und *Sandra Kern-Eimann*, Das neue Ehebild des EheschlRG, Frankfurt a. M. 2003, genannt.

1. Die Ehe im römischen Recht

Das römische Recht regelte den Willensmangel bei Eingehung der Ehe und seine rechtlichen Konsequenzen nicht. Grund hierfür war, dass im römischen Recht seit jeher die Möglichkeit bestand, sich von seinem Ehegatten scheiden zu lassen[26]. Es gab kein Bedürfnis, die Ehe bei einem Willensmangel aufzuheben, denn eine Scheidung konnte jederzeit durchgeführt werden (obwohl die Ehe auch im römischen Recht grundsätzlich ein ganzes Leben bestehen sollte[27]). In der älteren Republik stand in *manus*-Ehen jedoch nur dem Mann das Recht zu, sich von der Frau zu scheiden, in *manus-freien* Ehen auch der Frau. In der weiteren Entwicklung des römischen Rechts konnten sich sowohl in *manus*- als auch in *manus-freien* Ehen Mann und Frau scheiden lassen[28]. Für die Scheidung musste allein der Trennungswille eines (repudium) oder beider Ehegatten (divortium) vorliegen[29]. Der Trennungswille hob den Ehewillen der Ehegatten auf, und der Ehekonsens bestand nicht mehr. Die Scheidung war, wie die Eheschließung, kein Rechtsgeschäft, sondern ein faktischer und privater Vorgang. Eine gerichtliche Kontrolle fand nicht statt[30]. Noch nicht einmal der Gewalthaber musste der Scheidung zustimmen[31]. Im 4. Jahrhundert legte Konstantin, durch das Christentum beeinflusst, Gründe für die einseitige Scheidung fest. Die einseitige Scheidung sollte nur noch möglich sein, wenn einer der Scheidungsgründe vorlag. Diese Gesetzesänderung wurde jedoch bereits im Jahr 439 widerrufen, und die Ehegatten konnten sich wieder grundlos und ohne gerichtliche Kontrolle voneinander scheiden lassen[32]. Die sittlichen und sozialen Aspekte traten im römischen Eherecht hinter den Willen der Ehegatten zurück[33].

2. Das kirchliche Eherecht

a) Das kanonische Eherecht

Weil im kanonischen Recht, im Gegensatz zum römischen Recht, die Ehe unauflösbar und eine Scheidung grundsätzlich unzulässig ist, kommt dem Willensmangel bei Eingehung der Ehe besondere Bedeutung zu. Schließlich stellt die Erklärung der Ungültigkeit der Ehe in manchen Fällen auch heute noch für die Ehegatten die einzige Möglichkeit dar, die kirchliche Ehe zu beenden. Bevor auf das Wesen der Ehe im kanonischen Recht, die Tatbestände des Willensman-

---

26 Alexander Severus C. 8, 38, 2: libera matrimonia esse antiquitus placuit.

27 Modestinus D. 23, 2, 1: nuptiae sunt coniuncto maris et feminae et consortium omnis vitae.

28 *Honsell/Mayer-Maly/Selb*, S. 400.

29 *Geiß*, S. 6.

30 *Kaser/Knütel*, S. 291.

31 *Liebs*, S. 125.

32 *Kaser/Knütel*, S. 292.

33 *Geiß*, S. 16; *Schmidt-Dalhoff*, S. 7.

gels und ihre Rechtsfolgen eingegangen wird, soll zunächst das Verhältnis des kanonischen Rechts zum weltlichen Recht aufgezeigt werden.

aa) Das Verhältnis des kanonischen zum weltlichen Recht

Zu Zeiten der Urkirche gab es kein kodifiziertes kirchliches Eherecht, rechtliche Gesichtspunkte ließen sich nur aus dem neuen Testament und den Briefen der Apostel herleiten[34]. Durch Synoden und Konzile wurde das kirchliche Eherecht kodifiziert und immer weiter entwickelt[35]. Es bestand zunächst neben und unter dem staatlichen Recht. Im 10./11. Jahrhundert erlangte die Kirche die Rechtsprechungs- und Rechtsetzungsgewalt über das Eherecht. Das kirchliche Recht löste das weltliche ab[36]. Mit dem Erlass des Decretum Gratiani etwa im Jahr 1140, in dem erstmals die Ehe ausdrücklich als unauflöslich bezeichnet und die Irrtumsproblematik bei Eingehung der Ehe behandelt wurde,[37] begann die Hochperiode des kanonischen Rechts[38]. Die Sakramentsnatur der Ehe wurde von der kanonischen Lehre allgemein anerkannt[39]. Im 18. und 19. Jahrhundert verlor die Kirche die Rechtsetzungs- und Rechtsprechungsgewalt bezüglich des Eherechts wieder. Das Reichspersonenstandsgesetz (RPStG) von 1875 führte die obligatorische Zivilehe ein[40]. Das kirchliche Eherecht existierte von nun an neben dem staatlichen und war für die Eingehung der staatlichen Ehe nicht mehr verbindlich. Am 27.5.1917 wurde der codex iuris canonici (cic) unter Papst Benedikt XV. promulgiert. Er trat am 19.5.1918 in Kraft. Der cic ist ein ausführliches Gesetzbuch der katholischen Kirche, welches alle vorherigen Rechtsquellen ablöste[41]. Papst Johannes Paul II. reformierte ihn. Der reformierte cic trat am ersten Adventssonntag des Jahres 1983 in Kraft. Da es Ziel dieses Abschnittes ist, die Beeinflussung des BGB-Gesetzgebers durch andere, vor 1900 bestehende Rechtsordnungen zu untersuchen, soll hier schwerpunktmäßig das kanonische Recht bis 1900 betrachtet und darüber hinaus, nur der Vollständigkeit halber, ein kurzer Überblick über die Weiterentwicklung des kanonischen Rechts gegeben werden.

bb) Nichtigkeit der Ehe

Da in der Bibel steht „Was Gott verbunden hat, das soll der Mensch nicht scheiden“ [42], ist die Ehe nach kanonischem Recht unauflösbar. Die vollzogene Ehe

---

34 *Dürschke*, S. 36 f.
35 *Dürschke*, S. 37.
36 *Bosch*, FamRZ 1988, 665, f.; *Richter*, S. 1029.
37 *Schmidt-Dalhoff*, S. 7.
38 *Dürschke*, S. 37.
39 *Geiß*, S. 17.
40 *Bosch*, FamRZ 1988, 665, 667.
41 *Herrmann*, S. 27.
42 Mt 19, 6, Mc 10, 5-12.

kann weder geschieden noch mit Ex-nunc-Wirkung angefochten oder mit Ex-nunc-Wirkung für nichtig erklärt werden. Durch ihre Sakramentsnatur[43] erlangt die Ehe eine besondere Festigkeit[44]. Die Materie des Sakraments ist der Konsens, der zwischen den beiden Ehegatten besteht[45]. Die Ehegatten begründen die Ehe durch ihre Willenserklärungen. Wie im BGB stellt auch im kanonischen Recht die Eingehung der Ehe einen Vertrag dar, welcher das Rechtsverhältnis Ehe begründet[46].

Unterliegt ein Ehegatte oder unterliegen beide Ehegatten bei Eingehung der Ehe einem Irrtum oder einem anderen Willensmangel, so wurde der eheliche Wille nicht fehlerfrei erklärt, und der Ehevertrag ist fehlerbehaftet. Bei bestimmten, schwerwiegenden Willensmängeln muss den Ehegatten die Möglichkeit gegeben sein, sich von dem Ehevertrag zu lösen. Während das staatliche Recht heute eine Aufhebung mit Ex-nunc-Wirkung vorsieht (§§ 1313-1318 BGB)[47], kommt aufgrund der Unauflöslichkeit der Ehe im kanonischen Recht nur eine Nichtigkeitserklärung der Ehe mit Ex-tunc-Wirkung in Betracht[48]. Beim Vorliegen eines relevanten Irrtums oder eines anderen Aufhebungsgrundes stellt das Kirchengericht fest, dass die Ehe von Anfang an ungültig gewesen ist und eine wirksame Ehe niemals bestanden hat[49]. Eine Ehe, die niemals bestanden hat, kann auch nicht unauflöslich sein. Somit liegt bei der Nichtigkeitserklärung der Ehe nach dem kanonischen Recht kein Verstoß gegen das Prinzip der Unauflöslichkeit vor. Gesichtspunkte der Rechtssicherheit oder die Berücksichtigung von privaten Interessen müssen im kanonischen Recht hinter dem Prinzip der Unauflöslichkeit der Ehe zurücktreten.

(1) Decretum Gratiani

Welche Irrtümer es bei Eingehung der Ehe gibt und wie sie zu behandeln sind, wurde erstmals umfassend im Decretum Gratiani geregelt[50]. Gratian nannte vier

---

43 Heute ist die Sakramentsnatur der Ehe in can. 1056 festgeschrieben.

44 Jedoch gibt es auch im kanonischen Recht Ausnahmen von dem Prinzip der Unauflöslichkeit: Gem. can. 1142 kann die noch nicht vollzogene Ehe aus einem gerechten Grund auf Bitten eines oder beider Partner durch den Papst aufgelöst werden. Gem. can. 1143 wird eine Ehe zwischen zwei Ungetauften (welche kein Sakrament ist) von selbst aufgelöst, wenn ein Partner sich taufen lässt, der Ungetaufte sich von diesem trennt und der Getaufte erneut heiratet (Paulinisches Privileg).

45 *Kaufhold*, S. 4.

46 *Schaefer*, S. 48, *Strätz*, FS Schwab, S. 305, 308.

47 Die Ex-nunc-Wirkung wird mit Gründen der Rechtssicherheit und unter Hinweis auf private Interessen gerechtfertigt, vgl. *Dürschke*, S. 320.

48 Vgl. *Strätz*, FS Schwab, S. 305, 309.

49 *Schmidt-Dalhoff*, S. 10.

50 C 29 qu. Q dict. § 1, 2.

Irrtümer: error personae, error fortunae, error condicionis und error qualitatis[51]. Anschließend erklärte er sie[52]: Error personae ist der Irrtum über die Identität einer Person, error fortunae der Irrtum über das Vermögen, error condicionis der Irrtum über den freien Stand (Beispiel: ein Freier heiratet ein Sklavin im Glauben, sie sei auch eine Freie) und error qualitatis der Irrtum über Eigenschaften einer Person. Rechtlich erheblich waren nach Gratian nur der error personae und der error condicionis[53]. Bei dem error personae liege, so Gratian, kein wirklicher Konsens vor, deshalb müsse dieser ein rechtserheblicher Irrtum sein. Der error fortunae und der error qualitatis hingegen seien unerheblich und beeinträchtigten die Wirksamkeit des Konsenses nicht[54].

Thomas von Aquin entwickelte eine weitere Irrtumsart, den error qualitatis in personam redundans[55]. Beim error qualitatis in personam redundans irrte man sich zwar über die Eigenschaft (qualitas) einer Person, zum Beispiel über die Eigenschaft der Erstgeburt. Jedoch kannte man die entsprechende Person nicht persönlich und qualifizierte sie ausschließlich über diese bestimmte Eigenschaft. Irrte man sich über diese Eigenschaft (und heiratete im Beispielsfall den Zweitgeborenen, den man für den Erstgeborenen hielt), irrte man auch über die Person selbst, die man ausschließlich über diese Eigenschaft qualifizierte. Es lag, wie beim error personae, ein Irrtum über die Person des anderen Ehegatten vor. Eine ungültige Ehe bestand.

Eine erzwungene oder eine aufgrund von Drohung eingegangene Ehe war ungültig, da kein freier Wille vorlag[56]. Eine arglistige Täuschung hingegen beeinträchtigte die Gültigkeit der Ehe grundsätzlich nicht. Führte sie jedoch zu einem rechtlich relevanten Irrtum, lag eine ungültige Ehe vor[57].

(2) Cic von 1918

Im dritten Buch des cic von 1918, in den cc. 1012-1143, wurde das Recht der Ehe und die rechtliche Behandlung des Willensmangels bei Eingehung der Ehe geregelt. Die von Gratian aufgestellten und in den nachfolgenden Jahrhunderten weiterentwickelten Regeln über den Willensmangel und die Ungültigkeit der

---

51 Diese vier Irrtumsarten nannte zuvor schon Hugo v. St. Victor in den „Allegoriae in Novum Testamentum", liber VII, epistolam Pauli ad Corinthios primam. Unklar ist, ob Hugo diese Einteilung selbst vorgenommen oder von den Römern übernommen hatte, vgl. *Schaefer*, S. 19.

52 „Error personae est, quando hic putatur esse Virgilius, et ipse est Plato. Error fortunae, quando putatur esse dives qui pauper est, vel e converso. Error condicionis, quando putatur esse liber, qui servus est. Error qualitatis, quando putatur esse bonus, qui malus est."

53 „Error fortunae et qualitatis coniugii consensum non excludit. Error vero personae et condicionis coniugii consensum non admittit."

54 *Schaefer*, S. 21.

55 Summa theol. Suppl. Qu. 51 Art. 2.

56 *Richter*, S. 1057 f.

57 *Schmidt-Dalhoff*, S. 10.

Ehe wurden vom cic übernommen und modifiziert oder erweitert. Der error personae (§ 1), error qualitatis, error qualitatis in personam redundans und der error condicionis (§ 2) fanden sich in can. 1083 wieder. Sie führten, abgesehen vom error qualitatis, zur Ungültigkeit der Ehe. Neu hinzu kamen der Irrtum über das Wesen der Ehe (can. 1082) und der Irrtum über die Einheit, Unauflöslichkeit oder sakramentale Würde der Ehe (can. 1084). Gem. can. 1082 § 1 war für den ehelichen Willen die Kenntnis der Ehegatten darüber erforderlich, dass die Ehe eine dauernde Verbindung zwischen Mann und Frau ist, mit dem Ziel, Nachkommen zu erzeugen. Diese Kenntnis wurde gem. § 2 bei Ehegatten, die das Reifealter überschritten hatten, vermutet. Kannten die Ehegatten den Zweck der Ehe nicht, so war der eheliche Wille mangelhaft und die Ehe ungültig. Eine genaue Kenntnis darüber, wie Kinder gezeugt werden, war nicht erforderlich und beeinträchtigt den ehelichen Willen nicht. Dachte jedoch beispielsweise ein unschuldiges Mädchen, die Ehe sei eine Art Arbeitsvertrag, so verkannte sie den Zweck der Ehe und die Ehe war ungültig[58]. Gem. can. 1084 beeinträchtigte der einfache Irrtum über Einheit, Unauflöslichkeit oder die sakramentale Würde der Ehe die Gültigkeit der Ehe nicht. Ein einfacher Irrtum war ein Irrtum, dem ein Ehegatte unterlag, den er aber im ehelichen Willen nicht zum Ausdruck brachte. Da für die Ehe allein der eheliche Wille entscheidend war, wurde die Gültigkeit des Ehevertrags durch ihn nicht beeinflusst. Dachte ein Ehegatte bei Eingehung der Ehe beispielsweise, die Ehe sei bei Ehebruch auflösbar, brachte dies im ehelichen Willen aber nicht zum Ausdruck, so war die Ehe trotz Irrtums gültig[59]. Kein einfacher Irrtum, sondern ein Irrtum, der zur Ungültigkeit der Ehe führte, lag hingegen vor, wenn ein Ehegatte zum Beispiel nur eine Ehe schließen wollte, die bei Ehebruch auflösbar war[60]. Hier kam der Irrtum (Möglichkeit der Eingehung einer auflösbaren Ehe) im ehelichen Willen zum Ausdruck, und die Ehegatten schlossen gem. can. 1086 § 2 keinen wirksamen Ehevertrag. Es lag eine ungültige Ehe vor.

Ging ein Ehegatte die Ehe unter Einfluss von Gewalt oder Furcht ein, war die Ehe mangels frei erklärtem Ehewillen gem. can. 1087 ungültig. Im cic von 1918 gab es, wie auch schon im Decretum Gratiani, keinen Tatbestand, der eine Eheschließung für ungültig erklärte, die ein Ehegatte durch Betrug oder arglistige Täuschung erwirkt hatte. Auch der einfache Eigenschaftsirrtum (error qualitatis) beeinflusste gem. can. 1083 § 2 die Wirksamkeit der Ehe nicht.

(3) Cic von 1983

Je länger der cic von 1918 in Kraft war, desto größer wurde die Kritik am kanonischen Eherecht[61]. Mit der Reformierung des cic wurde die Nichtigkeit auf-

---

58 *Jone*, S. 283.
59 *Jone*, S. 287.
60 *Jone*, S. 287.
61 Vgl. *Flatten*, S. 123.

grund arglistiger Täuschung in can. 1098 eingeführt. Der Eigenschaftsirrtum ist gem. can. 1097 § 2 weiterhin grundsätzlich unbeachtlich, jedoch führt er zur Ungültigkeit der Ehe, wenn eine Eigenschaft direkt oder hauptsächlich angestrebt wird. Das ist der Fall, wenn diese Eigenschaft den Ehegatten von allen anderen Menschen unterscheidet, es dem einen Ehegatten mehr auf diese Eigenschaft ankommt als auf die Person des anderen Ehegatten und diese Eigenschaft beziehungsweise das Fehlen der Eigenschaft den Ehegatten zu einer anderen Person macht[62]. Unerheblich ist, ob die fehlende Eigenschaft etwas mit dem Wesen der Ehe zu tun hat oder nicht[63]. Heiratet ein Mann eine Frau also nur, weil er glaubt, sie sei von ihm schwanger, und hätte er sie sonst nicht geheiratet, so ist die Ehe gem. can. 1097 § 2 unwirksam. Der Aufhebungsgrund des error qualitatis in personam redundans wurde hingegen nicht in den reformierten cic aufgenommen, da die Fälle dieses Irrtums vom heutigen § 1097 § 2 miterfasst werden. Abgeschafft wurde auch der Irrtum über den freien Stand (error condicionis), da er in der heutigen Zeit irrelevant ist. Der error personae findet sich im neuen cic wieder, und zwar in can. 1097 § 1.

Der Irrtum über die Einheit, Unauflöslichkeit oder die sakramentale Wirksamkeit der Ehe ist weiterhin unerheblich (can. 1099), wie auch in der Regel der Irrtum über das Wesen der Ehe (can. 1096). Die Regelung über die Ungültigkeit der Ehe bei Ausschluss eines Wesenselements der Ehe oder der Wesenseigenschaft der Ehe (Total- oder Teilsimulation) ist inhaltlich gleich geblieben und nun in can. 1101 § 2 geregelt. Eine Ehe, die aufgrund von Furcht oder Zwang geschlossen wurde, ist weiterhin gem. can. 1103 ungültig.

Zusammenfassend lässt sich sagen, dass durch die 1983 erfolgte Reformierung des cic die Ungültigkeitstatbestände ausgeweitet worden sind und so ein kleiner Schritt in Richtung Anpassung an das weltliche Recht und die Realität erfolgt ist. Der Grundsatz der Unauflöslichkeit bleibt trotzdem weiterhin unangetastet. Es ist auch nicht absehbar, dass die katholische Kirche diesen aufgeben und die Aufhebung der Ehe oder Auflösung durch Scheidung ex nunc anerkennen wird.

b) Das protestantische Eherecht

Im protestantischen Eherecht gibt es keine mit dem cic vergleichbare Kodifikation. Teilweise orientiert sich das protestantische am kanonischen Recht, teilweise weicht es erheblich davon ab. Luther sprach in seiner Schrift „Von Ehesachen“ aus dem Jahr 1530 der Ehe die Sakramentsnatur ab und bezeichnete sie als „weltlich Ding“[64]. Auch nach Ansicht Calvins und Zwinglis war die Ehe kein Sakrament, weil Gott bei der Ehe kein äußerliches Zeichen zur Bekräftigung des

---

62 *Scheuermann*, FamRZ 1984, 321, 325 Fn. 11.

63 *Lüdicke*, S. 91.

64 Vgl. *Dürschke*, S. 117; *Friedberg*, S. 388; *Schaefer*, S. 45.

Sakraments setzt, wie etwa bei der Taufe oder dem Abendmahl[65]. Die Bezeichnung der Ehe als „weltlich Ding" brachte die von Luther beabsichtigte Folge mit sich, dass die Kirche nicht mehr die ausschließliche Gesetzgebungs- und Rechtsprechungsgewalt bezüglich des Eherechts verlangen konnte und somit an Macht verlor[66]. In den protestantischen Gebieten erlangte der Staat die Gesetzgebungs- und Rechtsprechungsgewalt, jedoch wurde dieser stark von der Kirche beeinflusst, sodass man von einem „staatlich-kirchlichen Eherecht"[67] sprechen konnte. Die Kompetenz, die Eheschließung vorzunehmen, verblieb zunächst bei der Kirche[68]. Ein eigenständiges protestantisches Eheschließungsrecht entwickelte sich erst nach der Einführung der Zwangszivilehe durch das Reichspersonenstandsgesetz[69]. Obwohl das protestantische Recht die Ehe nicht als Sakrament anerkennt, ist sie trotzdem etwas Heiliges; denn Gott hat gewollt, dass die Menschen sich lieben[70]. Aus dem göttlichen Gebot der Nächstenliebe folgt auch, dass die Ehe grundsätzlich unauflöslich ist[71]. Jedoch lässt das protestantische Recht im Gegensatz zum kanonischen Recht Ausnahmen vom Prinzip der Unauflöslichkeit zu, da die Ehe kein Sakrament ist. So wurde die Scheidung schon von den Reformatoren in Ausnahmefällen, beispielsweise bei Ehebruch, für zulässig erklärt[72]. Es könne nämlich nicht Gottes Wille sein, dass eine gescheiterte Ehe unbedingt aufrecht erhalten werde und die Ehegatten dabei unglücklich seien[73]. In der Denkschrift „Zur Reform des Ehescheidungsrechts" aus dem Jahr 1969 sprach sich die EKD dafür aus, dass die Zerrüttung der Ehe einziger Scheidungsgrund sein solle[74]. Eine Scheidung sei nur dann zulässig, wenn die Ehe endgültig zerstört sei[75]. Die Aufhebung der Ehe erfolgt im protestantischen Recht auch mit Ex-nunc-Wirkung.

Nach der Reformation bestand im protestantischen Recht das kanonische Konsensprinzip zunächst weiter fort, die Willenserklärungen der Ehegatten begründeten die Ehe[76]. Das Volk war jedoch – gestützt auf einen mittelalterlichen Brauch – der Ansicht, dass die Ehe erst durch das Zusammensprechen des Geist-

---

65 *Dürschke*, S. 117.
66 *Geiß*, S. 22.
67 *Schaefer*, S. 47.
68 *Burgsmüller* in: Evangelisches Kirchenlexikon, Bd 1, S. 967.
69 *Burgsmüller* in: Evangelisches Kirchenlexikon, Bd 1, S. 967.
70 *Dürschke*, S. 117.
71 *Dürschke*, S. 116.
72 *Schaefer*, S. 46; das Neue Testament, welches die Scheidung grundsätzlich ablehnt, nennt Fälle, in denen die Scheidung ausnahmsweise zulässig ist (Mt. 5, 32; 1. Kor. 7, 15.), vgl. *Stein*, S. 56.
73 *Dürschke*, S. 122.
74 *EKD*, S. 17.
75 *Dürschke*, S. 122.
75 *EKD*, S. 11.
76 *Schaefer*, S. 48.

lichen und nicht durch den Konsens zwischen den Ehegatten vor dem Geistlichen zu Stande kam. Auch in den Kirchenordnungen des 16. Jahrhunderts zeigte sich das Bestreben, die Bedeutung der kirchlichen Trauung zu steigern[77]. Die Auffassung, das Zusammensprechen sei ehebegründend, setzte sich in den protestantischen Territorien gewohnheitsrechtlich durch und schließlich legte Böhmer in seinem Hauptwerk „Ius ecclesiasticum Protestantium“ im 18. Jahrhundert fest, dass die Ehe allein durch das Zusammensprechen des Pfarrers und nicht durch den ehelichen Konsens begründet werde[78]. Dies wurde von Wissenschaft und Praxis aufgenommen und anerkannt.

Zwar ist das Zusammensprechen durch den Pfarrer ehebegründend, die Ehegatten müssen jedoch auch nach protestantischem Recht zuvor einen Ehevertrag geschlossen haben[79], der frei von rechtlich relevanten Willensmängeln ist. Welche Willensmängel rechtlich erheblich sind und zur Nichtigkeit der Ehe führen, ist im protestantischen Recht nicht einheitlich geklärt. Grundsätzlich orientierte sich das protestantische Eherecht am kanonischen, eine über das kanonische Recht des 16. Jahrhunderts hinausgehende – wenn auch in den Einzelheiten umstrittene – Auffassung wurde hingegen beim error qualitatis vertreten: Luther erkannte den Irrtum über die Jungfräulichkeit der Ehefrau sowie den Irrtum über bestimmte schwere körperliche Gebrechen als rechtserheblich an[80], Melanchthon hingegen nur den Irrtum über die Jungfräulichkeit[81]. Auch die einzelnen Kirchenordnungen des 16. Jahrhunderts regelten die Nichtigkeitsfälle des error qualitatis nicht einheitlich[82]. Die Rechtsprechung bezeichnete schließlich jeden Irrtum über ein „physisches oder moralisches Gebrechen“[83] als rechtserheblich. Im kanonischen Recht bis 1983 beeinflusste die Täuschung über eine Tatsache durch den einen Ehegatten, die den anderen zur Eingehung der Ehe bewegte, die Wirksamkeit der Ehe nicht, wenn diese Täuschung nicht zu einem relevanten Irrtum führte. Diese Ansicht wurde zunächst auch im protestantischen Recht vertreten[84]. Später hielt man aber im protestantischen Recht eine Ehe für anfechtbar, wenn der Ehegatte getäuscht worden war und er bei Kenntnis der wahren Sachlage und vernünftiger Überlegung von der Eingehung der Ehe abgesehen hätte[85].

---

77 *Schwab*, Grundlagen und Gestalt, S. 226.
78 Vgl. *Schaefer*, S. 50.
79 *Schaefer*, S. 52.
80 Vgl. *Dieterich*, S. 65.
81 *Kaufhold*, S. 13.
82 *Kaufhold*, S. 13.
83 *Schaefer*, S. 52.
84 Z. B. *OAG Dresden* SA 1, 242.
85 *Zimmermann*, Zeitschrift für Kirchenrecht 1869, 37, 61 ff.; *Richter*, S. 1061 Fn. 16.

c) Ergebnis: Das kirchliche Eherecht

Sowohl das katholische als auch das protestantische Eherecht halten die geschlossene Ehe bei bestimmten Willensmängeln für unwirksam. Der größte Unterschied zwischen katholischem und protestantischem Recht besteht darin, dass das letztgenannte die Ehe mangels Sakramentsnatur unter bestimmten Umständen für auflösbar hält und eine Nichtigkeitserklärung mit Ex-nunc-Wirkung möglich ist. In diesem Punkt stimmt es mit dem heutigen BGB überein, welches ebenfalls die Ehe nach erfolgter Anfechtung mit Ex-nunc-Wirkung für nichtig erklärt. Die Irrtumstatbestände, welche im protestantischen Recht zur Aufhebung der Ehe führen, wurden, außer dem Tatbestand des error qualitatis, aus dem katholischen Recht übernommen und sind diesem deshalb sehr ähnlich.

3. Partikularrechte und Naturrecht

Das Ehebild wurde im 17. und 18. Jahrhundert durch die Naturrechtslehre geprägt. Im rationalistischen Naturrecht wurde die Ehe als reines Rechtsverhältnis oder sogar als obligatorischer Vertrag angesehen. Ethische Gesichtspunkte mussten hinter logischen zurücktreten[86]. Die Trennung von Ehe und ethischen oder religiösen Gesichtspunkten führte dazu, dass zunächst die Ehegerichtsbarkeit den staatlichen Gerichten zugewiesen wurde[87]. Anschließend kodifizierten einzelne Länder auch das materielle Eherecht in staatlichen Gesetzbüchern, beispielsweise im Allgemeinen Preußischen Landrecht (ALR) von 1794 und im sächsischen Bürgerlichen Gesetzbuch von 1863[88]. In diesen Gesetzbüchern, insbesondere im ALR, wurde das „Wesen der Ehe" weiterentwickelt. Es wurde der Weg zu dem Ehebild, welches sich im BGB von 1900 wiederfand, geebnet.

a) Das Allgemeine Preußische Landrecht von 1794

Betrachtet man das Eheschließungsrecht im ALR, so wird deutlich, dass es sowohl vom protestantischen Recht als auch vom Naturrecht beeinflusst worden ist. Für eine wirksame Eheschließung waren nicht allein die übereinstimmenden Willenserklärungen der Ehegatten ausreichend; eine Ehe kam gem. § 136 II 1 ALR nur wirksam zustande, wenn ein Geistlicher[89] die Eheleute zusammensprach. Ehebegründend war im Allgemeinen Landrecht, wie im protestantischen Recht, das Zusammensprechen und nicht allein der Vertragsschluss.

---

86 *Geiß*, S. 26.

87 *Förster/Eccius*, S. 11 f.

88 Als weitere, wichtigere Kodifikationen sind noch die aus Frankreich (Code civil, welcher auch im Rheinland galt) (1804), Baden (1809) und Österreich (1811) zu nennen. Der Codex Maximilianeus Bavaricus civilis aus dem Jahr 1756 hingegen wurde noch sehr stark vom kanonischen Recht und nicht vom Naturrecht beeinflusst, vgl. *Schmidt-Dalhoff*, S. 16 Fn. 41.

89 Seit dem 9.3.1874 durch einen Standesbeamten gem. Art. 16 preußisches Personenstandsgesetz.

aa) Vertraglicher Charakter der Ehe

Im Naturrecht war nicht nur die Eheschließung, sondern auch das Eheverhältnis ein Vertrag. Betrachtet man die Eheschließung und das Eheverhältnis als Vertrag, muss sich, so *Pufendorf*, konsequenterweise auch die Beendigung der Ehe nach Vertragsrecht richten[90]. Im Naturrecht bietet sich der Vergleich der Ehe mit einem Dienstvertrag an: Beide konnten frei eingegangen und bei Vertragsverletzung beendet werden. Soziale oder ethische Gesichtpunkte blieben außer Acht. Dieser liberale Beendigungsgedanke fand sich auch im Scheidungsrecht des ALR wieder. Gem. § 716 II 1 ALR konnte eine kinderlose Ehe aufgrund gegenseitiger Einwilligung geschieden werden, wenn weder Leichtsinn, Übereilung noch Zwang vorlagen. Die Ehe war also bei beiderseitigem Einverständnis durch eine Art Aufhebungsvertrag beendbar[91]. Ehen, aus denen Kinder hervor gegangen waren, konnten nicht so einfach beendet werden. Hier trat zum liberalen Gedanken des Naturrechts der christlich-ethische des protestantischen Rechts hinzu. Die Ehe konnten aufgrund unüberwindlicher Abneigung gem. § 718 II 1 ALR nur geschieden werden, wenn keine Hoffnung mehr zur Erreichung des Ehezwecks bestand, da Ehegatten, die gegeneinander eine unüberwindbare Abneigung empfänden, keine Kinder mehr erzeugen würden. Dem Wohl der bereits vorhandenen Kinder sei auch nicht gedient, wenn sie in einer zerstrittenen Ehe aufwüchsen, so *Svarez*[92]. Neben der unüberwindlichen Abneigung waren in den §§ 669 ff. II 1 ALR weitere Scheidungsgründe aufgeführt, beispielsweise Ehebruch, böswilliges Verlassen, Versagung ehelicher Pflichten und Unvermögen. Einige dieser Scheidungsgründe wurden aus dem protestantischen Recht übernommen (zum Beispiel Scheidung bei Ehebruch), andere, wie die Scheidung bei unüberwindlicher Abneigung, neu hinzugefügt.

Zwar war die Eheschließung im ALR ein Vertrag und der vertragliche Charakter der Beendigung stark ausgeprägt, die *Inhalte* der Ehe, die Rechte und Pflichten der Ehegatten, legte das Gesetz hingegen ausdrücklich fest. Die Ehegatten konnten sie nicht individuell vereinbaren[93]. Der Hauptzweck der Ehe lag in der Erzeugung von Nachkommen, § 1, II, 1 ALR. Eine Ehe durfte jedoch gem. § 2, II, 1 ALR auch allein zur wechselseitigen Unterstützung geschlossen werden. Die persönlichen Rechte und Pflichten der Ehegatten untereinander regelten die §§ 173-183, II, 1 ALR. Sie regelten sogar den geschlechtlichen Verkehr der Ehegatten und die entsprechenden Entschuldigungsgründe. Bezüglich der Inhalte der Ehe kann man das ALR also nicht als liberal bezeichnen. Der Einfluss des Naturrechts war in diesem Punkt nur schwach.

---

90 *Pufendorf* wollte auch eine Scheidung bei Vertragsbruch zulassen, vgl. *Geiß*, S. 26.

91 *Geiß*, S. 28.

92 Vgl. *Koch*, § 716, Anm. 67.

93 *Kern-Eimann*, S. 9.

bb) Abgrenzung zwischen ungültiger und von Anfang an nichtiger Ehe

Zwang, Irrtum und Betrug führten gem. §§ 39 f. II 1 i. V. m. § 985 II 1 ALR zur „Ungültigkeit" der Ehe. Gem. § 985 II 1 ALR konnte die ungültige Ehe vor Gericht angefochten werden. Sie wurde dann als nichtig aufgehoben und war gem. § 986 II 1 ALR wie die von Anfang an nichtige Ehe zu behandeln (Anfechtung mit Ex-tunc-Wirkung). Wurde die durch Zwang, Irrtum oder Betrug veranlasste Ehe innerhalb von sechs Wochen nach Entdeckung des Irrtums oder Betrugs beziehungsweise sechs Wochen nach Beendigung der Zwangslage freiwillig fortgeführt oder ausdrücklich genehmigt, so wurde sie gem. § 41 II 1 ALR gültig und war gem. § 987 ALR als von Anfang an gültig zu betrachten. Das ALR war das erste Gesetz, das zwischen einer ungültigen und nichtigen Ehe differenzierte. Eine ungültige Ehe konnte auch als „relativ nichtige"[94] Ehe bezeichnet werden, denn es lag in der Hand des zur Rüge berechtigten Ehegatten, ob er sie durch Anfechtung vernichten oder durch Genehmigung wirksam machen wollte. Neben Irrtum, Zwang und Betrug gab es noch weitere Ungültigkeitsgründe, beispielsweise die Heirat mit seinem Adoptivkind ohne vorhergehende Aufhebung der Adoption (§ 981 II 1 i. V. m. 13 II 1ALR) oder die Heirat mit jemanden, der das heiratsfähige Alter noch nicht erreicht hatte (§ 983 II 1 i. V. m. 37 II 1 ALR). Das Gegenstück zu der ungültigen Ehe stellte die von Anfang an nichtige Ehe dar, welche in den §§ 947 ff. II 1 ALR geregelt war. Von Anfang an nichtig war eine Ehe, wenn ein trennendes Ehehindernis[95] vorlag, beispielsweise eine Ehe zwischen nahen Verwandten (§ 947 II 1 ALR) oder zwischen zwei Personen, von denen eine oder beide bei der Eheschließung noch anderweitig verheiratet waren (§ 948 II 1 ALR). Grund für die Differenzierung im ALR zwischen ungültiger beziehungsweise anfechtbarer und nichtiger Ehe war wohl der gleiche wie der für die Differenzierung zwischen anfechtbarer und nichtiger Ehe im BGB von 1900: Bei einer anfechtbaren Ehe sollte es den Ehegatten selber überlassen bleiben, ob sie die Ehe nach Erkennen des Anfechtungsgrundes weiterführen wollten oder nicht. Bei einer nichtigen Ehe bestand ein öffentliches Interesse an der Nichtfortführung der Ehe.

cc) Die ungültige Ehe

Auch bei der Anfechtung der Ehe aufgrund eines Willensmangels zeigte sich der Einfluss der Naturrechtslehre auf das ALR. § 40 II 1 ALR erklärte eine Ehe für ungültig, soweit eine Willenserklärung wegen Irrtums nach den Regeln des allgemeinen Teils ungültig war und ein Irrtum in der Person des Ehegatten oder in einer persönlichen Eigenschaft des Ehegatten vorlag, welche bei der Schließung

---

94 *Schaefer*, S. 66.

95 Neben den trennenden Ehehindernissen, welche zur Nichtigkeit führten, gab es noch einfache Ehehindernisse, welche dem Eheschluss entgegenstanden, die Ehe aber nicht nichtig machten, beispielsweise der Eheschluss einer geschiedenen oder verwitweten Frau vor Ablauf der neunmonatigen Wartefrist, § 20 II 1 ALR, vgl. *Dernburg*, S. 43, 47.

einer Ehe dieser Art vorausgesetzt zu werden pflegte. Die Willenserklärung zur Eingehung der Ehe wurde also grundsätzlich so behandelt wie jede andere Willenserklärung. Im allgemeinen Teil wurden der error personae und der error qualitatis gem. § 76 f. I 4 ALR für erheblich erklärt. Diese waren somit auch bei der Eingehung der Ehe relevant. Die Relevanz dieser Irrtümer schränkte jedoch im Eheschließungsrecht § 40 a. E. II 1 ALR ein. Erstaunlicher Weise führte das sonst so detaillierte ALR die erheblichen Eigenschaften nicht (wie etwa die einzelnen Scheidungsgründe) kasuistisch auf, sondern beschränkte sich auf diese allgemeine Formulierung, welche aus heutiger Sicht etwas umständlich scheint. Ihr Zweck war es, den Tatbestand des § 40 II 1 ALR in doppelter Weise einzuschränken. Der Irrtum musste sich zum einen auf eine persönliche Eigenschaft des Ehegatten beziehen. Dieser Begriff durfte nicht zu eng gefasst werden. Hierunter waren auch persönliche Beziehungen zu anderen Menschen oder Gegenständen, nicht jedoch Vermögensverhältnisse zu verstehen[96]. Zum anderen musste die Eigenschaft bei einer Ehe dieser Art vorausgesetzt werden. Nach *Dernburgs* Ansicht sollten so die konkreten Bildungs- und Standesverhältnisse der Ehegatten berücksichtigt werden[97]. Diese Eigenschaften waren anhand von Beruf, persönlicher Umgebung und Charakter der Ehegatten zu ermitteln[98]. Der entscheidende Richter sollte sich in eine Durchschnittsperson aus dem Personenkreis, dem der Ehegatte angehörte, hineindenken und dann entscheiden, ob er diese Eigenschaft voraussetzen würde oder nicht[99]. Welche Eigenschaften grundsätzlich rechtserheblich sein konnten und welche nicht, blieb im einzelnen ungeklärt. Eine vage Aussage hierzu hat das Reichsgericht im Jahr 1887 getroffen. Rechtserhebliche persönliche Eigenschaften könnten nicht nur körperliche oder physische, sondern auch sittliche Fehler sein, denn die Ehe sei ein eminent sittliches Verhältnis[100]. Diese Eigenschaften müssten allerdings besonders charakteristisch sein, so das RG. Sicherlich waren die Eigenschaften generell erheblich, welche es auch im protestantischen Eherecht waren, zum Beispiel die mangelnde Virginität der Braut[101] und unheilbare, ekelerregende Krankheiten[102]. Des Weiteren wurden von der Rechtsprechung der Irrtum über die Zeugungsunfähigkeit und die Schwangerschaft der Frau von einem anderen Mann als erheblich anerkannt[103]. Erheblich war auch der Irrtum über die bürgerliche Integrität des anderen, beispielsweise der Umstand, ob dieser im Gefängnis gewesen

96 *Kaufhold*, S. 24.
97 *Dernburg*, S. 36 f., Anm. 11.
98 *Schaefer*, S. 68.
99 *Kaufhold*, S. 25.
100 *RGZ* 17, 246.
101 So auch *RGZ* 17, 246.
102 *Förster/Eccius*, S. 15.
103 *Koch*, § 40 II 1, Anm. 49.

war[104]. Unerheblich war hingegen der Irrtum der *Frau* über die Existenz eines unehelichen Kindes des Ehegatten[105].

Wie der Irrtum bei Eingehung der Ehe konnten auch gem. § 39 II 1 ALR Zwang, Furcht oder Betrug zur Anfechtbarkeit führen. Mit „Betrug" war der Tatbestand gemeint, der im BGB heute mit „Täuschung" bezeichnet wird[106]. Im Allgemeinen Landrecht konnte eine Ehe – anders als im kanonischen Recht der damaligen Zeit – aufgrund einer Täuschung für nichtig erklärt werden, unabhängig davon, ob diese Täuschung zu einem relevanten Irrtum führte oder nicht[107]. Eine Täuschung führte gem. § 39 II 1 ALR dann zur Ungültigkeit der Ehe, wenn die Willenserklärung nach den Vorschriften des allgemeinen Teils (§§ 84-93 I 4 ALR) ungültig war. Gem. § 85 I 4 ALR war jede durch Betrug veranlasste Willenserklärung für den Betrogenen unverbindlich. Führte der durch Täuschung hervorgerufene Irrtum zur Begründung der Ehe und wäre der getäuschte Ehegatte bei Kenntnis der wahren Sachlage und vernünftiger Überlegung die Ehe nicht eingegangen, so war die Ehe ungültig[108]. Grundsätzlich konnte eine Täuschung über alle möglichen Umstände, so zum Beispiel auch über die Vermögensverhältnisse[109], zur Ungültigkeit der Ehe führen. Jedoch verhinderte das Erfordernis, dass der Ehegatte andernfalls bei „vernünftiger Überlegung" die Ehe nicht eingegangen wäre, eine Anfechtbarkeit bei einer Täuschung über eine Nichtigkeit. Wurde ein Ehegatte durch Zwang, oder nach der Terminologie des BGB: durch Drohung, zur Eingehung der Ehe bewegt, so war die Ehe gem. §§ 39 II 1, 31 I 4 ALR ungültig, wenn es sich um eine gefährliche (§ 33 I 4 ALR) und nicht berechtigte (§§ 38 f. I 4 ALR) Drohung handelte.

b) Das sächsische bürgerliche Gesetzbuch von 1863

Wie das ALR unterschied auch das SBGB zwischen einer anfechtbaren oder ungültigen und einer nichtigen Ehe. Die Konsensmängel, also Irrtum, Täuschung und Drohung, zählten zu den privaten Ehehindernissen und führten zur Anfechtbarkeit (§ 1625 SBGB), die öffentlichen Ehehindernisse (§§ 1608 ff. SBGB in seiner ursprünglichen Fassung[110]) führten hingegen zur Nichtigkeit der Ehe. Auch im sächsischen BGB waren gem. §§ 1595 f. SBGB der Personen- und der Eigenschaftsirrtum rechtlich relevant. Im Unterschied zum ALR (§ 40 II 1) beschränkte sich das SBGB bezüglich der Relevanz des error qualitatis nicht auf eine allgemeine Formulierung, sondern zählte in den §§ 1595 f. SBGB kasuistisch auf, welche Irrtümer über Eigenschaften bei Eingehung der Ehe rechtser-

---

104 *Dernburg*, S. 37.
105 *Koch*, § 40 II 1, Anm. 49.
106 *Schaefer*, S. 70.
107 Das *RG* hat den Betrug als eigenständigen Anfechtungsgrund anerkannt, *RGZ* 5, 177.
108 *RGZ* 5, 177; 18, 223.
109 *RGZ* 18, 223.
110 Z. B. die Ehe zwischen bestimmten Verwandten, §§ 1608-1614 SBGB.

heblich waren. Der Ehegatte konnte die Ehe anfechten, wenn er beispielsweise nach Eingehung der Ehe erfuhr, dass der andere Ehegatte schon vor der Ehe unheilbar geistig krank oder unheilbar unfähig zum Beischlaf gewesen war oder dass der andere Ehegatte schon vor der Ehe an einem unheilbaren körperlichen Gebrechen litt, welches die Geschlechtsvereinigung hinderte (§ 1595 SBGB). Die Ehe war des Weiteren anfechtbar, wenn der Mann erst nach Eingehung der Ehe erfuhr, dass die Frau vor Eingehung der Ehe außerehelich geboren hatte oder bei Eingehung der Ehe von einem anderen schwanger war (§ 1596 SBGB). Der Irrtum über die Jungfräulichkeit wurde in den §§ 1595 f. SBGB nicht genannt und führte somit, anders als im preußischen Landrecht, nicht zur Anfechtbarkeit.

Eine Täuschung des einen Ehegatten durch den anderen (oder durch einen Dritten, wenn der andere von der Täuschung wusste, § 1598 SBGB) führte gem. § 1597 SBGB zur Anfechtbarkeit der Ehe, wenn über Umstände getäuscht worden war, welche den getäuschten Ehegatten, wenn er sie gekannt hätte, bei vernünftiger Überlegung von der Eingehung der Ehe hätte abhalten müssen. Willigte ein Ehegatte aufgrund einer widerrechtlichen Drohung und daraus resultierenden Furcht in die Ehe ein, so war die Einwilligung gem. § 1593 i. V. m. § 93 SBGB anfechtbar. Bemerkenswert ist an dieser Stelle, dass im Familienrecht, nämlich im § 1593 SBGB, auf die allgemeinen Regeln über die Drohung (§§ 93 ff. SBGB) verwiesen wurde. Diese Verweisungstechnik ist aus dem ALR bekannt. Auch hier zeigen sich also die Einflüsse des Naturrechts auf die Partikularrechte des 19. Jahrhunderts.

Gem. § 1625 SBGB konnte der sich irrende, getäuschte oder bedrohte Ehegatte die Ehe anfechten oder nach Entdeckung des Irrtums oder des Betrugs beziehungsweise nach Beendigung der Bedrohung die Ehe ausdrücklich oder konkludent genehmigen. Insoweit stimmte das SBGB mit dem ALR überein. Jedoch betrug die Frist zur Anfechtung der Ehe nach § 1625 SBGB ein Jahr, im preußischen Landrecht gem. § 41 II 1 ALR nur sechs Wochen. Des Weiteren ordnete § 1625 SBGB ausdrücklich an, dass der Vollzug des Beischlafs zur Genehmigung führte und das Anfechtungsrecht ausschloss. An dieser Stelle war das SBGB, wie bei der kasuistischen Aufzählung der Nichtigkeitsgründe, genauer als das sonst so detaillierte ALR, welches diese Art von Genehmigung nicht weiter erörterte. Insgesamt behandelten die beiden Gesetzbücher aber die Problematik des Konsensmangels bei Eingehung der Ehe sehr ähnlich.

4. Das Reichspersonenstandsgesetz von 1875

Die ursprünglichen Fassungen des ALR und des SBGB enthielten (wie auch die übrigen Partikularrechte) Regelungen über die Eingehung der Ehe (§§ 1588-

1591 SBGB und §§ 136-179 II 1 ALR)[111]. Diese Vorschriften wurden durch Personenstandsgesetze der einzelnen Länder[112] und schließlich durch das Reichspersonenstandsgesetz vom 6.2.1875[113] ersetzt. Das Reichspersonenstandsgesetz entzog, als Folge des Kulturkampfes, den Kirchen und Ländern die Eheschließungskompetenz und ordnete sie dem bürgerlichen Recht zu[114]. Gem. § 41 RPStG konnte eine Ehe rechtsgültig nur vor dem Standesbeamten geschlossen werden (obligatorische Zivilehe[115]). Eine Eheschließung vor einem Geistlichen ohne vorhergehende standesamtliche Trauung war nicht nur unwirksam, der Geistliche machte sich sogar gem. § 67 RPStG strafbar und musste mit Geldstrafe oder Gefängnisstrafe bis zu drei Monaten rechnen (Verbot der kirchlichen Voraustrauung[116]). Die Ehegerichtsbarkeit wurde in § 76 RPStG ausschließlich den staatlichen Gerichten zugeordnet. Das kirchliche Eherecht war jedoch weiterhin für die Beziehung der Ehegatten zu ihrer Religionsgemeinschaft von Bedeutung. Gem. § 82 RPStG blieben die kirchlichen Verpflichtungen in Bezug auf Taufe und Trauung unberührt. Beispielsweise war ein Ehegatte seiner Religionsgemeinschaft gegenüber weiterhin verpflichtet, die Eheschließung zu unterlassen, wenn zwar kein bürgerlich-rechtliches, aber ein kirchenrechtliches Eheverbot bestand[117].

Wie im protestantischen Recht kam die Ehe nach dem RPStG nicht allein durch die Willenserklärungen der Verlobten zu Stande, sondern durch den Standesbeamten, der die Verlobten zu Eheleuten erklärte[118]. In Bezug auf Eheverbote und Konsensmängel bei Eingehung der Ehe enthielt das RPStG keine eigenen Regelungen. Zwar waren die Tatbestände der Eheverbote in den §§ 32-34 RPStG aufgeführt, hinsichtlich der Rechtsfolgen wurde aber in § 36 RPStG auf das Landrecht verwiesen[119]. Lagen Irrtum, Betrug oder Zwang bei Eingehung

---

111 Gem. § 136 II 1 ALR kam eine Ehe durch Trauung eines Geistlichen zustande; gem. § 1588 SBGB wurde die Ehe eingegangen durch die gegenseitige Erklärung der Einwilligung in die Ehe unter Beachtung der Form, die den Grundsätzen der Kirchen- und Religionsgesellschaften entsprach, welchen die Ehegatten angehörten.

112 Die obligatorische Zivilehe wurde 1850 in Frankfurt, 1869 in Baden, 1870 in Sachsen und 1874 in Preußen eingeführt, *Dölle*, S 59.

113 RGBl. 1875, S. 23 ff.

114 Bereits im Jahr 1849 erwog die Frankfurter Nationalversammlung die Einführung der obligatorischen Zivilehe. Sie wurde sogar in den Grundrechtskatalog (Art. III, § 16) der geplanten, aber nie in Kraft getretenen Paulskirchenverfassung aufgenommen, *Richter*, S. 1038 Fn. 38.

115 Vgl. *Dölle*, S. 59.

116 Vgl. *Bosch*, FamRZ 1988, 665, 667.

117 *Dölle*, S. 59.

118 *Dölle*, S. 59.

119 Gab es, wie z. B. in Frankfurt, keine landesrechtlichen, kodifizierten Regelungen, so waren die Grundsätze des gemeinen, z. B. protestantischen Rechts weiterhin anwendbar, vgl. *RGZ* 18, 177 f.

der Ehe vor, so verwies § 36 RPStG sowohl bezüglich Tatbestand als auch Rechtfolgen auf die Regelungen des Landrechts.

5. Das BGB von 1900

Im Deutschen Reich vor 1900 bestanden zwar nach der Einführung des Reichspersonenstandsgesetzes einheitliche Regelungen bezüglich der Eingehung der Ehe, viele Fragen – wie zum Beispiel die Wirkung der Ehe im allgemeinen, das eheliche Güterrecht, die Scheidung und auch die Behandlung des Willensmangels bei Eingehung der Ehe – wurden hingegen nicht im Reichspersonenstandsgesetz geregelt. Bezüglich dieser Fragen bestanden (wie auch in vielen anderen Gebieten des bürgerlichen Rechts) uneinheitliche Regelungen in den einzelnen Landesgesetzen. Es entstand das Bedürfnis nach einem einheitlichen Bürgerlichen Gesetzbuch für das gesamte Deutsche Reich. Im folgenden Abschnitt soll gezeigt werden, wie das römische Recht, das kirchliche Recht, das Naturrecht und die Partikularrechte den BGB-Gesetzgeber beeinflusst haben und welche Regelungen er bezüglich des Willensmangels bei Eingehung der Ehe getroffen hat.

a) Vertraglicher Charakter der Ehe

Die Bürgerliche Ehe war im ersten Abschnitt des vierten Buches geregelt. Die relevanten Irrtümer bei Eingehung der Ehe fanden sich im dritten Titel wieder (§§ 1323-1347 BGB a. F.). Die Eheschließung wurde als Rechtsgeschäft[120] oder Vertrag[121] bezeichnet, da sie gem. § 1317 BGB a. F. durch die höchstpersönliche Erklärung der Verlobten bei gleichzeitiger Anwesenheit vor dem Standesbeamten, der zur Annahme der Erklärungen bereit sein musste, zu Stande kam. Ehebegründend waren, wie im kanonischen Recht, ausschließlich die Willenserklärungen der Ehegatten. Dass sie diese vor einem Standesbeamten abgegeben mussten, stellte lediglich ein Formerfordernis dar, dessen Nichteinhalten gem. § 1324 BGB a. F. zur Nichtigkeit der Ehe führte. Wie im kanonischen Recht war zwar die Eingehung der Ehe ein Vertrag, das Eheverhältnis war jedoch ein Rechtsverhältnis[122] und nicht etwa ein Vertragsverhältnis. Der Vertragsgedanke des Naturrechts und des preußischen Landrechts fand sich also nur zum Teil, nämlich bei der Eheschließung, im BGB wieder.

Auch bei der Anfechtung der Ehe wegen Willensmangels zeigte sich der Vertragsgedanke des ALR nur in abgeschwächter Form. Da die Ehe durch zwei Willenserklärungen geschlossen wurde, musste eigentlich der Willensmangel bei Eingehung der Ehe zu den gleichen Rechtsfolgen wie der Willensmangel bei Eingehung eines jeden anderen Vertrags führen. Die Willenserklärungen hätten

---

120 *Motive*, IV, S. 44; *Planck*, S. 42.

121 *Endemann*, S. 617; heute wird die Ehe meinst als „familienrechtlicher Vertrag" bezeichnet, Staudinger/*Strätz* § 1310 Rn. 48; *Rauscher*, Rn. 147.

122 *Motive*, IV, S. 44; *Endemann*, S. 617.

nach den Regeln des allgemeinen Teils nichtig oder anfechtbar sein müssen. Das war jedoch nicht der Fall, der BGB-Gesetzgeber regelte die Nichtigkeit und Anfechtbarkeit der Ehe speziell im Eherecht, in den §§ 1323 ff. BGB a. F. Diese speziellen Regeln verdrängten die allgemeinen[123]. Sie wurden geschaffen, um Rücksicht auf das Wesen der Ehe, ihren sittlichen Charakter und das öffentliche Interesse am Institut der Ehe zu nehmen[124].

b) Abgrenzung zwischen nichtiger und anfechtbarer Ehe

Auch wenn die Ehe nicht nach den allgemeinen Regeln nichtig oder anfechtbar war, so zeigte sich der Vertragsgedanke des Naturrechts und preußischen Landrechts darin, dass im Eherecht von 1900, wie im allgemeinen Teil, zwischen wirksamer, anfechtbarer und nichtiger Ehe differenziert wurde und nicht etwa nur (wie es im heutigen BGB der Fall ist) zwischen wirksamer und aufhebbarer Ehe. Die Tatbestände, die zur Nichtigkeit führten, waren in den §§ 1324-1328 BGB a. F., solche, die zur Anfechtbarkeit führten, in den §§ 1331-1335 und 1350 BGB a. F. geregelt. Die Ehe war nichtig, wenn man bei der Eheschließung die Form des § 1317 BGB a. F. (Eheschließung vor einem Standesbeamten) nicht beachtete (§ 1324 BGB a. F.), wenn ein Ehegatte zum Zeitpunkt der Eheschließung geschäftsunfähig oder bewusstlos gewesen war (§ 1325 BGB a. F.) oder eine gültige Ehe mit einem Dritten geführt hatte (§ 1326 BGB a. F.), die Ehe zwischen nahen Verwandten geschlossen worden (§ 1327 BGB a. F.) oder sie wegen Ehebruchs verboten war (§ 1328 BGB a. F.).

Zusammenfassend lässt sich sagen, dass eine nichtige Ehe dann bestand, wenn das Wesen der Ehe oder die öffentliche Ordnung verletzt waren[125]. Eine anfechtbare Ehe lag vor, wenn mindestens ein Ehegatte bei Eingehung der Ehe beschränkt geschäftsfähig war (§ 1331 BGB a. F.) oder einem Willensmangel (§§ 1332-1335, 1350 BGB a. F.) unterlag. Die anfechtbare Ehe verletzte nicht nur das öffentliche, sondern auch das persönliche Interesse eines Ehegatten[126]. Dieser konnte entscheiden, ob er die mangelhafte Ehe anfechten und somit vernichten oder ob er sie weiter bestehen lassen wollte. Das Kirchenrecht unterschied zwar nicht zwischen nichtiger und anfechtbarer Ehe[127], jedoch erinnert die Unterteilung in Anfechtungs- und Nichtigkeitsgründe an die Unterteilung in private trennende (impedimenta dirimentia privata) und öffentliche trennende Ehehindernisse (impedimenta dirimentia publica) im kirchlichen Recht. Die privaten trennenden Ehehindernisse führten nur zur Nichtigkeit, wenn der betroffene Ehegatte einen entsprechenden Antrag stellte. Die öffentlichen Ehehindernisse konnten von jedem, der sie kannte, und von Amts wegen geltend gemacht

---

123 *Motive,* IV, S. 44.
124 *Motive,* IV, S. 44.
125 *Motive,* IV, S. 46; *Schaefer,* S. 89 f.
126 *Motive,* IV, S. 46; *Schaefer,* S. 89 f.
127 Siehe S. 34 ff., 38 ff. Vgl. auch *Planck,* S. 158; *Motive,* IV, S. 45.

werden[128]. Bei den privaten trennenden Ehehindernissen hatte der Ehegatte also, wie bei der Anfechtung, die Wahl, ob er die Ehe bestehen lassen wollte oder nicht; bei den öffentlichen trennenden Ehehindernissen stand diese Befugnis auch Dritten zu[129]. Die Differenzierung zwischen der ungültigen (nach der BGB-Terminologie „anfechtbaren") und nichtigen Ehe war aus dem ALR und SBGB bekannt[130].

c) Die anfechtbare Ehe

Der dem Willensmangel unterliegende Ehegatte konnte die Ehe anfechten, wenn er nicht wusste, dass es sich um eine Eheschließung handelte oder er die Erklärung, eine Ehe einzugehen, nicht abgeben wollte (§ 1332 BGB a. F.), er sich in einem Irrtum über die Person des anderen Ehegatten oder über eine persönliche Eigenschaft befand (§ 1333 BGB a. F.) oder er die Erklärung unter Täuschung (§ 1334 BGB a. F.) oder Drohung (§ 1335 BGB a. F.) abgab. Die Tatbestände der §§ 1332 Alt. 1, 1334 und 1335 BGB a. F. finden sich so oder so ähnlich noch im heutigen BGB wieder, weshalb sie erst an späterer Stelle näher erörtert werden sollen und hier bloß die Motive des Gesetzgebers und der Einfluss der anderen Rechtsordnungen aufgezeigt werden soll. Die Tatbestandsvoraussetzungen des § 1333 BGB a. F. sollen hingegen etwas näher betrachtet werden, da sich eine ähnliche Norm heute nicht mehr im BGB befindet.

aa) Fehlender Eheschließungswille, § 1332 BGB a. F.

Gem. § 1332 BGB a. F. konnte eine Ehe von dem Ehegatten angefochten werden, der bei der Eingehung der Ehe nicht gewusst hat, dass es sich um eine Eheschließung handelte, oder dies zwar gewusst hat, aber eine Erklärung, die Ehe eingehen zu wollen, nicht hat abgeben wollen. Die erste Alternative des Tatbestands findet sich noch im heutigen BGB (§ 1314 II Nr. 2 BGB a. F.) wieder. Es entsprach den allgemeinen Grundsätzen des BGB[131], dass ein fehlender Wille zur Nichtigkeit oder Anfechtbarkeit der Willenserklärung, oder in diesem Fall des Rechtsgeschäfts, führte. Ein Festhalten an der Ehe wäre mit ihrem persönlichen Charakter unvereinbar[132]. Die Fälle der Mentalreservation (§ 116 BGB) und Simulation (§117 BGB) wurden nicht speziell im Eherecht geregelt.

---

128 *Friedberg*, S. 390.
129 *Planck*, S. 158.
130 Siehe S. 43 f., 45 f.
131 Siehe §§ 116 ff. BGB.
132 *Schwab*, FamRZ 1965, 474, 484; Staudinger/*Klippel*, § 1314 Rn. 12.

bb) Irrtum über die Person oder persönliche Eigenschaften des anderen Ehegatten, § 1333 BGB a. F.

Der Irrtum über persönliche Eigenschaften des anderen Ehegatten (error qualitatis) wurde erst im zweiten Entwurf des BGB berücksichtigt[133]. Error qualitatis und error personae waren aus dem katholischen und protestantischen Kirchenrecht[134], dem preußischen Landrecht (§ 40 II 1 ALR[135]) und dem sächsischen BGB (§ 1595 f. SBGB[136]) bekannt. Das katholische Kirchenrecht hielt bis 1918 einen Irrtum über Eigenschaften des anderen Ehegatten jedoch nur ausnahmsweise dann für relevant, wenn er sich auf den freien Stand des anderen Ehegatten bezog (error condicionis) oder es sich um eine Eigenschaft handelte, welche die Person des Ehegatten von allen anderen Menschen unterschied (error qualitatis in personam redundans). Im protestantischen Kirchenrecht führte der Irrtum über gewisse persönliche Eigenschaften zur Nichtigkeit der Ehe, uneinig war man sich nur darüber, welche Eigenschaften das waren[137]. § 40 II 1 ALR erklärte eine Ehe für ungültig, soweit eine Willenserklärung wegen Irrtums ungültig war und ein Irrtum in der Person des Ehegatten oder in einer persönlichen Eigenschaft des Ehegatten vorlag, welche bei der Schließung einer Ehe dieser Art vorausgesetzt wurde. Diese Vorschrift erinnert, abgesehen davon, dass sie auf die Regelungen des allgemeinen Teils verweist, an § 1333 BGB a. F.: Der Irrtum über die persönliche Eigenschaften des Ehegatten wird zunächst für relevant erklärt, dann aber durch die anschließenden Formulierungen („welche bei Schließung einer Ehe dieser Art vorausgesetzt wird“, § 40 II 1 ALR a. E. beziehungsweise „persönliche Eigenschaften ..., die ihn bei Kenntniß der Sachlage und bei verständiger Würdigung des Wesens der Ehe von der Eingehung der Ehe abgehalten haben würden“, § 1333 BGB a. F.) objektiviert. § 1333 BGB a. F. forderte zusätzlich, anders als § 40 II 1 ALR, Kausalität zwischen dem Irrtum und der Eingehung der Ehe[138]. Der Tatbestand des § 1333 BGB a. F. wurde also vom Kirchenrecht und vom preußischen Landrecht beeinflusst. Die kasuistische Aufzählung der relevanten Irrtümer, wie sie im sächsischen BGB zu finden war, setzte sich nicht durch.

Unter den Begriff „persönliche Eigenschaften“ konnte man drei Arten von Eigenschaften subsumieren: körperliche (zum Beispiel geschlechtliches Unvermögen und Unfruchtbarkeit), geistige (zum Beispiel geistige Krankheiten) und sittliche (zum Beispiel schwere Charakterfehler und nicht vorhandene Jungfräu-

---

133 *Schaefer*, S. 93; *Planck*, S. 57.

134 Siehe S. 33 ff., 38 ff.

135 Siehe S. 43.

136 Siehe S. 45.

137 In der Praxis wurde meist der Irrtum über die Jungfräulichkeit der Braut und die Schwangerschaft von einem Dritten als relevant anerkannt, *Motive*, IV, S. 74; siehe auch S. 38 f.

138 *Schaefer*, S. 96.

lichkeit)[139]. Der zweite Entwurf der Norm erklärte neben dem Irrtum über persönliche Eigenschaften auch den über „persönliche Verhältnisse" für relevant, da es in manchen Fällen unklar sein könne, ob man einem Ehegatten einen Umstand als Eigenschaft anrechnen könne (zum Beispiel der Umstand, dass man geschieden ist[140]) oder nicht[141]. Die BGB-Reichstagskommission strich diese Formulierung jedoch, da sie befürchtete, dass man darunter alle sich auf eine Person beziehenden Umstände verstehen könnte[142] und der Tatbestand somit zu weit ausgelegt werden würde. Das Verschweigen einer Scheidung fiel also nicht unter den Tatbestand des § 1333 BGB a. F. Das arglistige Täuschen über diese Tatsache konnte jedoch gem. § 1334 BGB a. F. zur Anfechtbarkeit führen[143].

Der Irrtum über die Person des anderen Ehegatten führte bereits im kirchlichen Recht[144] (Decretum Gratiani, C 29 qu. Q dict § 1, 2), preußischen[145] Landrecht (§ 40 II 1, 76 I 4 ALR) und sächsischen BGB[146] (§ 1595 SBGB) zu einer unwirksamen oder anfechtbaren Ehe. Deshalb war es auch nicht verwunderlich, dass der BGB-Gesetzgeber ihn in § 1333 Alt. 1 BGB a. F. für rechtlich beachtlich erklärte. Bemerkenswert war hingegen, dass der Irrtum über die Person des anderen Ehegatten nicht zur Nichtigkeit, sondern nur zur Anfechtbarkeit der Ehe führte. Da keine zwei übereinstimmenden Willenserklärungen vorliegen, könnte man denken, der error personae führe zur Nichtigkeit[147]. Der Gesetzgeber von 1900 hat sich für die Anfechtbarkeit entschieden, damit der sich irrende Ehegatte wählen konnte, ob er die Ehe bestehen lassen wollte oder nicht[148].

cc) Arglistige Täuschung (§ 1334 BGB a. F.) und widerrechtliche Drohung (§ 1335 BGB a. F.)

Arglistige Täuschung und widerrechtliche Drohung hatten gem. §§ 1334 und 1335 BGB a. F. die Anfechtbarkeit der Ehe zur Folge. Die widerrechtliche Drohung führte sowohl nach kanonischem[149] und protestantischen Recht[150], dem ALR[151] (§§ 39, 41-44, 993 II 1) und dem sächsischen BGB[152] (§§ 1593, 1625) als auch nach den allgemeinen Regeln des BGB zur Nichtigkeit oder Anfecht-

---

139 *Schaefer*, S. 95.
140 *Protokolle*, IV, S. 76.
141 *Protokolle*, IV, S. 76.
142 *Planck*, S. 57 f.
143 *Planck*, S. 58.
144 Siehe S. 33 ff., 38 ff.
145 Siehe S. 43.
146 Siehe S. 45.
147 *Schaefer*, S. 93.
148 *Schaefer*, S. 93.
149 Siehe S. 35 f.
150 Siehe S. 38 ff.
151 Siehe S. 43 ff.
152 Siehe S. 45 f.

barkeit der Ehe beziehungsweise der Willenserklärung[153]. Deshalb war zu erwarten, dass der Gesetzgeber diesen Tatbestand auch in das BGB von 1900 aufnehmen und eine unter Drohung eingegangene Ehe für anfechtbar erklärten würde. Die Täuschung beziehungsweise der Betrug wurde in den bis 1900 geltenden gesetzlichen Regelungen unterschiedlich behandelt[154]: Im kanonischen Recht beeinflusste der Betrug, der zu keinem relevanten Irrtum führte, die Eheschließung nicht, im protestantischen Recht war dies umstritten, mehrheitlich hielt die Rechtsprechung den Betrug für rechtlich relevant[155]. Im ALR führte die Täuschung gem. § 39 II 1 i. V. m. §§ 84 ff. I 4, im SBGB gem. § 1595 zur Anfechtbarkeit der Ehe. Der BGB-Gesetzgeber entschied sich, ähnlich dem protestantischen Recht und dem ALR, für die Anfechtbarkeit der Ehe, da es nicht gerechtfertigt sein könne, einen Ehegatten an einer Ehe festzuhalten, welche dieser nur wegen rechts- oder sittenwidrigen Verhaltens des anderen eingegangen ist[156].

d) Rechtsfolgen

Wurde die Ehe durch Anfechtungsklage gem. § 1341 BGB a. F. erfolgreich angefochten, so war sie gem. § 1343 BGB a. F. als von Anfang an nichtig anzusehen. Die Rechtsfolgen der angefochtenen und der gem. §§ 1323 ff. BGB a. F. von Anfang an nichtigen Ehe waren grundsätzlich dieselben: Die Ehe entfaltete, von wenigen Ausnahmen abgesehen, keine Rechtswirkung. Gem. § 1344 BGB a. F. konnten jedoch einem Dritten, der im Vertrauen auf die Gültigkeit der Ehe sich mit einem oder beiden Ehegatten auf ein Rechtsgeschäft oder Rechtsstreit eingelassen hatte, gegen die Wirksamkeit des Rechtsgeschäfts oder Urteils Einwendungen aus der Nichtigkeit der Ehe nicht entgegen gehalten werden. Der Schutz des gutgläubigen Dritten, der auf die Gültigkeit der Ehe vertraut hat, entspricht zum einem den Grundprinzipien des BGB[157], zum anderen war er bereits aus dem ALR, §§ 960 f. II 1, bekannt. Gem. §§ 1345 f. BGB a. F. konnte der Ehegatte, dem die Nichtigkeit der Ehe bei der Eheschließung nicht bekannt war, sich in *vermögensrechtlicher* Beziehung (Unterhalt, Widerruf von Schenkung, Vermögensauseinandersetzung[158]) auf das Scheidungsfolgenrecht berufen, wenn dem anderen die Nichtigkeit bekannt war. Das gleiche Recht stand gem. § 1346 BGB a. F. dem Ehegatten zu, der berechtigt war, die Ehe aufgrund Drohung oder Irrtums anzufechten. In anderer, als in vermögensrechtlicher Beziehung (zum Beispiel Namensführung, Erb- und Pflichtteilsrecht), entfaltete die nichtige

---

153 *Motive*, IV, S. 71 f.

154 *Motive*, IV, S. 72 f.

155 *RGZ* 5, 223 f.; 18, 177, 179. Siehe auch S. 38 ff.

156 *Motive*, IV, S. 73.

157 *Motive*, IV, S. 64. Der Schutz des gutgläubigen Dritten zeigt sich heute u. a. in den §§ 892, 932-935 BGB.

158 *Planck*, S. 70.

Ehe keine Rechtswirkungen. Kinder, welche aus einer nichtigen Ehe stammten, sprach man grundsätzlich, soweit nicht eine Ausnahme der §§ 1699-1703 BGB a. F. erfüllt war, rückwirkend den Status der Ehelichkeit ab.

Sowohl im kanonischen und protestantischen Recht als auch im ALR und SBGB führte der Willensmangel bei Eingehung der Ehe zur Nichtigkeit ex tunc. Die Regelung der Rechtsfolgen orientierte sich insbesondere am ALR. Die Anfechtung der Ehe führte, wie die Anfechtung einer jeden anderen Willenserklärung, zur Nichtigkeit ex tunc.

e) Ergebnis: Beeinflussung des BGB durch andere Gesetze

Die Regelungen des BGB bezüglich der rechtlichen Behandlung des Willensmangels bei Eingehung der Ehe wurden insbesondere vom kirchlichen Recht und vom ALR beeinflusst. In Bezug auf die Eheschließung entschieden sich die BGB-Gesetzgeber zugunsten der katholischen Anschauung. Die Ehegatten begründen die Ehe durch einen Vertrag, das Zusammensprechen des Standesbeamten hat nur deklaratorische Wirkung. Eine Beeinflussung durch das römische Recht lässt sich nicht feststellen, da in dieser Rechtsordnung der Willensmangel bei Eingehung der Ehe irrelevant war. Die Anfechtungsgründe des BGB von 1900 sind, abgesehen von dem Irrtum über die Eigenschaft einer anderen Person und dem auf einer Täuschung beruhenden Irrtum, schon aus dem kanonischen Recht bekannt. Das protestantische Recht, das ALR und das SBGB nahmen diese Anfechtungsgründe auf und entwickelten sie weiter. Die Differenzierung zwischen Nichtigkeits- und Anfechtungsgründen erinnert an die Differenzierung zwischen privaten trennenden und öffentlichen trennenden Ehehindernissen im protestantischen Recht. Die Differenzierung zwischen ungültiger beziehungsweise anfechtbarer und nichtiger Ehe war bereits aus dem ALR und SBGB bekannt. Sie spiegelt den vertraglichen Charakter der Ehe wieder. Auch wenn das Eheverhältnis, anders als die Eheschließung, im BGB von 1900 nicht als Vertrag angesehen wurde, so bestehen – im Vergleich zur heutigen Rechtslage – trotzdem nur geringe Unterschiede zwischen der Auflösung der Ehe und der Auflösung eines Vertrags. Der vertraglicher Charakter der Ehe war im BGB von 1900 also stark ausgeprägt.

6. Entwicklungen nach 1900

Tatbestand und Rechtsfolgen der Eheaufhebung wurden seit In-Kraft-Treten des BGB bisher vier Mal (1938, 1946, 1976, 1998) reformiert. Jede Reform veränderte sowohl Tatbestandvoraussetzungen als auch Rechtsfolgen der Eheaufhebung. Die jüngste Reform fand im Jahr 1998 statt. Sie vereinigte Nichtigkeit und Aufhebbarkeit der Ehe zu einem Institut.

a) Ehegesetz von 1938

Die erste große Reform erfolgte durch die Einführung des Ehegesetzes im Jahr 1938. Der gesellschaftliche Einfluss auf das Gesetz sowie die politische Färbung des Gesetzgebers wird im Ehegesetz von 1938 deutlich sichtbar. Der Gesetzgeber nahm einen großen Teil der eherechtlichen Vorschriften (§§ 1303, 1352, 1364-1587, 1608 Abs. 2, 1635-1637 BGB a. F.) aus dem BGB heraus und kodifizierte sie im Ehegesetz. Den Grund für die Neuordnung des Eherechts stellte die nationalsozialistische Auffassung von Ehe und Familie dar: Ehe und Familie seien die Grundlage des völkischen Gemeinschaftslebens, von deren Kraft und Gesundheit Wert und Bestand der Volksgemeinschaft abhänge[159]. Eine solche Betrachtung sei unvereinbar mit der liberalistischen Betrachtungsweise des BGB, die in der Ehe eine vertragsartige Zweckverbindung zur Verwirklichung individueller Interessen sehe. Um diese Wende im Eherecht zu verdeutlichen, entstand das neue Gesetz. Die Nichtigkeitsgründe des BGB übernahm das Ehegesetz zum größten Teil. Der Gesetzgeber fügte den Nichtigkeitsgrund der Staatsangehörigkeits-Ehe (§ 23 EheG) sowie einen Verweis auf die Nichtigkeitsgründe des Blutschutzgesetzes[160] und Ehegesundheitsgesetzes[161] aus dem Jahr 1935 hinzu. Die Erklärung der Nichtigkeit einer Ehe erfolgte weiterhin mit Ex-tunc-Wirkung. Das Institut der Eheanfechtung (mit Ex-tunc-Wirkung) ersetzte er – um den vertraglichen Charakter der Ehe zu beseitigen – durch die Eheaufhebung mit Ex-nunc-Wirkung. Es entspreche nämlich nicht der Wirklichkeit, wenn eine Ehe, die jahrelang bestanden hat, rückwirkend vernichtet würde, nur weil ein Ehegatte sich beispielsweise bei Eingehung der Ehe geirrt habe[162]. Die Eheaufhebung sollte private, die Nichtigkeit öffentliche Interessen schützen. Die Aufhebungstatbestände übernahm das neue Gesetz fast unverändert. Umformuliert wurde § 1333 BGB a. F., der Eigenschaftsirrtum. § 1333 BGB a. F. sprach vom Irrtum über persönliche Eigenschaften, der neue § 37 EheG von Umständen, die die Person des anderen Ehegatten betreffen und ihn bei Kenntnis der Sachlage und bei richtiger Würdigung des Wesens der Ehe von der Eingehung abgehalten hätten. Von dieser weiter formulierten Norm sollte nun auch ein Irrtum über Rasse oder Religion erfasst werden, sodass „Mischehen" leichter aufgehoben werden konnten[163].

Die Rechtsfolgen der nichtigen Ehe blieben in etwa dieselben. In *vermögensrechtlicher* Hinsicht war weiterhin gem. § 31 EheG das Scheidungsfolgenrecht

---

159 Begründung zum EheG, DJ 1938, 1102.

160 RGBl. I, 1334.

161 RGBl. I, 1246.

162 *Volkmar,* DJ 1938, 1118, 1120.

163 *Schmidt-Dalhoff,* S. 41; *Molls,* S. 18 f.; Staudinger/*Klippel,* Vor §§ 1313 ff. Rn. 7. Eine Ehe konnte bereits dann aufgehoben werden, wenn der Urgroßvater eines Ehegatten der jüdischen oder einer anderen artfremden Rasse oder der kommunistischen Partei angehörte, *Rilk,* S. 192.

anwendbar. Der Ehegatte, der den Nichtigkeitsgrund kannte, war als schuldig zu behandeln. Der andere Ehegatte konnte wählen, ob er die Rechtsfolgen der Scheidung wollte oder nicht. Ein in der Ehe geborenes Kind *galt* gem. § 30 EheG als ehelich. § 29 Abs. 1 EheG sprach ihm diesen Status jedoch ab, wenn die Ehe aufgrund eines Verstoßes gegen das Blutschutz- oder Ehegesundheitsgesetzes für nichtig erklärt worden war.

Die Folgen der Aufhebung der Ehe bestimmten sich, auch in nicht vermögensrechtlicher Hinsicht, gem. § 42 EheG nach den Folgen der Scheidung. Der Ehegatte, der den Mangel bei Eingehung der Ehe kannte oder vom dem die Täuschung oder Drohung ausging, war als schuldig anzusehen. Die Möglichkeit, die Scheidungsfolgen auszuschließen, bestand hier (bis zum 1.7.1977) nicht. Ein in der aufhebbaren Ehe geborenes Kind war auch nach der Aufhebung mit Extunc-Wirkung weiterhin ehelich.

b) Das Ehegesetz von 1946

Ziel des Kontrollratsgesetzes Nr. 16 von 1946[164] war es, das Ehegesetz von nationalsozialistischem Gedankengut zu befreien[165]. Man beseitigte die Nichtigkeit der Staatsangehörigkeitsehe und führte den Begriff der „persönlichen Eigenschaft" wieder ins Gesetz ein. Blutschutzgesetz und Ehegesundheitsgesetz traten bereits 1945 als typische nationalsozialistische Gesetze außer Kraft[166]. Durch das Kontrollratsgesetz von 1946 wurde das Ehegesetz neu erlassen.

c) Eherechtsreformgesetz von 1976

Der Gesetzgeber schaffte durch das Eherechtsreformgesetz das Verschuldensprinzip [167] bei der Scheidung ab und führte das Zerrüttungsprinzip ein. Er nahm das Scheidungsrecht aus dem Ehegesetz heraus und stellte es wieder in das BGB ein. Für die Aufhebbarkeit der Ehe ergaben sich kleine, anpassungsbedingte Veränderungen. Nach dem alten Ehegesetz wurde auf der Rechtsfolgenseite derjenige, der die Aufhebbarkeit der Ehe bei Eingehung kannte oder die Täuschung oder Drohung ausgeübt hatte, als schuldig behandelt. Durch die Abschaffung des Verschuldensprinzips bedurfte es einer Umformulierung dieser Norm. Gem. § 37 Abs. 2 des neuen Ehegesetzes konnte, wenn ein Ehegatte die Aufhebbarkeit bei Eheschließung gekannt, getäuscht oder gedroht hat, der andere Ehegatte zu seinen Gunsten innerhalb von sechs Monaten das Scheidungsfolgenrecht ausschließen. Ein zweites Eherechtsreformgesetz, dass auch die Aufhebung der Ehe

---

164 AmtsBl. d. KontrollR, S. 77.

165 Kritisch hierzu *Ramm*, FS Hippel, S. 313, 338, der die Eheaufhebung mit Ex-nunc-Wirkung an sich als „penetrant" nationalsozialistische Vorschrift bezeichnet und ihre Rechtmäßigkeit bezweifelt.

166 Staudinger/*Klippel*, Vor §§ 1313 ff. Rn. 8.

167 BGBl. I 1976, S. 1421.

weiter verändern sollte, wurde zwar entworfen, aber vom Gesetzgeber nicht verwirklicht[168].

d) Das Eheschließungsgesetz von 1998

Im Jahr 1998 reformierte der Gesetzgeber das gesamte Eheschließungsrecht, insbesondere auch die Aufhebbarkeit der Ehe bei einem Willensmangel, grundlegend[169]. Bis dahin bestanden die Institute der vernichtbaren Ehe mit grundsätzlicher Ex-tunc-Wirkung (§§ 16-27 EheG) und der aufhebbaren Ehe mit Ex-nunc-Wirkung (§§ 28-37 EheG) nebeneinander. Der Gesetzgeber vereinigte diese beiden Institute im BGB und hob das Ehegesetz auf. Von nun an gab es nur noch die aufhebbare Ehe mit Ex-nunc-Wirkung. Des Weiteren modifizierte er auch die Gründe, die zur Aufhebbarkeit der Ehe führten und glich die Rechtsfolgen an.

Schon vor der Reform bestanden in Bezug auf die Rechtsfolgen der Aufhebung und Vernichtung einer Ehe viele Ähnlichkeiten[170]: Auch wenn die Vernichtung einer Ehe grundsätzlich mit Ex-tunc-Wirkung geschah, so ordnete das Gesetz viele Ausnahmen von der Ex-tunc-Wirkung an, was zu einer faktischen Ex-nunc-Wirkung führte. Seit 1961 blieb der Status eines Kindes aus einer für nichtig erklärten Ehe unbeeinflusst (es blieb weiterhin ehelich). Seit 1976 wurde die für nichtig erklärte Ehe hinsichtlich aller vermögensrechtlichen Wirkungen für die Vergangenheit wie eine voll gültige Ehe behandelt. Die Trennungsfolgen bestimmten sich nach den Grundsätzen des Scheidungsrechts. Erheblichkeit kam der Unterscheidung zwischen Nichtigkeit und Aufhebbarkeit nur noch im Erb- und Namensrecht zu[171]. Da die Unterschiede auf der Rechtfolgenseite zwischen vernichtbarer und aufhebbarer Ehe faktisch sehr gering waren, vereinigte man die beiden Institute der Einfachheit halber.

§ 1314 BGB fasst nun alle Tatbestände, die zur Aufhebung der Ehe führen, zusammen. Abs. 1 verweist auf die Tatbestände, die nach altem Recht zur Nichtigkeit der Ehe führten (§§ 1303, 1304, 1306, 1307, 1311 BGB), Abs. 2 nennt die Tatbestände, die aufgrund eines Willensmangels zur Aufhebung führen. Neu hinzugefügt wurde die Aufhebbarkeit aufgrund einer Scheinehe (Abs. 2 Nr. 5). Andere Tatbestände wurden ersatzlos gestrichen. Gem. § 31 Abs. 1 S. 1 Alt. 2 EheG konnte eine Ehe aufgehoben werden, wenn ein Ehegatte bei der Eheschließung zwar den Rechtscharakter der Eheschließung erkannt hat, aber keine

---

168 Staudinger/*Klippel,* Vor §§ 1313 ff. Rn. 15. Ein Auszug zum Entwurf des zweiten Eherechtsreformgesetzes auf dem Stand von Januar 1982 findet sich bei *Schmidt-Dalhoff,* S. 187-195.

169 BGBl. I 1998, S. 833.

170 Vgl. zum folgenden Gesetzentwurf der Bundesregierung, BT-Drucks. 13/4898, S. 18.

171 *Barth/Wagenitz,* FamRZ 1996, 833, 842.

Eheschließungserklärung abgeben wollte (Erklärungsirrtum)[172]. Gem. § 31 Abs. 1 S. 2 EheG war eine Ehe aufhebbar, wenn ein Ehegatte sich in der Person des anderen Ehegatten geirrt hat. Diese beiden Tatbestände strich der Gesetzgeber mit der Begründung, ihnen käme keine praktische Bedeutung zu. Läge trotzdem mal einer dieser seltenen Fälle vor, so sei es vertretbar, die Ehegatten auf die Möglichkeit der Scheidung zu verweisen[173]. Ebenfalls ersatzlos gestrichen hat der Gesetzgeber den Irrtum über persönliche Eigenschaften, deren Kenntnis den anderen Ehegatten auch bei verständiger Würdigung des Wesens der Ehe von der Eheschließung abgehalten hätte, da diese Konstellation ein typisches Scheitern der Ehe darstelle, so die amtliche Begründung: Ein Ehegatte habe sich bei Eingehung der Ehe ein Bild über den anderen Partner gemacht, welches sich im Nachhinein als falsch dargestellt hat. Die Ehe sei gescheitert und durch eine Scheidung zu beenden[174].

Die Rechtsfolgen der Aufhebung beschreibt nun § 1318 BGB. Auch sie wurden im Vergleich zum alten Recht (§ 43 EheG) verändert. § 37 EheG erklärte das Scheidungsfolgenrecht grundsätzlich für anwendbar, nannte dann die Fälle, in denen es nicht galt. § 1318 BGB hingegen besagt, dass die Folgen der Aufhebung sich nur in den „nachfolgenden Fällen" nach den Vorschriften über die Scheidung bestimmen. Anschließend wird genau beschrieben, in welchen Fällen der Aufhebung der Ehe das Scheidungsfolgenrecht Anwendung findet.

7. Zwischenergebnis: Vertraglicher Charakter der Ehe

Anhand der historischen Entwicklung der Eheaufhebung lässt sich feststellen, dass die Ehenichtigkeit/-anfechtung oder -aufhebung an Bedeutung verloren, die Scheidung an Bedeutung gewonnen hat. Im kanonischen Recht stellt die Erklärung der Nichtigkeit der Ehe auch heute noch die einzige Möglichkeit dar, sich von seinem Ehepartner zu lösen. Im ALR und SBGB bestand neben diesen Möglichkeiten auch noch die der Scheidung. Diese war jedoch, zumindest wenn Kinder aus der Ehe hervorgegangen sind, im Vergleich zu heute nur unter erschwerten Bedingungen möglich. Das BGB ermöglichte im Laufe der Zeit die Scheidung unter immer mehr vereinfachten Bedingungen, die Möglichkeiten der Nichtigkeitserklärung, Anfechtung oder Aufhebung wurden abgeschafft oder stark reduziert.

Diese Entwicklung hat mit dazu beigetragen, dass die Ehe insgesamt immer mehr ihren vertraglichen Charakter verloren hat. Das ALR sah sowohl die Eingehung der Ehe als auch das Eheverhältnis als Vertrag an; die Auflösung der Ehe war der eines sonstigen Vertrags sehr ähnlich. Das BGB in seiner Ursprungsversion verwendete bezüglich der Ehe noch die aus dem allgemeinen

172 Beispiel: Ein Ehegatte will die Eheschließung nicht, sagt aber aus Versehen „Ja" anstelle von „Nein", *Dölle,* S. 314.

173 Gesetzentwurf Bundesregierung, BT-Drucks. 13/4898, S. 19.

174 Begründung zum Gesetzentwurf Bundesregierung, BT-Drucks. 13/4898, S. 19.

Teil bekannten Begriffe „Nichtigkeit" und „Anfechtbarkeit", heute spricht es nur noch von „Aufhebbarkeit". Die Eingehung der Ehe ist auch heute noch, wie vor über 100 Jahren, ein Vertrag. Jedoch hat auch sie im Laufe der Zeit an vertraglichem Charakter verloren, was noch näher erläutert werden soll. Des weitern wird genauer zu untersuchen sein, weshalb der Gesetzgeber die Möglichkeiten der Eheanfechtung, -aufhebung und Ehenichtigkeitserklärung abgeschafft beziehungsweise erheblich reduziert hat, worin die Gründe für die Entfernung der Ehe vom Vertrag liegen und ob diese Entwicklung positiv oder negativ zu bewerten ist[175].

III. Der Tatbestand des Willensmangels

Sämtliche Rechtsgeschäfte des BGB erfordern eine Willenserklärung der Beteiligten in irgendeiner Form. Wie man ein Rechtsgeschäft behandelt, wenn ein oder mehrere Beteiligte einem Willensmangel unterliegen, regelt zum einen der allgemeine Teil des BGB (§§ 116-120, 123 BGB), zum anderen der besondere Teil (zum Beispiel §§ 1314, 1760, 1949, 2078 BGB). Zunächst werden die rechtserheblichen Willensmängel des allgemeinen Teils kurz vorgestellt, dann ausführlich die des Eherechts. Hierbei soll immer ein Vergleich zwischen den Willensmängeln des Eherechts und denen des allgemeinen Teils gezogen werden. Dies geschieht, um anschließend die Frage beantworten zu können, ob nicht weitere Willensmängel des allgemeinen Teils vom Eherecht (wieder) übernommen werden sollten, wodurch der vertragliche Charakter der Eheaufhebung gestärkt werden würde. Abschließend wird eine Antwort auf die Fragen gesucht, weshalb sich die Eheschließung und die Eheaufhebung vom Vertrag entfernt haben und worin die Gründe für die Reduzierung der Aufhebungstatbestände liegen.

1. Der Willensmangel im allgemeinen Teil des BGB

Der allgemeine Teil des BGB behandelt sowohl den *bewussten* als auch den *unbewussten* Willensmangel.

a) Der bewusste Willensmangel im allgemeinen Teil

Beim geheimen Vorbehalt (§ 116 BGB), Scheingeschäft (§ 117 BGB) und Mangel der Ernstlichkeit (§ 118 BGB) liegen *bewusste* Willensmängel vor: Der Erklärende fasst einen fehlerfreien Willen, gibt dann aber (zum Schein, aus Scherz oder aus welchen Gründen auch immer) eine Willenserklärung ab, die bewusst von seinem tatsächlichen Willen abweicht. Es mangelt in allen Fällen zumindest am Geschäftswillen[176], denn der Erklärende will die konkrete Rechtsfolge, auf die seine geäußerte Erklärung gerichtet ist, gar nicht herbeiführen. Somit ist die

---

[175] Siehe S. 103 ff.

[176] Staudinger/*Singer*, Vor § 116-119 Rn. 30; *Bork*, Rn. 795, 801, 812.

Willenserklärung fehlerhaft, es liegt ein *bewusster* Willensmangel vor. Ob diese fehlerhafte Willenserklärung wirksam ist oder nicht, lässt sich nicht generell sagen. Der Gesetzgeber hat dies für jeden einzelnen Fall in den §§ 116-118 BGB geregelt. Bei der widerrechtlichen Drohung (§ 123 Abs. 1 Alt. 2 BGB) liegt ebenfalls ein bewusster Willensmangel vor. Durch die Drohung ist der Bedrohte in seiner Willensbildung nicht mehr frei.

Die unter geheimen Vorbehalt erklärte Willenserklärung ist (trotz fehlenden Geschäftswillens) gem. § 116 S. 1 BGB wirksam, wenn der Empfänger den geheimen Vorbehalt nicht kennt. Der tatsächliche Wille des Erklärenden muss aus Rücksicht auf die Verkehrssicherheit und das „allgemeine Rechtsbewußtsein"[177] hinter den erklärten Willen zurücktreten, da ansonsten kein geordneter Rechtsverkehr möglich wäre[178]. Kennen hingegen sowohl der Erklärende als auch der Empfänger den Vorbehalt, so ist die Willenserklärung gem. § 116 S. 2 BGB nichtig, weil in diesem Fall dem Erklärungsempfänger kein Schutz zukommt[179]. Ein bedingter Vorsatz auf Seiten des Empfängers steht der Kenntnis gleich, fahrlässige Unkenntnis reicht jedoch nicht aus[180]. Kenntnis vom geheimen Vorbehalt des Erklärenden kann der Empfänger jedoch nur durch einen Dritten oder durch Zufall erlangt haben und nicht durch den Erklärenden selbst, da in diesem Fall, also dem einverständlichen Zusammenarbeiten von Erklärendem und Erklärungsempfänger, nicht § 116 S. 2, sondern § 117 BGB einschlägig wäre.

Gem. § 117 Abs. 1 BGB ist eine Willenserklärung, die einem anderen gegenüber abzugeben ist und mit dessen Einverständnis nur zum Schein abgegeben wird, nichtig. Der Gesetzgeber erklärt diese Willenserklärung für nichtig, da Erklärender und Empfänger kein wirksames Rechtsgeschäft gewollt haben und somit auch nicht schutzwürdig sind[181]. Genau genommen liegt entgegen dem Wortlaut von § 117 BGB bereits gar keine Willenserklärung vor, da die Nichtgeltung des Erklärten Geschäftsinhalt ist[182]. Nur empfangsbedürftige Willenserklärungen können Scheinerklärungen sein, da ansonsten das Erfordernis des gegenseitigen Einverständnisses nicht erfüllt werden kann[183].

§ 118 BGB erklärt eine nicht ernstlich gemeinte Willenserklärung, die in der Erwartung abgegeben worden ist, der Mangel der Ernstlichkeit werde nicht verkannt werden (Scherzerklärung), für nichtig. Diese Erklärung ist, wie die zum Schein abgegebene Erklärung (§ 117 Abs. 1 BGB), entgegen dem Wortlaut schon nach den Grundsätzen der Auslegung keine Willenserklärung, wenn der

---

177 *Motive*, I, S. 191; MünchKomm/*Kramer*, § 116 Rn. 3.

178 *Köhler*, S. 81. Kurz gesagt: „Wer bewusst lügt, verdient keinen Schutz", Staudinger/*Singer*, § 116 Rn. 1.

179 Staudinger/*Singer*, § 116 Rn. 1.

180 Soergel/*Hefermehl*, § 116 Rn. 7; Staudinger/*Singer*, § 116 Rn. 8.

181 MünchKomm/*Kramer*, § 117 Rn. 1; Staudinger/*Singer*, § 117 Rn. 1.

182 *Medicus*, Rn. 594; Soergel/*Hefermehl*, § 117 Rn. 1; Staudinger/*Singer*, § 117 Rn. 1.

183 Soergel/*Hefermehl*, § 117 Rn. 2; Staudinger/*Singer*, § 117 Rn. 3.

Empfänger den Mangel der Ernstlichkeit tatsächlich hätte erkennen müssen[184]. Bei der Scherzerklärung fehlt es nicht nur am Geschäftswillen, sondern auch am Erklärungsbewusstsein, weil der Erklärende davon ausgeht, der Erklärungsempfänger würde die mangelnde Ernstlichkeit erkennen[185]. Erkennt der Erklärungsempfänger diese wider Erwarten nicht, so ist die Erklärung zwar gem. § 118 BGB nichtig, jedoch steht dem Empfänger, wenn er auf die Wirksamkeit der Erklärung vertraut hat, ein Schadensersatzanspruch gem. § 122 BGB zu.

b) Der unbewusste Willensmangel im allgemeinen Teil

Ein *unbewusster* Willensmangel liegt vor, wenn dem Erklärenden die Divergenz zwischen Gewolltem und tatsächlich Erklärtem nicht bewusst ist, zum Beispiel, weil er sich im Zustand der vorübergehenden Störung der Geistestätigkeit befindet (§§ 105 Abs. 2, 1314 Abs. 2 Nr. 1 BGB). Ein Unterfall des *unbewussten* Willensmangels ist der Irrtum. Ein Irrtum besteht, wenn jemand eine Willenserklärung abgibt und dabei unbewusst von unrichtigen Vorstellungen ausgeht[186]. Der allgemeine Teil des BGB regelt den Inhalts- und Erklärungsirrtum (§ 119 Abs. 1 BGB) sowie den ausnahmsweise beachtlichen Motivirrtum (§ 119 Abs. 2 BGB). Diese Irrtümer führen nicht automatisch zur Nichtigkeit der Willenserklärung. Die Willenserklärung ist wirksam, kann aber von dem sich Irrenden gem. §§ 119, 121, 124, 142, 143 BGB angefochten werden.

Ein Inhaltsirrtum liegt vor, wenn der Erklärende sich bei der Abgabe einer Willenserklärung über den Inhalt irrt (§ 119 Abs. 1 Alt. 1 BGB). Der Erklärende weiß, was er sagt oder schreibt, irrt aber über die Bedeutung des von ihm gesetzten Erklärungszeichens[187]. Diese Art von Geschäft wollte er nicht abschließen, es fehlt der Geschäftswille. Wollte der Erklärende hingegen eine Erklärung mit diesem Inhalt gar nicht abgeben, hat er sich aber verschrieben oder versprochen, so liegt ein Erklärungsirrtum (§ 119 Abs. 1 Alt. 2 BGB) vor. Auch hier fehlt der Geschäftswille, und der sich Irrende kann die Erklärung anfechten. In beiden Fällen unterliegen die Erklärenden einem *unbewussten* Willensmangel. Ein Motivirrtum ist im Umkehrschluss aus § 119 Abs. 2 BGB grundsätzlich unbeachtlich, es sei denn, der Irrtum bezieht sich auf verkehrswesentliche Eigenschaften einer Person oder Sache. Ein weiterer beachtlicher Motivirrtum[188] besteht im Fall der arglistigen Täuschung, § 123 Abs. 1 Alt. 1 BGB. Durch die Anfechtbarkeit soll die rechtsgeschäftliche Selbstbestimmung des Getäuschten geschützt werden.

---

184 *Larenz/Wolf*, S. 645 f.; *Medicus*, Rn. 596; Soergel/*Hefermehl*, § 118 Rn. 1; Staudinger/*Singer*, § 118 Rn. 2. Als Beispiel nennt *Singer* Willenserklärungen zu theatralischen oder didaktischen Zwecken.

185 Staudinger/*Singer*, § 118 Rn. 5.

186 Erman/*Palm*, § 119 Rn. 31; Soergel/*Hefermehl*, § 119 Rn. 1. Siehe S. 27 f.

187 *BGH* NJW 1995, 190 f.; *Köhler*, S. 86.

188 Siehe S. 30 f.

In den Fällen des § 119 BGB kann der sich Irrende die Willenserklärung innerhalb der Anfechtungsfrist des § 121 BGB (unverzüglich nach Kenntnis des Anfechtungsgrundes) mittels einer Anfechtungserklärung gegenüber dem Gegner (§ 143 BGB) mit Ex-tunc-Wirkung (§ 142 Abs. 1 BGB) anfechten. Eine längere Anfechtungsfrist besteht gem. § 124 BGB im Fall des § 123 BGB: Hier muss die Anfechtung innerhalb eines Jahres nach Entdeckung der arglistigen Täuschung beziehungsweise nach Beendigung der Zwangslage die Anfechtung erklärt werden. Der Vertrauensschaden des Anfechtungsgegners muss im Falle des § 119 BGB der Anfechtende gem. § 122 BGB ersetzen.

Die Anfechtungsgründe des allgemeinen Teils finden sich nicht alle im Eherecht wieder. § 1314 Abs. 2 BGB erklärt nur vier Willensmängel für rechtlich relevant.

2. § 1314 Abs. 2 Nr. 1 BGB

Die Ehe kann gem. § 1314 Abs. 2 Nr. 1 BGB aufgehoben werden, wenn ein Ehegatte sich bei der Eheschließung im Zustand der Bewusstlosigkeit oder vorübergehender Störung der Geistestätigkeit befand.

a) Textgeschichte

Dieser Willensmangel wurde schon im BGB von 1900 in § 1325 BGB a. F.[189] für rechtserheblich erklärt und führte zur Nichtigkeit der Ehe. Die Ehe hatte nach erfolgreicher Anfechtung nie bestanden. Der Tatbestand fand sich auch in § 22 des Ehegesetzes von 1938 und in § 18 des Ehegesetzes von 1946 (bis 1998) wieder. Durch die Eherechtsreform im Jahre 1998 bekam der Tatbestand seinen heutigen Wortlaut und die veränderte Rechtsfolge (Aufhebbarkeit mit Ex-nunc-Wirkung statt Nichtigkeit mit Ex-tunc-Wirkung). Das Merkmal der Geschäftsunfähigkeit, welches von den vorherigen Tatbeständen miterfasst war, wurde aus dem Paragrafen gestrichen. Stattdessen erklärt nun § 1314 Abs. 1 i. V. m. § 1304 BGB die von einem Geschäftsunfähigen eingegangene Ehe für aufhebbar. § 18 EheG wurde also in zwei verschiedene Vorschriften, § 1314 Abs. 1 (i. V. m. §1304) und Abs. 2 Nr. 1 BGB aufgespalten. § 1314 Abs. 1 BGB erklärt eine Ehe, welche nicht alle Eheeingehungsvoraussetzungen (Ehefähigkeit; kein Verstoß gegen ein Eheverbot) erfüllt, Abs. 2 eine Ehe, die willensfehlerhaft zustande gekommen ist, für aufhebbar[190]. Bewusstlosigkeit und Störung der Geistesfähigkeit sind Willensmängel, Geschäftsunfähigkeit hingegen nicht, weil bei Bewusstlosigkeit und Störung der Geistesfähigkeit die Person *grundsätzlich* dazu fähig ist, einen freien Willen zu bilden, nur zum Zeitpunkt der Eheschließung gelingt es ihr nicht. Denkt sich die Person also vor der Eheschließung „Ich

---

[189] „Eine Ehe ist nichtig, wenn einer der Ehegatten zur Zeit der Eheschließung geschäftsunfähig war oder sich im Zustand der Bewusstlosigkeit oder vorübergehender Störung der Geistesfähigkeit befand", § 1325 Abs. 1 BGB a. F.

[190] BT-Drucks. 13/4898, S. 18 f.

möchte nicht heiraten", sagt dann aber bei der Eheschließung, beeinflusst durch die gestörte Geistesfähigkeit, „Ja, ich will", so weichen tatsächlicher und geäußerter Wille voneinander ab. Ein Willensmangel liegt vor. Ist der Erklärende hingegen geschäftsunfähig, befindet er sich also in einem die freie Willensbestimmung ausschließenden Zustand krankhafter Störung der Geistestätigkeit, der seiner Natur nach nicht nur ein vorübergehender ist (§ 104 Nr. 2 BGB), so ist er *zu keinem Zeitpunkt* (abgesehen von „lucida intervalla") fähig, einen freien Willen zu bilden, der von dem geäußerten abweichen könnte. Ein Willensmangel liegt nicht vor. Die richtigerweise erfolgte Aufspaltung des § 18 EheG in zwei Normen geschah also, um strikt zwischen Willensmängeln und Verstößen gegen Eheeingehungsvoraussetzungen differenzieren zu können.

b) Tatbestandsvoraussetzungen und Vergleich mit dem allgemeinen Teil

Die gleichen Tatbestandsvoraussetzungen wie in § 1314 Abs. 2 Nr. 1 BGB finden sich auch im allgemeinen Teil, in § 105 Abs. 2 BGB, wieder. Nach dieser Vorschrift ist eine Willenserklärung, die im Zustand der Bewusstlosigkeit oder vorübergehender Störung der Geistestätigkeit abgegeben worden ist, nichtig. Die Tatbestandsvoraussetzungen der beiden Vorschriften sind identisch, die Rechtsfolgen – Nichtigkeit einerseits, Aufhebbarkeit andererseits – unterschiedlich.

Tatbestandsvoraussetzung bei § 1314 Abs. 2 Nr. 1 BGB ist, dass der Zustand der Bewusstlosigkeit oder vorübergehenden Störung der Geistestätigkeit die freie Willensbestimmung bezüglich der Ehebegründung ausschließt[191]. Die vorübergehende Willensstörung muss (wie die andauernde Willensstörung gem. § 104 Nr. 2 BGB) krankhafter Natur sein[192]. Bezieht sie sich auf einen anderen Lebens- oder Geschäftsbereich, zum Beispiel auf den Abschluss von entgeltlichen Verträgen, so kann die Ehe trotzdem fehlerfrei eingegangen werden[193]. Die freie Willensbestimmung muss *völlig* ausgeschlossen sein, eine bloße Schwächung oder Minderung ist nicht ausreichend[194]. Eine vorübergehende Störung kann beispielsweise durch Alkohol, Medikamente oder Drogen hervorgerufen werden[195]. Ist die Störung der Geistesfähigkeit jedoch nicht nur vorübergehend, sondern dauerhaft, so ist die Person gem. § 104 Nr. 2 BGB geschäftsunfähig. Die Ehe ist gem. § 1314 Abs. 1 i. V. m. 1304 BGB aufhebbar.

Das Tatbestandsmerkmal Bewusstlosigkeit setzt nicht das völlige Fehlen des Bewusstseins voraus, es reicht eine hochgradige Bewusstseinstrübung aus, weil

---

191 *RGZ* 103, 399 f.; *BGH* FamRZ 1970, 641; Johannsen/*Henrich,* § 1314 Rn. 37.

192 Staudinger/*Knothe,* § 105 Rn. 13. (Die Begriffe der Bewusstlosigkeit und der vorübergehenden Störung sind mit denen des § 105 BGB identisch.)

193 Eine nur partielle Störung ist also möglich, *OGH* MDR 1950, 541 f.; Staudinger/*Knothe,* § 105 Rn. 13.

194 *RGZ* 103, 399, 411; *BGH* WM 1975, 1280; Soergel/*Hefermehl,* § 105 Rn. 7.

195 *BGH* WM 1972, 972; *OLG Düsseldorf* WM 1988, 1407 f.; Staudinger/*Knothe,* § 105 Rn. 13.

ein gänzlich Bewusstloser nicht mehr im Stande ist, eine Willenserklärung abzugeben. Der Handlungswille würde fehlen[196]. Eine Bewusstseinstrübung kann, wie die Störung der Geistestätigkeit, beispielsweise durch Alkohol oder Drogen hervorgerufen werden[197]. Es lässt sich nicht klar zwischen den Tatbestandsalternativen (Zustand der Bewusstlosgikeit, vorübergehende Störung der Geistestätigkeit) differenzieren, die Grenzen sind fließend. Denkbar ist nur eine graduelle Abstufung, doch ist diese entbehrlich, da beide Tatbestandsalternativen zur gleichen Rechtsfolge führen[198]. Entscheidender Zeitpunkt für das Vorliegen der Bewusstlosigkeit oder der vorübergehenden Störung der Geistestätigkeit ist die Abgabe der Eheschließungserklärung (§ 1311 BGB)[199].

Solche Fälle, in denen sich ein Ehegatte bei Eheschließung in einem bewusstseinstrübenden oder die Geistestätigkeit störenden Zustand befindet (und dies vermutlich unerkannt bleibt, da der Standesbeamte ansonsten von der Eheschließung absehen würde), sind nur schwer vorstellbar. Daraus könnte man den Schluss ziehen, der Aufhebungstatbestand sei überflüssig und abzuschaffen. Mit diesem Argument schaffte der Gesetzgeber nämlich im Jahr 1998 den § 31 Abs. 1 S. 1 Alt. 2 EheG (Aufhebung der Ehe, wenn bei der Eheschließung ein Ehegatte zwar den Rechtscharakter erkannt hat, aber keine Eheschließungserklärung abgeben wollte) sowie § 31 Abs. 1 S. 2 EheG (Aufhebung, wenn ein Ehegatte in der Person des anderen Ehegatten geirrt hat) ab und verwies in diesen Fällen in der Gesetzesbegründung auf das Scheidungsrecht[200]. Zum einen stellt sich die Frage, ob es richtig war, diesen und andere Aufhebungsgründe des Ehegesetzes abzuschaffen, zum anderen, ob die noch heute bestehenden Tatbestände notwendig oder überflüssig sind. Zunächst soll die zweite Frage beantwortet werden[201]: Dass § 1314 Abs. 2 Nr. 1 BGB unverzichtbar ist, zeigt ein Vergleich mit dem allgemeinen Teil. Gem. § 105 Abs. 2 BGB ist eine Willenserklärung, die im Zustand der Bewusstlosigkeit oder vorübergehenden Störung der Geistestätigkeit abgegeben wird, nichtig. Zweck der Vorschrift ist der Schutz der genannten Person[202]. Sie soll an nichts, was sie nicht frei zu verantworten hat, gebunden sein. Den gleichen Schutz verdient ein Ehegatte. Es wäre nicht zu rechtfertigen, ihn an seiner Willenserklärung festzuhalten. Der Tatbestand ist also trotz seiner geringen Relevanz notwendig und beizubehalten.

---

196 Johannsen/*Henrich,* § 1314 Rn. 38; Staudinger/*Knothe,* § 105 Rn. 12.

197 Johannsen/*Henrich,* § 1314 Rn. 38. Ab welchem Promillewert man eine Bewusstseinsstörung annehmen kann, lässt sich nicht generell sagen und ist fallabhängig. Das *OLG Nürnberg* NJW 1977, 1496 bejaht sie bei 3,4 Promille.

198 Weinrich/Klein/*Pieper,* § 1314 Rn. 23.

199 Staudinger/*Klippel,* § 1314 Rn. 10.

200 BT-Drucks. 13/4898, S. 19.

201 Zur ersten Frage siehe S. 100 ff.

202 MünchKomm/*Schmitt,* § 105 Rn. 1; Staudinger/*Knothe,* § 105 Rn. 1.

3. § 1314 Abs. 2 Nr. 2 BGB

Eine Ehe kann gem. § 1314 Abs. 2 Nr. 2 BGB aufgehoben werden, wenn ein Ehegatte bei der Eheschließung nicht gewusst hat, dass es sich um eine Eheschließung handelt.

a) Textgeschichte

Dieser Willensmangel war sowohl dem BGB von 1900 als auch dem EheG bekannt. § 1332 BGB a. F. erklärte eine Ehe für anfechtbar, wenn ein Ehegatte bei der Eheschließung nicht wusste, dass es sich um eine Eheschließung handelte. § 36 Abs. 1 S. 1 des Ehegesetzes von 1938 und § 31 Abs. 1 S. 1 des Ehegesetzes von 1946 erklärten sie für aufhebbar. Die Tatbestandsvoraussetzungen blieben immer die gleichen, nur die Rechtsfolge (Anfechtbarkeit – Aufhebbarkeit) veränderte sich[203]. Die „Vorgängervorschriften" des § 1314 Abs. 2 Nr. 2 BGB beinhalteten noch folgende Tatbestandsvariante: Wusste ein Ehegatte zwar, dass es sich um eine Eheschließung handelte, wollte er aber die Erklärung, eine Ehe einzugehen, nicht abgeben, so war die Ehe anfechtbar beziehungsweise nichtig. Diese Variante wurde, wie auch der Irrtum über die Person des anderen Ehegatten[204], im Jahr 1998 mit der Begründung, diese Fälle seien von geringer praktischer Relevanz[205], gestrichen.

b) Tatbestandsvoraussetzungen

Im Fall des § 1314 Abs. 2 Nr. 2 BGB weiß der Ehegatte nicht, dass es sich um eine Eheschließung handelt. Er hält den Eheschließungsakt für eine Vorbereitungshandlung oder ein Ritual irgendeiner Art. Fraglich ist, was für eine Art von Willensmangel hier vorliegt und mit welchem Mangel des allgemeinen Teils er vergleichbar ist. In der Literatur wird dieser Willensmangel, wenn er überhaupt näher klassifiziert wird, als Geschäftsirrtum bezeichnet[206]: Der Irrende wolle zwar irgendein Geschäft abschließen, zum Beispiel einen Antrag auf Eingehung der Ehe stellen oder einen Teller Suppe als Geschenk annehmen (unterstellt, dass diese Schenkung nach Stammesrecht die Ehe begründet), aber nicht die Ehe eingehen. Auf die hier genannten Beispiele bezogen ist es richtig, dass der Geschäftswille fehlt und ein Geschäftsirrtum vorliegt, da der Irrende irgendein, aber nicht dieses Rechtsgeschäft (die Ehe) abschließen wollte. Es lassen sich jedoch auch andere Fälle bilden: Liegt auch dann ein Geschäftsirrtum vor, wenn der Ehegatte an einem die Ehe begründenden Stammestanz teilnimmt oder die Ehe nicht durch die Schenkung, sondern das Essen der Suppe begründet wird?

---

203 Staudinger/*Klippel*, § 1314 Rn. 11.

204 § 36 Abs. 1 S. 2 des Ehegesetzes von 1938 und § 31 Abs. 1 S. 2 des Ehegesetzes von 1946 erklärten den Irrtum in der Person des anderen Ehegatten (zuvor § 1333 BGB a. F.) für relevant.

205 BT-Drucks. 13/4898, S. 19.

206 *Rauscher*, Rn. 155; Staudinger/*Klippel*, § 1314 Rn. 12.

In diesen Fällen will der Irrende *gar keine* rechtlich relevante Erklärung abgeben, und die Rechtserheblichkeit der Erklärung ist ihm nicht bewusst. Es mangelt ihm also in diesen Fällen nicht am Geschäftswillen, sondern am Erklärungsbewusstsein. Im Fall des § 1314 Abs. 2 Nr. 2 BGB kann sowohl der Geschäftswille als auch das Erklärungsbewusstsein fehlen.

Rechtliche Relevanz kommt dem Geschäftsirrtum im allgemeinen Teil nur zu, wenn dies das Gesetz, wie im Fall des Erklärungs- und Inhaltsirrtums gem. § 119 Abs. 1 BGB, anordnet. Der sich Irrende kann die Willenserklärung mit Ex-tunc-Wirkung anfechten, § 142 Abs. 1 BGB. Sowohl im Eherecht als auch im allgemeinen Teil liegt die Entscheidung, ob er die Willenserklärung bestehen lassen oder „vernichten" will, in seiner Hand. Unterschiedlich ist die Art und Weise der „Vernichtung" – Anfechtung durch private Willenserklärung oder Aufhebung durch Gerichtsurteil – sowie die Wirkung – entweder ex tunc oder ex nunc.

c) Vergleich mit dem allgemeinen Teil

Die Rechtswirksamkeit einer Willenserklärung ohne Erklärungsbewusstsein wurde vom Gesetzgeber im allgemeinen Teil nicht geregelt. Die herrschende Meinung[207] und der BGH[208] sind der Ansicht, dass auch ohne Erklärungsbewusstsein eine wirksame Willenserklärung vorliegt, wenn der Erklärende bei gehöriger Sorgfalt hätte erkennen und vermeiden können, dass seine Äußerung nach Treu und Glauben und der Verkehrssitte als Willenserklärung aufgefasst werden durfte. Ist eine Willenserklärung anzunehmen, so kann der sich Irrende sie analog § 119 Abs. 1 Alt. 2 BGB anfechten, weil die Interessenlage vergleichbar ist mit der bei fehlendem Geschäftswillen. Er haftet analog §§ 121, 122 BGB auf Ersatz des Vertrauensschadens. Begrüßenswert ist, dass der Gesetzgeber den Fall des mangelnden Erklärungsbewusstseins im Eherecht, im Gegensatz zum allgemeinen Teil, ausdrücklich geregelt hat. Denn im Eherecht ist eine analoge Anwendung von Normen zwecks Aufhebung der Ehe zum Schutze der Ehe nicht zulässig.

d) Anwendungsbereich

Der Fall des § 1314 Abs. 2 Nr. 2 BGB kommt in der Praxis sehr selten vor, was schon der Gesetzgeber von 1900 vermutete[209]. Trotzdem wurde der Tatbestand für die wenigen relevanten Fälle eingeführt und in den darauf folgenden über 100 Jahren nicht wieder abgeschafft. Dies ist zu befürworten, denn das uneingeschränkte Festhalten an der Ehe im Fall des § 1314 Abs. 2 Nr. 2 BGB ist mit

---

[207] *Bydlinski,* Privatautonomie, S. 163 f.; *Kramer,* S. 169; *Bydlinski,* JZ 1975, 1, 4 f.; MünchKomm/*Kramer,* § 119 Rn. 95 ff.; Soergel/*Hefermehl,* Vor § 116 Rn. 12; *Larenz/Wolf,* S. 657.

[208] *BGHZ* 91, 324; *BGH* NJW 2002, 363, 365.

[209] *Motive,* IV, S. 78.

ihrem persönlichen Charakter nicht vereinbar[210]. Die Ehegatten sollen selber frei entscheiden dürfen, ob sie heiraten wollen oder nicht.

Fehlendes Bewusstsein vom Vorliegen einer Eheschließung ist nur gegeben, wenn ein Ehegatte fest davon überzeugt ist, es handle sich nicht um eine Eheschließung. Bloße Zweifel reichen nicht[211]. Eine Situation, in der ein Deutscher in Deutschland eine Deutsche heiratet und nicht weiß, dass es sich um eine Eheschließung handelt, lässt sich heute, im Gegensatz zu früher, kaum vorstellen. Möglich wäre ein solcher Irrtum nach Einführung der Zwangszivilehe im Jahre 1875 gewesen. Damals wussten noch nicht alle Bürger, dass nur die vor einem Standesbeamten geschlossene Ehe wirksam war[212]. So könnten zwei gläubige Christen vor dem Standesbeamten die Ehe in dem Glauben eingegangen sein, es handle sich hierbei nur um einen vorbereitenden Formakt, die wirkliche Trauung fände später vor dem Priester statt.

Klassisches Beispiel für diesen Tatbestand in heutiger Zeit ist der Fall, dass in Deutschland ein Ausländer, der die deutsche Sprache nicht beherrscht, heiratet oder ein Deutscher im Ausland kirchlich oder nach Stammesbräuchen heiratet. Die letztgenannte Konstellation ist für diesen Tatbestand relevant, weil gem. Art. 11 Abs. 1 EGBGB die Form des Ortes, an dem die Eheschließung stattfindet, für die Begründung der Ehe ausreicht. Heiraten also zwei Deutsche oder ein Deutscher und ein Ausländer im Ausland unter Einhaltung der in diesem Land für eine Zivilehe vorgeschriebenen Form (zum Beispiel kirchliche Trauung, Trauung nach Stammesbräuchen), so entsteht eine in Deutschland gültige Zivilehe. Hinsichtlich eines Willensmangels wendet man gem. Art. 13 Abs. 1 EGBGB das Recht des Staates an, dem der sich Irrende angehört. Handelt es sich bei dem sich Irrenden also um einen deutschen Staatsbürger, so ist § 1314 Abs. 2 Nr. 2 BGB anwendbar.

Zu unterscheiden sind drei verschiedene Konstellationen: (1) Der sich irrende Ehegatte glaubt, die Ehe sei nach ausländischem Recht wirksam, werde in Deutschland aber nicht anerkannt[213]. (2) Er glaubt, eine im Ausland kirchlich eingegangene Ehe habe in diesem Land keine zivilrechtliche Wirkung, tatsäch-

---

210 *Schwab,* FamRZ 1965, 474, 484; Staudinger/*Klippel,* § 1314 Rn. 12.

211 *RG* WarnR 1931 Nr. 165; Johannsen/*Henrich,* § 1314 Rn. 41; MünchKomm/*Müller-Gindullis,* § 1314 Rn. 8; Weinrich/Klein/*Pieper,* § 1314 Rn. 26.

212 Staudinger/*Klippel,* § 1314 Rn. 16. Der Eheschließungsirrtum war auch nach anderen vor dem BGB geltenden Rechtsordnungen (z. B. ALR § 40 II 1 i. V. m. § 75 I 4) rechtserheblich.

213 Beispiel hierfür ist die sogenannte „Nevada-Ehe“: Zwei deutsche Touristen schließen im US-Bundesstaat Nevada während ihres Urlaubs eine Ehe und glauben, diese erlange nur in Nevada und nicht in Deutschland Gültigkeit, *Jayme,* StAZ 1982, 208 f. Zu den Voraussetzungen einer in Las Vegas geschlossenen Ehe siehe *Paschen,* StAZ 1991, 200.

lich hat sie diese aber[214]. (3) Er glaubt, die Ehe habe im Ausland weder zivilrechtliche noch kirchliche Wirkung.

Kann der sich irrende Ehegatte die Ehe gem. § 1314 Abs. 2 Nr. 2 BGB aufheben lassen? Recht eindeutig ist die Antwort bezüglich Variante (1) und (3). Glaubt der sich Irrende, die Ehe habe im Ausland keinerlei Wirkung (3), so liegt ein klassischer Fall des § 1314 Abs. 2 Nr. 2 BGB vor. Die Ehe ist aufhebbar[215]. Kein Irrtum in diesem Sinne besteht in Konstellation (1): Hier irrt der Ehegatte nicht über die Wirksamkeit der Eheschließung, sondern über die internationalprivatrechtliche Anerkennung der Ehe. Es liegt ein Irrtum über das deutsche internationale Privatrecht und nicht über die Eheschließung im Sinne des § 1314 Abs. 2 BGB vor[216]. Ein fehlerfreier Eheschließungswille ist gegeben.

Als problematisch stellt sich die rechtliche Behandlung der Variante (2) dar. Der Irrende weiß, dass er eine *kirchenrechtlich* gültige Ehe eingeht, er weiß jedoch nicht, dass diese im entsprechenden Land auch *zivilrechtliche* Wirkung entfaltet und somit gem. Art. 11 Abs. 1 EGBGB in Deutschland wirksam ist. Entscheidend ist die Frage: Setzt § 1314 Abs. 2 Nr. 2 BGB voraussetzt, dass der Irrende der Ansicht sein muss , die Ehe entfalte vor Ort *gar keine*[217] oder nur *keine zivilrechtliche* (aber möglicherweise kirchliche oder stammesrechtliche)[218] Wirkung? Richtig ist die zweite Ansicht. Der Wille des Irrenden ist in der beschriebenen Konstellation nur darauf gerichtet, eine wirksame kirchliche, nicht eine wirksame zivilrechtliche Ehe einzugehen. Dem Willen zur Eingehung einer kirchlichen Ehe kommt aber für das Zivilrecht keine Bedeutung zu. Denn der Ehegatte glaubt, die religiöse Ehe entfalte keinerlei zivilrechtliche Wirkung, und hat auch keine zivilrechtliche Wirkung gewollt. Es lag auf die zivilrechtliche Ehe bezogen kein Eheschließungswille vor. Der Eheschließungswille bezog sich auf die religiöse Ehe und ist hier bedeutungslos. Entschiede man anders, so würde man der kirchlichen Eheschließung fälschlicher Weise eine rechtliche Relevanz zuschreiben[219]. § 1314 Abs. 2 Nr. 2 BGB ist also folgendermaßen zu lesen: „Eine Ehe kann ferner aufgehoben werden, wenn ein Ehegatte bei der Ehe-

---

[214] Beispiel: Ein deutscher Soldat heiratet im Jahr 1917 kirchlich eine Russin in Russisch-Polen. Er ficht die Ehe mit der Begründung an, er habe nicht gewusst, dass es sich bei der kirchlichen Trauung um eine wirksame zivilrechtliche Eheschließung handelt, *RG* JW 1925, 1639.

[215] Palandt/*Brudermüller*, § 1314 Rn. 8; Staudinger/*Klippel*, § 1314 Rn. 18; *Rauscher*, Rn. 155.

[216] Staudinger/*Klippel*, § 1314 Rn. 18; *Rauscher*, Rn. 155. A. A. noch *RG* JW 1925, 1639. Seit *RG* Warn 1931 Nr. 165 ließ das *RG* Unkenntnis über die internationale Wirkung der Ehe nicht mehr ausreichen und forderte Unkenntnis über die zivilrechtliche Wirkung der Ehe vor Ort.

[217] *Jayme*, StAZ 1982, 208, 209; Staudinger/*v. Bar/Mankowski*, Art. 13 EGBGB Rn. 433; Staudinger/*Klippel*, § 1314 Rn. 18.

[218] MünchKomm/*Müller-Gindullis*, § 1314 Rn. 9; *Rauscher*, Rn. 155.

[219] *Rauscher*, Rn. 155.

schließung nicht gewusst hat, dass es sich um eine *zivilrechtlich wirksame* Eheschließung handelt."

4. § 1314 Abs. 2 Nr. 3 BGB

Gem. § 1314 Abs. 2 Nr. 3 BGB kann eine Ehe aufgehoben werden, wenn ein Ehegatte zur Eingehung durch arglistige Täuschung über solche Umstände bestimmt worden ist, die ihn bei Kenntnis der Sachlage und bei richtiger Würdigung des Wesens der Ehe von der Eingehung der Ehe abgehalten hätten. Dies gilt jedoch nicht, wenn die Täuschung Vermögensverhältnisse betrifft oder von einem Dritten ohne Wissen des anderen Ehegatten verübt worden ist. Die arglistige Täuschung stellt auch heute noch den praxisrelevantesten Aufhebungstatbestand dar[220].

a) Textgeschichte

Schon die Ursprungsversion des BGB erklärte, wie bereits das ALR (§§ 39 II 1 i. V. m. 84 ff. I 4) und das SBGB (§§ 1597 f.), eine unter arglistiger Täuschung eingegangene Ehe für anfechtbar. Die Formulierung der Tatbestandsvoraussetzungen des § 1334 BGB a. F. erinnert sehr an die der §§ 1597 f. SBGB: Beide Gesetze ermöglichten eine Anfechtung auch dann, wenn ein Dritter die Täuschung ausgeübt hatte und ein Ehegatte davon wusste beziehungsweise sie kannte (§ 1598 SBGB, § 1334 S. 2 BGB a. F.). Nach beiden Gesetzen war die Ehe bei einer arglistigen Täuschung nicht uneingeschränkt anfechtbar, sondern nur dann, wenn über solche Umstände getäuscht worden war, die den getäuschten Ehegatten bei Kenntnis der Sachlage und „bei verständiger Würdigung des Wesens der Ehe"(§ 1334 S. 1 BGB a. F.) beziehungsweise „bei vernünftiger Überlegung" (§ 1597 SBGB) von der Eingehung abgehalten hätten. Die einschränkende Formulierung des BGB ist stärker als die des SBGB, denn die erstere stellt auf die Würdigung des *Wesens der Ehe*, letztere auf vernünftige Überlegungen *im Allgemeinen* ab. In diesen beiden Vorschriften spiegeln sich sehr gut die unterschiedlich stark ausgeprägten liberalen Auffassungen des SBGB- und BGB-Gesetzgebers wieder: Der Gesetzgeber des SBGB ermöglichte die Eheaufhebung eher als der weniger liberale BGB-Gesetzgeber. Was die „verständige Würdigung des Wesens der Ehe" ist, setzt letztlich der Gesetzgeber selber fest. Hierdurch kann er die Möglichkeit der Eheaufhebung und die Privatautonomie der Ehegatten stark einschränken. § 38 EheG von 1938 änderte den Wortlaut in „bei *richtiger* Würdigung des Wesens der Ehe". Warum der Gesetzgeber von 1938 diese Wortlautänderung vorgenommen hat und ob sie auch eine

220 Johannsen/*Henrich*, § 1314 Rn. 43.

inhaltliche Änderung mit sich bringen sollte, ist unklar[221]. Die Tatbestandsvoraussetzungen blieben bis heute unverändert.

b) Vergleich mit dem allgemeinen Teil

Die arglistige Täuschung ist ein unbewusster Willensmangel, ein Motivirrtum, und aus dem allgemeinen Teil, § 123 Abs. 1 Alt. 1 BGB, bekannt. Sie ermöglicht dort die Anfechtung mit Ex-tunc-Wirkung, § 142 Abs. 1 BGB. Die arglistige Täuschung muss kausal für die Willenserklärung sein[222]. Kausalität im Sinne des § 123 Abs. 1 BGB ist dann gegeben, wenn der getäuschte Vertragspartner die Willenserklärung bei Kenntnis der wahren Sachlage nicht abgeben hätte (subjektive Kausalität). Im Eherecht ist, anders als im allgemeinen Teil, nicht nur subjektive, sondern auch objektive Kausalität erforderlich[223]: Gem. § 1314 Abs. 2 Nr. 3 BGB hätte der Umstand, über den getäuscht worden ist, den Getäuschten bei richtiger Würdigung des Wesens der Ehe von der Schließung der Ehe abhalten müssen (objektive Kausalität). Zum subjektiven Moment kommt ein objektives hinzu, welches die Aufhebungsmöglichkeit einschränkt[224]. Die Anforderungen an die arglistige Täuschung sind also im Eherecht höher als im allgemeinen Teil.

c) Tatbestandsvoraussetzungen

Unter arglistiger Täuschung versteht man das vorsätzliche Hervorrufen oder Unterhalten eines Irrtums, um den anderen dadurch zur Abgabe einer Willenserklärung zu veranlassen[225]. Die Täuschung kann durch positives Tun oder Unterlassen begangen werden[226] und hat vor Eingehung der Ehe zu erfolgen. Zum Zeitpunkt der Eheschließung muss der durch die Täuschung erregte Irrtum bestehen[227]. Täuschender kann sowohl der Ehegatte als auch eine dritte Person sein, wenn die Täuschung durch den Dritten mit Wissen des anderen Ehegatten erfolgt ist und der Ehegatte die Wirkung der Täuschung zum Zeitpunkt der Eheschließung gekannt hat[228]. Getäuscht werden kann grundsätzlich über Umstände

---

221 Auch die Begründung zum EheG, DJ 1938, 1102, schweigt zu dieser Frage. Es wird lediglich gesagt, dass sich die §§ 35-39 im wesentlichen mit den bisherigen Anfechtungsgründen decken.

222 „durch arglistige Täuschung... bestimmt worden ist"; vgl. auch MünchKomm/*Kramer*, § 123 Rn. 12; Staudinger/*Singer/v. Finckenstein*, § 123 Rn. 26.

223 Staudinger/*Klippel*, § 1314 Rn. 29, 30.

224 Vgl. Gernhuber/*Coester-Waltjen*, S. 112.

225 MünchKomm/*Kramer*, § 123 Rn. 9; Soergel/ *Hefermehl*, § 123 Rn. 2.

226 Johannsen/*Henrich*, § 1314 Rn. 44; MünchKomm/*Müller-Gindullis*, § 1314 Rn. 12.

227 Staudinger/*Klippel*, § 1314 Rn. 25; *Dölle*, S. 332.

228 Staudinger/*Klippel*, § 1314 Rn. 49.

aller Art und nicht nur über persönliche Eigenschaften[229] des anderen Ehegatten[230]. Nur die Täuschung über Vermögensverhältnisse führt gem. § 1314 Abs. 2 Nr. 3 HS. 2 BGB nicht zur Aufhebbarkeit der Ehe. Die Täuschung muss objektiv und subjektiv kausal für die Eingehung der Ehe gewesen sein.

aa) Täuschung durch positives Tun oder Unterlassen

Unproblematisch ist der Fall, in dem ein Ehegatte durch *positives Tun* täuscht: Er behauptet irgendeinen Umstand (zum Beispiel „ich bin zeugungsfähig"), welcher nicht der Wahrheit entspricht, der andere Ehegatte glaubt dies und geht die Ehe ein. Eine Täuschung liegt vor.

Komplizierter stellt sich der Fall dar, wenn nicht durch positives Tun, sondern durch *Unterlassen* getäuscht wird. Wie im allgemeinen Teil des BGB und im Strafrecht (zum Beispiel § 263 StGB) setzt auch die Täuschung durch Unterlassen im Eherecht eine *Offenbarungspflicht* voraus. Getäuscht werden kann durch Unterlassen nur über solche Tatsachen, die man zu offenbaren verpflichtet ist. Im Strafrecht besteht bei einem Unterlassungsdelikt eine Offenbarungspflicht, wenn der Täuschende gegenüber dem Getäuschten eine Garantenstellung einnimmt (§ 13 StGB), also eine Rechtspflicht zum Tätigwerden besteht[231]. Diese kann sich aus Ingerenz, Gesetz, Vertrag oder Treu und Glauben ergeben[232]. Wann im Rahmen des § 123 BGB eine Aufklärungspflicht besteht, soll hier nur kurz erörtert werden. Grundsätzlich existiert keine allgemeine Aufklärungspflicht[233], sie lässt sich nur aus besonderen Gründen nach Lage des konkreten Einzelfalles herleiten[234]. Entscheidend ist das bestehende Vertrauensverhältnis zwischen den Parteien sowie der Vertragstyp. Bei einem Kaufvertrag beispielsweise bestehen Aufklärungspflichten nur insoweit, wie man sie nach der Verkehrsauffassung erwarten kann[235]. In der Regel sind die Aufklärungspflichten bei einem Vertrag des Interessengegensatzes, wie dem Kaufvertrag, geringer als bei einem Vertrag der Interessenwahrung, wie etwa einem Geschäftsbesorgungs- oder Versicherungsvertrag[236]. Es lässt sich also nicht allgemein und gleichzeitig präzise sagen, wann eine Aufklärungspflicht im Fall des § 123 BGB besteht. Deshalb ist das Bestreben, im Fall des § 1314 BGB eine präzisere Aus-

229 Gem. § 32 EheG konnte eine Ehe wegen eines Irrtums über persönliche Eigenschaften des anderen Ehegatten aufgehoben werden. § 1314 Abs. 2 Nr. 3 BGB ist also in dieser Beziehung weiter als § 32 EheG.

230 Staudinger/*Klippel*, § 1314 Rn. 26.

231 Schönke/Schröder/*Cramer*, § 263 Rn. 19.

232 Schönke/Schröder/*Cramer*, § 263 Rn.20-23.

233 *RGZ* 62, 149, 150; Soergel/*Hefermehl*, § 123 Rn. 6.

234 *BGH* NJW 1983, 2493 f.

235 *BGH* NJW 1983, 2493; Staudinger/*Singer/v. Finckenstein*, § 123 Rn. 13.

236 Soergel/*Hefermehl*, § 123 Rn. 6.

sage bezüglich der Offenbarungspflicht zu treffen und sich nicht auf die allgemeine Formulierung zu berufen, verständlich.

bb) Offenbarungspflicht

Die Offenbarungspflicht im Eherecht kann sich aus der direkten Frage des Ehepartners und aus Umständen, die erkennen lassen, dass der Ehepartner einer Gegebenheit besondere Wichtigkeit zumisst, ergeben[237].

Spricht der Mann vor der Hochzeit beispielsweise immer davon, wie sehr er sich Kinder wünscht, und verschweigt die Ehefrau absichtlich bis nach der Hochzeit, dass sie plant, Karriere zu machen und auf Kinder verzichten will, so ist die Ehe – unterstellt man Kausalität und Arglist – aufhebbar, da sie aus den Erzählungen des Mannes wusste, dass er das Gegenteilige von ihr erwartete. Sie hätte ihn vor Eingehung der Ehe von ihrer Auffassung informieren müssen. Es ergab sich aus den näheren Umständen eine Offenbarungspflicht.

In manchen Fällen ergibt sich die Offenbarungspflicht jedoch weder aus der direkten Nachfrage noch aus den näheren Umständen oder einem gesteigerten, erkennbaren Interesse. Ist die Braut beispielsweise unverheiratet und kinderlos, waren beide Brautleute bei Eheschließung unter 30 Jahre alt und gab es vor der Eheschließung keine Absprache über Kinderlosigkeit, so ist laut Rechtsprechung, auch ohne weitere Anhaltspunkte, grundsätzlich vom Kinderwunsch der Braut (wohl auch vom Bräutigam) auszugehen[238]. Kann oder soll dieser Kinderwunsch nicht erfüllt werden[239], so ist dies vor der Eheschließung zu offenbaren, obwohl weder ausdrücklich gefragt worden ist noch sich ein gesteigertes Interesse aus den Umständen ergab.

Es stellt sich die Frage, bei welchen Umständen diese allgemeine Offenbarungspflicht besteht. In der Literatur und Rechtsprechung wird vertreten, eine Offenbarungspflicht ergebe sich aus *dem Wesen der Ehe*[240] und bestehe bei solchen Umständen, die für die Grundlage der ehelichen Gemeinschaft und des Familienlebens von wesentlicher Bedeutung sind[241]. Vereinzelt wird vertreten, sie bestehe bei solchen Umständen, die bei richtiger Würdigung des Wesens der Ehe den Partner von der Eingehung der Ehe abgehalten hätten[242]. Beide Formulierungen sind ungenau. Es ist unklar, was das Wesen der Ehe ist und wie man

237 *Hoffmann/Stephan,* § 33 Rn. 8; Johannsen/*Henrich,* § 1314 Rn. 47; MünchKomm/*Müller-Gindullis,* § 1314 Rn. 20.

238 *OLG Stuttgart* FamRZ 2005, 33.

239 In dem vom *OLG Stuttgart* FamRZ 2005, 33, entschiedenen Fall war der Mann zeugungsunfähig.

240 *Hoffmann/Stephan,* § 33 Rn. 8; Johannsen/*Henrich,* § 1314 Rn. 47; MünchKomm/*Müller-Gindullis,* § 1314 Rn. 20; *Muscheler,* Familienrecht, Rn. 257.

241 *BGH* FamRZ 1958, 314 f.; *Hoffmann/Stephan,* § 33 Rn. 8; MünchKomm/*Müller-Gindullis,* § 1314 Rn. 20:

242 Staudinger/*Klippel,* § 1314 Rn. 24.

es richtig würdigt beziehungsweise was die Grundlagen der ehelichen Gemeinschaft und des Familienlebens sind. Wahrscheinlich sollen die unterschiedlichen Formulierungen keine inhaltliche Änderung mit sich bringen. Die Wortwahl „bei richtiger Würdigung des Wesens der Ehe" verdeutlicht jedoch, welche Besonderheit bei der Prüfung des § 1314 Abs. 2 Nr. 3 BGB besteht. Dieses Merkmal wird zum einen im Rahmen der Offenbarungspflicht, zum anderen in seiner ursprünglichen Funktion als Voraussetzung für die objektive Kausalität geprüft. Es wird in diesem Fall doppelt geprüft, beide Prüfungen haben denselben Zweck: Einer Täuschung über unerhebliche Umstände soll keine rechtliche Relevanz zukommen. Wird ein unerheblicher Umstand verschwiegen, so liegt mangels Offenbarungspflicht schon keine Täuschungshandlung vor. Wird durch positives Tun getäuscht, so liegt zwar eine Täuschungshandlung, aber keine objektive Kausalität vor. In der Praxis wird man, um Wiederholungen zu vermeiden, bei einer Täuschung durch Unterlassen keine (oder nur sehr kurze) Ausführungen[243] im Rahmen der objektiven Kausalität machen, da die Rechtserheblichkeit der Täuschung bereits festgestellt worden ist. Man prüft also im Rahmen der Offenbarungspflicht und der objektiven Kausalität inhaltlich dasselbe, weshalb die von der Rechtsprechung zum einen Prüfungspunkt entwickelten Grundsätze auch auf den anderen Prüfungspunkt übertragbar sind. Welche Umstände nun für die Grundlage der ehelichen Gemeinschaft und das Familienlebens von wesentlicher Bedeutung sind beziehungsweise welche Umstände bei richtiger Würdigung des Wesens der Ehe den Getäuschten von der Ehe abgehalten hätten, wird deshalb im Folgenden, unter dem Punkt Kausalität, erörtert.

cc) Subjektive und objektive Kausalität

Die Täuschung muss für die Eheschließung kausal gewesen sein. Der aufhebungsberechtigte Ehegatte hätte bei Kenntnis der Sachlage (subjektive Kausalität) und bei richtiger Würdigung des Wesens der Ehe (objektive Kausalität) auf die Eingehung der Ehe verzichten müssen.

(1) Subjektive Kausalität

Im Rahmen der subjektiven Kausalität genügt es, wenn die Täuschung für den Eheentschluss mitbestimmend gewesen ist[244], sie braucht nicht alleinursächlich gewesen sein. Es reicht unter Umständen bereits aus, dass die Ehe durch die Täuschung früher als eigentlich geplant eingegangen worden ist[245]. Bei der Feststellung der subjektiven Kausalität ist auf die persönliche Denk- und Empfindungsweise des getäuschten Ehegatten abzustellen[246]. Wird schon die subjektive Kausalität der Täuschung verneint, muss man die objektive nicht mehr prüfen.

---

[243] So z. B. in *BGH* FamRZ 1958, 314 f.
[244] *Hoffmann/Stephan,* § 33 Rn. 22; Staudinger/*Klippel,* § 1314 Rn. 29; *Dölle,* S. 332.
[245] *RG* JW 1920, 832; *Dölle,* S. 332.
[246] Johannsen/*Henrich,* § 1314 Rn. 58.

(2) Objektive Kausalität

Sinn und Zweck der objektiven Kausalität liegen darin, solche Täuschungen „herauszufiltern", die für das Wesen der Ehe unerheblich sind[247]. Übertriebene subjektive Vorstellungen sollen ausgeschaltet werden[248]. Mit Enttäuschungen ist in einer Ehe grundsätzlich zu rechnen. Im Vergleich zu § 123 BGB wird deutlich, dass das Rechtsverhältnis der Ehe nach dem Verständnis des heutigen BGB aufgrund seiner sozialen Bedeutung kein Vertrag ist[249] und deshalb nicht wegen jeder subjektiv kausalen Täuschung aufgehoben werden kann. Durch die objektive Kausalität wird die Aufhebbarkeit stark eingeschränkt. Was man jedoch unter der „richtigen Würdigung des Wesens der Ehe" zu verstehen hat, ist unklar.

Wie oben bereits beschrieben, sprach die Ursprungsversion des BGB nicht von einer „richtigen", sondern einer „vernünftigen" Würdigung des Wesens der Ehe. Der Wortlaut wurde 1938 mit der Einführung des Ehegesetzes geändert. Da die Nationalsozialisten mit ihren sehr konkreten Vorstellungen über die Ehe die Wortlautänderung vornahmen, liegt die Vermutung nahe, dass hierdurch noch stärkere objektive Maßstäbe angewandt werden sollten[250]. Die Alliierten änderten den Wortlaut durch das Kontrollratsgesetz aus dem Jahre 1946 nicht. Der Grund hierfür lag eher in einem redaktionellen Versehen als in einer Bestätigung der stark objektiv geprägten Einstellung der Nationalsozialisten zur Ehe[251]. Denn die englische Fassung der Norm spricht von „essential meaning of marriage", also von der „wesentlichen Bedeutung der Ehe", die französische von „appréciation raisonnable de la nature du marriage", von „einer vernünftigen Einschätzung des Wesens der Ehe". Die englische und französische Fassung kehrten zum ursprünglichen Wortlaut des BGB zurück. Dies lässt den Schluss zu, dass die objektiv geprägte Interpretation des § 33 EheG aufgegeben werden sollte. Außerdem widerspricht eine objektiv geprägte Interpretation dem heutigen Zeitgeist, in dem es nicht mehr ein einzig wahres Ehemodell gibt, sondern verschiedene Ehemodelle gesellschaftlich anerkannt sind[252]. Die Merkmale „richtige" und „verständige" Würdigung des Wesens der Ehe unterscheiden sich inhaltlich also nicht. Die Formulierung des Gesetzestextes ist verfehlt und unzeitgemäß.

---

[247] *Rauscher*, Rn. 156.

[248] *Hoffmann/Stephan*, § 32 Rn. 19; Staudinger/*Klippel*, § 1314 Rn. 33.

[249] Nähere Ausführungen zur sozialen Bedeutung der Ehe und zur Entfernung der Ehe vom Vertrag folgen auf S. 103 ff.

[250] *Hoffmann/Stephan*, § 32 Rn. 22. Für diese Interpretation spricht auch die Entscheidung des Reichsgerichts aus dem Jahre 1938 in *RGZ* 158, 274.

[251] Staudinger/*Klippel*, § 1314 Rn. 32; *Dölle*, S. 332.

[252] Staudinger/*Klippel*, § 1314 Rn. 32.

(aa) Beurteilungskriterien

Ob der Antragssteller bei richtiger Würdigung des Wesens der Ehe von der Eingehung abgesehen hätte, ist zwar unter objektiven Gesichtspunkten zu prüfen, die persönliche Denk- und Empfindungsweise des Klägers sowie die Lebensverhältnisse der Ehegatten sind jedoch zu berücksichtigen[253], da es heute kein einzig wahres Ehemodell (mehr) gibt. In diesem Zusammenhang spricht der BGH auch von der Berücksichtigung des „Standes“[254] der Ehegatten. Die Entscheidung, aus der diese Formulierung stammt, erging im Jahre 1957. Heute ist es unzeitgemäß, den Begriff gesellschaftlicher „Stand“ zu benutzen. Stattdessen sollte man besser den Begriff „Lebenssituation“ verwenden. Täuscht beispielsweise die zukünftige Ehefrau eines Landwirtes, die im Familienbetrieb des Ehemanns mitarbeiten soll, über ihre schwere Erkrankung an Narkolepsie (Schlafkrankheit), so ist die objektive Kausalität zu bejahen[255]. Eine Bauersfrau, die jederzeit einen Schlafanfall bekommen könnte, sei nämlich für einen landwirtschaftlichen Familienbetrieb eine Gefährdung und nicht tragbar, so der BGH. Ist hingegen die einzige Aufgabe der Ehefrau, den Haushalt zu führen, so dürfte die Narkolepsie nicht so schwerwiegend, sondern nur ein unbeachtlicher geringer körperlicher Fehler sein[256]. Objektive Kausalität läge in diesem Fall aufgrund der veränderten Lebensumstände nicht vor.

(bb) Das Wesen der Ehe

Bei der verständigen Würdigung des Wesens der Ehe darf nicht auf rein objektive Gesichtspunkte abgestellt werden, sondern das Lebensverhältnis sowie die Denk- und Empfindungsweise der Ehegatten müssen miteinbezogen werden. Die Beurteilungskriterien stehen fest, was genau jedoch das zu Beurteilende, das Wesen der Ehe ist, bleibt weiterhin unklar. Das Gesetz definiert den Begriff nicht, er taucht an keiner anderen Stelle des BGB auf. Der Gesetzgeber sah ihn offensichtlich auch nicht als erklärungsbedürftig an[257]. Rechtsprechung und Literatur erläutern ihn im Zusammenhang mit § 1314 Abs. 2 Nr. 3 BGB nicht näher.

Die Rechtsprechung hat im Laufe der Jahre oft im Zusammenhang mit § 1314 Abs. 2 Nr. 3 BGB entschieden, ob im konkreten Fall das Wesen der Ehe (bei

---

253 *BGHZ* 25, 66, 78; Staudinger/*Klippel*, § 1314 Rn. 33; *Rauscher*, Rn. 156.

254 *BGHZ* 25, 66, 78.

255 *BGHZ* 25, 66, 78 f. Im beschriebenen Fall lag keine arglistige Täuschung (§ 33 EheG), sondern ein Irrtum über eine persönliche Eigenschaft (§ 32 EheG) vor. Da es zwischen den Formulierungen „verständiger“ und „richtiger“ Würdigung des Wesens der Ehe jedoch keine inhaltlichen Unterschiede gibt und § 32 EheG auf die verständige Würdigung der Ehe abstellte, kann der Fall auch auf die arglistige Täuschung übertragen werden.

256 Geringe körperliche Fehler sind grundsätzlich unerheblich, siehe Staudinger/*Klippel*, § 1314 Rn. 37.

257 *Gordon*, S. 18.

verständiger beziehungsweise richtiger Würdigung) verletzt war oder nicht. Die von der Rechtsprechung zahlreich entschiedenen Fälle bieten zum einen starke Anhaltspunkte für die Praxis, zum anderen kann versucht werden, mit ihrer Hilfe zu ermitteln, was das Wesen der Ehe ausmacht. Die Entscheidungen betreffen teilweise die Prüfung der objektiven Kausalität, teilweise die Prüfung der Offenbarungspflicht, die sich weder aus der ausdrücklichen Nachfrage noch aus den näheren Umständen ergibt. Da bei beiden Punkten, wie bereits oben festgestellt[258], inhaltlich das gleiche zu prüfen ist, sind die Entscheidungen zu dem einen Punkt auf den anderen übertragbar.

Erheblich sind Täuschungen über physische und psychische Mängel, welche die Führung einer „gedeihlichen Ehe"[259] beeinträchtigen könnten[260]. Hierzu zählen starke gleichgeschlechtliche Neigungen, die das Ehe- und Familienleben in hohem Maße gefährden, sowie Beiwohnungsunfähigkeit[261], Unfruchtbarkeit, ansteckende, erbliche oder unheilbare Krankheiten sowie Geschlechtskrankheiten und nicht getilgte Vorstrafen[262]. Unerheblich sind geringe körperliche Mängel wie Schwerhörigkeit[263]. Das sexuelle Vorleben beider Ehegatten ist grundsätzlich unerheblich[264]. Erheblichkeit kommt ihm jedoch dann zu, wenn die Frau eine Schwangerschaft[265] oder die Möglichkeit, dass außer dem Ehemann auch noch eine anderer als Vater in Betracht kommt, verheimlicht[266]. Die meisten der genannten Beispielsfälle stammen aus der Vergangenheit[267], in der die Eheaufhebung noch praxisrelevanter war als heute. Das Wesen der Ehe verändert sich zwar mit der Zeit und ist heute aufgrund des gesellschaftlichen Wandels und Änderung des Gesetzes ein anderes als in den 50er Jahren des letzten Jahrhunderts[268]. Trotzdem sind die Umstände, über die heute getäuscht wird, zum Großteil noch identisch mit denen von vor 50 Jahren. Die aktuellen Entscheidungen beschäftigen sich immer noch mit der Täuschung über die Zeugungsunfähig-

---

258 Siehe S. 72 f.

259 Staudinger/*Klippel,* § 1314 Rn. 37.

260 Siehe hierzu MünchKomm/*Gindullis,* § 1314 Rn. 20; Staudinger/*Klippel,* § 1314 Rn. 37; Weinrich/Klein/*Pieper*, § 1314 Rn. 30.

261 *BGH* FamRZ 1958, 314.

262 *AG Kulmbach* FamRZ 2002, 1561; Soergel/*Heintzmann,* § 33 EheG Rn. 5; Staudinger/*Klippel,* § 1314 Rn. 38.

263 *OLG München* HRR 1940 Nr. 71.

264 MünchKomm/*Müller-Gindullis,* 3. Aufl., § 33 EheG Rn. 20; Staudinger/*Klippel,* § 1314 Rn. 40.

265 Staudinger/*Klippel,* § 1314 Rn. 40.

266 MünchKomm/*Müller-Gindullis,* 3. Aufl., § 33 EheG Rn. 20.

267 Die „Narkolepsie-Entscheidung", *BGHZ* 25, 66 ff.(1957), beispielsweise stammt wie die Entscheidung über die verdeckte Homosexualität, *BGH* FamRZ 1958, 314 ff. aus den 50er Jahren.

268 Ausführlich hierzu *Kern-Eimann*, S. 167 ff.

keit[269], Beiwohnungswilligkeit[270], bestehende Schwangerschaften[271] und Vorstrafen sowie laufende Bewährungszeiten[272], jedoch weniger mit dem Verschweigen von Homosexualität. Hieraus kann aber nicht der Schluss gezogen werden, dass heute eine arglistige Täuschung über Homosexualität nicht mehr ein Aufhebungsgrund wäre. Es ist eher anzunehmen, dass aufgrund der gesellschaftlichen Akzeptanz nur noch wenige Homosexuelle eine Ehe eingehen, um ihre Neigungen zu verstecken oder zu unterdrücken, mit der Folge, dass eine Aufhebung der Ehe wegen arglistiger Täuschung über die Homosexualität eines Partners in der Praxis nur noch selten vorkommt. Dafür sind neue Umstände, über die getäuscht wird, hinzugekommen. Aufgrund aufenthaltsrechtlicher Regelungen ist beispielsweise die Frage, ob eine Ehe wegen Täuschung über fehlende Liebe aufgehoben werden kann[273], relevant geworden.

Die aufgeführten Fälle lassen keinen generellen Schluss auf das Wesen der Ehe zu, sie liefern höchstens subjektive Teilaspekte. Denn, wie bereits festgestellt worden ist, wird nicht aus rein objektiven Gesichtspunkten beurteilt, ob das Wesen der Ehe verletzt ist, die persönliche Denk- und Empfindungsweise der Ehegatten sowie ihre Lebensverhältnisse sind hinzuzuziehen. Ob die Täuschung über eine Krankheit wie Narkolepsie zur Aufhebbarkeit der Ehe führt, ist nicht allgemein zu sagen, sondern hängt vom Einzelfall ab. Ein Grundsatz „das Wesen der Ehe erfordert, über *alle* schweren Krankheiten aufzuklären" kann nicht aufgestellt werden.

Auch wenn der Begriff des Wesens der Ehe unklar ist, so sind die Rechte und Pflichten, die sich aus der Ehe ergeben, relativ eindeutig. Diese lassen sich nämlich aus der in § 1353 Abs. 1 BGB normierten Lebens- und Verantwortungsgemeinschaft ableiten, die zwingender Teil der Ehe ist. § 1353 Abs. 1 S. 2 HS. 2 BGB ist eine Generalklausel wie § 242 BGB[274], die durch Fallgruppen konkretisiert werden muss. Aus § 1353 Abs. 1 S. 1 BGB ergibt sich das Lebenszeitprinzip, die Pflicht zur ehelichen Treue (Einehe, geschlechtliche Treue, Zeugung von Kindern), zur Rücksichtnahme und gegenseitigen Achtung des Persönlichkeitsrechts, zur Achtung der religiösen und weltanschaulichen Überzeugung des anderen, zur Abwehr von Gefahren für den Gatten, zur häuslichen Gemeinschaft und Mitarbeit im Beruf oder Geschäft des Gatten[275].

---

269 *OLG Stuttgart* FamRZ 2005, 33.

270 *OLG Köln* FamRZ 2000, 819.

271 *OLG Karlsruhe* FamRZ 2000, 1366.

272 *AG Kulmbach* FamRZ 2002, 1561.

273 *OLG Hamm* FamRZ 2004, 545. Eine Aufhebung wegen einer Täuschung aufgrund mangelnder Liebe wird in der Entscheidung abgelehnt. Siehe auch *OLG Zweibrücken*, FamRZ 2006, 1201.

274 MünchKomm/*Wacke*, § 1353 Rn. 12; Soergel/*Lange*, § 1353 Rn. 2.

275 Staudinger/*Hübner/Voppel*, § 1353 Rn. 12, 29 ff.

Bestimmen also all die Rechte und Pflichten, die sich aus § 1353 Abs. 1 BGB ergeben, den Inhalt des Wesens der Ehe und ist eine Täuschung über diese Pflichten objektiv kausal für die Eheschließung? Die Frage lässt sich nur teilweise bejahen. Zum einen ist die Mehrzahl der hier genannten Pflichten durch eine Vereinbarung der Ehegatten abdingbar. Das heutige Verständnis über die Ehe stellt weitgehend die Autonomie der Ehegatten in den Vordergrund[276]. Möchten die Ehegatten beispielsweise keine Kinder bekommen, so können sie diese Pflicht durch eine Abrede einfach ausschließen. Einigkeit besteht jedoch darüber, dass es einen unantastbaren und zwingenden Grundbestand an ehelichen Pflichten und gibt. Hierzu zählen gegenseitige Achtung, die Pflicht zum Beistand, zur Hilfe und Rücksichtnahme[277]. Diese Merkmale sind allen Ehen gemein und deshalb Bestandteil des Wesens der Ehe. Ein besonderer, nämlich verfassungsrechtlicher Schutz dürfte darüber hinaus den Merkmalen Monogamie, Verschiedengeschlechtlichkeit und lebenslange Wirkung zukommen, denn die von Art. 6 Abs. 1 GG geschützte Ehe ist ein auf Dauer angelegtes und zuvor staatlich beurkundetes Zusammenleben von Mann und Frau in einer umfassenden, grundsätzlich unauflöslichen Lebensgemeinschaft[278]. Eine Täuschung über *unabdingbare* oder von der Verfassung geschützte Merkmale kann immer als objektiv kausal für die Eingehung angesehen werden. Ob eine Täuschung über *abdingbare* Pflichten aus § 1353 Abs. 1 BGB objektiv kausal für die Eingehung der Ehe ist, hängt vom Einzelfall ab. Sie ist objektiv kausal, wenn die Ehegatten die Pflicht vor Eingehung der Ehe nicht einverständlich ausgeschlossen haben und die Unerheblichkeit dieser Pflicht sich nicht aus den Lebensumständen der Ehegatten ergibt.

Zum anderen kann man schon aus systematischen Gründen den Inhalt des Wesens der Ehe nicht auf die Rechte und Pflichten aus § 1353 BGB reduzieren. Aus dem Wortlaut des § 1314 Abs. 2 Nr. 3 HS. 2 BGB ergibt sich nämlich, dass es sich bei den Vermögensverhältnissen, wären sie nicht explizit ausgenommen, um Umstände handelt, die bei Kenntnis der Sachlage und richtiger Würdigung des Wesens der Ehe zur Aufhebung führen könnten. Daraus lässt sich schließen, dass die Vermögensverhältnisse grundsätzlich zum Wesen der Ehe gehören, da eine Täuschung über dieselben ansonsten nicht ausdrücklich ausgeschlossen werden müsste. Des Weiteren hat die Rechtsprechung in diversen Entscheidungen Täuschungen über weitere Merkmale, welche sich nicht aus § 1353 Abs. 1

---

276 So die h. M. *Bosch,* FamRZ 1977, 569, 571; *Lüke,* FS Bosch, S. 627, 632; Erman/*Heckelmann,* § 1353 Rn. 6; MünchKomm/*Wacke,* § 1353 Rn. 3; Staudinger/*Hübner/Voppel,* § 1353 Rn. 23.

277 *Kern-Eimann,* S. 57; Staudinger/*Hübner/Voppel,* § 1353 Rn. 24, 25. Umstritten ist die Disponibilität der Treuepflicht, der Pflicht zur häuslichen Gemeinschaft und zur Geschlechtsgemeinschaft, vgl. *Kern-Eimann,* S. 57 f.

278 *BVerfGE* 10, 59, 66; 62, 323, 330.

S. 2 BGB ergeben, für objektiv kausal und rechtlich relevant erklärt[279]. Das Wesen der Ehe kann somit nicht auf die sich aus § 1353 Abs. 1 S. 2 HS. 2 BGB ergebenen unabdingbaren Pflichten und die verfassungsrechtlich garantierten Merkmale beschränkt werden. Bestandteil des Wesens der Ehe können grundsätzlich auch weitere Merkmale sein.

Was den Inhalt des Wesens der Ehe genau ausmacht und wie das Wesen der Ehe folglich richtig zu würdigen ist, bleibt unklar. Abgesehen von den unabdingbaren Rechten und Pflichten können die Ehegatten heute nämlich selbst entscheiden, was Inhalt des Eheverhältnisses sein soll. Die Freiheit, die Rechte und Pflichten individuell zu vereinbaren und auszuhandeln, nahm zu.

Die Formulierung des § 1314 Abs. 2 Nr. 3 BGB ist in zweifacher Hinsicht zu kritisieren: Zum einen ist die Wortwahl „bei *richtiger* Würdigung" verfehlt, da es kein einzig richtiges Ehemodell gibt. Aus diesem Grund sollte zum anderen auch der Begriff „*Wesen* der Ehe" vermieden werden, da es weitestgehend unklar bleibt, was das Wesen der Ehe ist. Die exemplarisch aufgeführten Fälle sind alle unter die vom BGH[280] zur Offenbarungspflicht entwickelte und entsprechend modifizierte Grundformel zu fassen: *Eine Täuschung über solche Umstände ist objektiv kausal, die für die Grundlage der ehelichen Gemeinschaft und des Familienlebens von wesentlicher Bedeutung sind.* Hierbei ist, wie bei der Ermittlung der Offenbarungspflicht, die subjektive Komponente nicht außer Acht zu lassen, da es heute kein einheitliches und einzig richtiges Ehemodell mehr gibt: Die persönlichen Denk- und Empfindungsweisen sowie die Lebensverhältnisse der Ehegatten und die von den Ehegatten getroffenen Vereinbarungen sind zu berücksichtigen. Es wäre vorzugswürdig, auch im Rahmen der objektiven Kausalität diese Formel anzuwenden, denn die verwendeten Begriffe sind nicht so starr wie die Begriffe „richtige Würdigung" sowie „Wesen der Ehe" und lassen mehr Spielraum für subjektive Interpretationen. Die Formulierung „bei richtiger Würdigung des Wesens der Ehe" sollte man de lege ferenda vermeiden, da sie von einem heute nicht mehr bestehenden, *absoluten* Ehebild ausgeht. Die vom BGH entwickelte Formel sagt nicht, was das Wesen der Ehe ausmacht, sie hilft aber, die irrelevanten Täuschungen von den relevanten zu unterscheiden. Es kommt auf den Einzelfall an, welche Umstände für die Grundlage der ehelichen Gemeinschaft des Familienlebens von wesentlicher Bedeutung sind. Dabei kann man grundsätzlich davon ausgehen, dass eine Täuschung über die sich aus § 1353 BGB ergebenden Pflichten, welche die Ehegatten nicht ausdrücklich oder konkludent abbedungen haben, objektiv kausal ist. Eine konkretere Aussage zu diesem Prüfungspunkt lässt sich nicht machen, da er von zu vielen subjektiven Faktoren abhängt.

---

[279] Zum Beispiel die Täuschung über Vorstrafen und laufende Bewährungszeiten *AG Kulmbach* FamRZ 2002, 1561; Soergel/*Heintzmann*, § 33 EheG Rn. 5; Staudinger/*Klippel*, § 1314 Rn. 38.

[280] *BGH* FamRZ 1958, 314 f.

dd) Kritik an der Rechtsprechung

Die hier genannte Formel führt in Verbindung mit den von der Rechtsprechung entschiedenen Fällen meist zu einem befriedigenden Ergebnis. Zu kritisieren sind jedoch zwei der Entscheidungen: Das OLG Hamm[281] stellte im Jahre 2003 fest, dass die „Nicht-Offenbarung subjektiver Empfindungen (hier fehlende Liebe)" keine Eheaufhebung wegen arglistiger Täuschung rechtfertige. In dem entschiedenen Fall täuschte ein Ehepartner über seine Liebe gegenüber dem anderen, um aufenthaltsrechtliche Vorteile zu erlangen. Eine Eheaufhebung gem. § 1314 Abs. 2 Nr. 5 BGB kam nicht in Betracht, da die Ehepartner über zwei Jahre ein „normales" Eheleben führten. Lässt sich aus dieser Entscheidung der Schluss ziehen, dass Liebe kein Bestandteil des „Wesens der Ehe" (um noch einmal den vom Gesetz verwendeten Begriff aufzugreifen) und für das Familien- und Eheleben unerheblich ist?

(1) BGHZ 25, 66

Besonders abwegig erscheint die Entscheidung des OLG Hamm, wenn man sie mit der in den 50er Jahren ergangenen „Narkolepsie-Entscheidung" des BGH[282] vergleicht. Die Ehe war (gem. § 32 EheG, Irrtum[283]) aufhebbar, weil die Ehefrau ihre schwere Erkrankung an Narkolepsie verschwieg. Da sie die ihr zugedachten Aufgaben nicht erfüllen konnte, ließ der Mann die Ehe aufheben. Das Leiden der Frau hätte den Mann bei verständiger (beziehungsweise richtiger) Würdigung des „Wesens der Ehe" von der Eheschließung abgehalten. Ist also die vereinbarte Pflicht zur Mitarbeit im Familienbetrieb für das „Wesen der Ehe" beziehungsweise für das Eheleben wichtiger als das Vorhandensein von Liebe? Haben sich die Ehegatten nicht einander versprochen, in guten wie in schlechten Zeiten, in *Krankheit* wie auch Gesundheit füreinander dazusein? Vor diesem Hintergrund erscheint zumindest die BGH-Entscheidung falsch: Zwar vereinbarten die Ehegatten, dass die Frau im Betrieb mitarbeiten sollte, was sie aufgrund ihrer Krankheit nicht konnte. Jedoch sollte dieser Umstand hinter die Tatsache, dass die Ehegatten füreinander zu sorgen haben, zurückstehen. Denn es ergibt sich zwingend aus § 1353 Abs. 1 S. 2 HS. 2 BGB, dass die Ehegatten füreinander Verantwortung tragen. Dem BGH ist in diesem Fall also nicht zuzustimmen.

---

281 *OLG Hamm* FPR 2004, 26; ähnlich auch *LG Rostock* FamRZ 2003, 598 f.

282 *BGHZ* 25, 66.

283 Dass in dieser Entscheidung die Ehe wegen Irrtums, § 32 EheG, und nicht wegen arglistiger Täuschung, § 33 EheG, aufgehoben wurde, dürfte unerheblich sein. § 33 EheG wurde in der Entscheidung nicht mehr geprüft, da § 32 EheG bereits erfüllt war. Zwar geht aus dem Sachverhalt nicht hervor, ob die Frau arglistig gehandelt hat. Hierauf kommt es aber bei der Untersuchung der Frage, was die richtige Würdigung des Wesens der Ehe ist, nicht an.

(2) OLG Hamm FPR 2004, 26

Die Liebe zwischen den Ehegatten ist für das gemeinsame Ehe- und Familienleben von wesentlicher Bedeutung. Sie sollte das stärkste der Motive sein, welche Mann und Frau zur Eingehung der Ehe bewegen. Die Wirklichkeit sieht jedoch manchmal anders aus. In der Vergangenheit ging man die Ehe oft aus finanziellen oder gesellschaftlichen Gründen ein. In der Gegenwart spielen diese Faktoren immer noch eine nicht zu unterschätzende Rolle. Weitere Motive, wie die Heirat aus aufenthaltsrechtlichen Gründen, sind hinzugekommen. Die Liebe zwischen den Ehegatten ist, wie das OLG richtig feststellt, eine „subjektive Empfindung"[284]. Ein Gericht kann zwar beurteilen, ob zwischen den Ehegatten eine eheliche Gemeinschaft besteht oder ob sie durch die Ehe Verpflichtungen gem. § 1353 Abs. 1 BGB begründen wollten (vgl. § 1314 Abs. 2 Nr. 5 BGB), da dies anhand von objektiven Faktoren feststellbar ist. Ob der eine Ehegatte für den anderen jedoch Liebe empfindet, ist kaum feststellbar.

In der Entscheidung des OLG behauptete der Ehemann, seine Frau habe über das Vorhandensein von Liebe arglistig getäuscht, sie habe ihn heiraten wollen, um ihren Aufenthaltsstatus zu verbessern. Laut OLG sind subjektive Empfindungen wie mangelnde Liebe nicht offenbarungspflichtig[285]. Daraus lässt sich schließen, dass auch eine ausdrückliche Täuschung hierüber mangels objektiver Kausalität nicht zur Aufhebbarkeit führt und man „bei richtiger Würdigung des Wesens der Ehe" von einer Ehe auch dann nicht absehen dürfte, wenn der Ehegatte einem die Liebe nur vortäuscht. Der Schluss, Liebe sei nicht Bestandteil „des Wesens der Ehe" beziehungsweise für das Eheleben unerheblich, drängt sich auf und müsste konsequenterweise auch gezogen werden. Das OLG hält den Tatbestand für nicht erfüllt, weil es der Ansicht ist, man dürfe von seinem Partner in dieser Hinsicht nicht zuviel erwarten und müsse mit Enttäuschungen rechnen. Für solche Fälle sei das Scheidungsrecht gemacht worden. Eine Offenbarungspflicht bestehe höchstens dann, wenn nicht nur die nicht vorhandene Liebe, sondern auch die mangelnde Absicht, eine eheliche Lebens- und Wohngemeinschaft zu begründen, verschwiegen würde. Das OLG verneint eine arglistige Täuschung über mangelnde Liebe wohl nur, weil es sich um einen subjektiven Umstand handelt und die Grenzen zum Scheidungsrecht nicht verwischt werden sollen und nicht, weil die Liebe für das „Wesen der Ehe" und die eheliche Gemeinschaft unerheblich ist. Teilweise kann dem OLG zugestimmt werden: In einer Ehe muss man mit Enttäuschungen rechnen, in diesen Fällen ist das Scheidungsrecht einschlägig. Jedoch dürfte ein Ehegatte, soweit keine gegenteiligen Anzeichen vorliegen, grundsätzlich davon ausgehen, dass der andere ihn aus Liebe heiratet und zumindest bei Eingehung der Ehe der eine den anderen liebt. Irren sie sich über die eigenen Gefühle oder ändern sie sich im Laufe der

---

[284] *OLG Hamm* FPR 2004, 26.

[285] *OLG Hamm* FPR 2004, 26.

Zeit, so ist eine Scheidung möglich. Anders ist die Lage aber, wenn, wie im hier entschiedenen Fall, sich ein Partner schon bei Eingehung der Ehe sicher ist, dass er für den anderen keine Liebe empfindet und in Zukunft auch nicht empfinden wird. In diesem Fall besteht richtigerweise eine Offenbarungspflicht. Wird dieser Umstand nicht offenbart, so ist eine Aufhebung gem. § 1314 Abs. 2 Nr. 3 BGB möglich. In der Praxis wird der getäuschte Ehegatte oft Probleme bei der Erbringung des Beweises haben, dass der andere ihn schon bei Eingehung der Ehe nicht geliebt hat. Behauptet der täuschende Ehegatte wahrheitswidrig, er habe den anderen bei Eingehung der Ehe geliebt, so kann diese subjektive Empfindung in der Regel nicht durch Beweise widerlegt werden, eine Aufhebung ist nicht möglich. Gibt der täuschende Ehegatte jedoch zu, dass er schon bei Eheschließung seine Liebe gegenüber dem anderen nur vorgespiegelt hat, so ist dieser subjektive Umstand wie ein objektiver Umstand bewiesen worden und auch wie ein objektiver Umstand zu behandeln. Es kann also grundsätzlich über einen subjektiven Umstand getäuscht werden. Ob dieser auch bewiesen werden kann, ist eine prozessuale Frage, die nicht mit materiellrechtlichen Problemen vermengt werden darf. Dem OLG ist also in diesem Punkt zu widersprechen. Im vorliegenden Fall war die einseitig nicht vorhandene Liebe zu offenbaren. Lägen subjektive Kausalität und Arglist[286] vor, so wäre die Ehe aufhebbar gewesen.

ee) Verfassungsmäßigkeit und Zweckmäßigkeit der objektiven Kausalität

Vereinzelt wird vertreten, das Abstellen auf objektive Kausalität im Rahmen des § 1314 Abs. 2 Nr. 3 BGB sei rechtspolitisch verfehlt, weil dies nicht zu einem Status passe, aus dessen zwingender inhaltlicher Gestaltung sich der Gesetzgeber weitgehend zurückgezogen habe (§§ 1353 ff. BGB)[287]. Des Weiteren verstoße die Vorschrift gegen die von Art. 6 Abs. 1 GG geschützte Eheschließungsfreiheit. Es stellt sich die Frage, ob man deshalb ganz auf die Prüfung der objektiven Kausalität verzichten sollte.

(1) Zweckmäßigkeit der objektiven Kausalität

Wie bereits festgestellt, ist die vom Gesetzgeber gewählte Formulierung verfehlt. Aber ohne Prüfung der objektiven Kausalität würde eine Täuschung über jeden Umstand zur Aufhebung führen, soweit sie subjektiv kausal für die Eheschließung gewesen und mit Arglist verübt worden ist. Fragt zum Beispiel der Ehemann die Frau, eine gefärbte Blondine, vor Eingehung der Ehe, ob sie natürlich blond sei, und bejaht sie diese Frage in der Kenntnis, dass der Mann ansonsten von der Eheschließung absehen würde, so wäre diese Ehe wegen arglistiger Täuschung gem. § 1314 Abs. 2 Nr. 3 BGB aufhebbar. De lege lata mangelt es an der objektiven Kausalität, weil über einen unerheblichen Umstand getäuscht

286 An dieser mangelte es im vorliegenden Fall wohl, vgl. *OLG Hamm* FPR 2004, 26 a. E.
287 *Muscheler*, Familienrecht, Rn. 257.

wird, der nicht für die Grundlage der ehelichen Gemeinschaft und des Familienlebens von Bedeutung ist. Bei objektiver Betrachtung dürfte jedermann zu dem Ergebnis kommen, dass eine Ehe nicht von der Haarfarbe der Ehefrau abhängen kann. Ohne Prüfung der objektiven Kausalität könnte der getäuschte Ehegatte die Aufhebung wegen jeder falschen Vorstellung verlangen, ohne Rücksicht darauf, ob sich der Umstand auch auf die Ehe auswirkt[288]. Die Eheaufhebung wäre ein leichterer und eventuell finanziell günstigerer Weg, sich vom Ehegatten zu lösen, als eine Scheidung. Aufgrund der vereinfachten Aufhebbarkeit würden vielleicht noch mehr Menschen achtlos eine Ehe eingehen. Verzichtete man auf die Prüfung der objektiven Kausalität, so entginge man zwar in diesem Punkt der Frage, was die „richtige Würdigung des Wesens der Ehe" ist, müsste sich aber dennoch eventuell mit ihr im Rahmen der Offenbarungspflicht auseinandersetzen. Hier würde man wieder mit den gleichen Problemen konfrontiert werden und müsste bestimmen, welchen Umstände für das „Wesen der Ehe" erheblich beziehungsweise für die Grundlage der ehelichen Gemeinschaft und das Familienleben von Bedeutung sind. Die Prüfung der objektiven Kausalität ist unverzichtbar und rechtspolitisch nicht verfehlt.

(2) Verfassungsmäßigkeit der objektiven Kausalität

Auch die Behauptung, das Merkmal der objektiven Kausalität verstoße gegen die negative Eheschließungsfreiheit aus Art. 6 Abs. 1 GG, weil der Ehegatte an einer Ehe festgehalten werde, die er ohne die Täuschung gar nicht eingegangen wäre[289], ist zurückzuweisen. Eheschließungsfreiheit ist das Recht auf einen „ungehinderten Zugang zur Ehe" mit einem frei gewählten Partner[290]. Unter negativer Eheschließungsfreiheit verstehen das BVerfG und die herrschende Meinung die Freiheit, keine Ehe einzugehen, und das Verbot von jeglichem Zwang zur Eheschließung[291]. Im Fall der arglistigen Täuschung wird niemand gezwungen, auch nicht von staatlicher Seite, eine Ehe einzugehen. Die Ehegatten gehen die Ehe, wenn auch teilweise mit falschen Vorstellungen, aus freiem Willen ein. Jedoch zwingt der Staat die Ehegatten durch das Erfordernis der objektiven Kausalität, eine Ehe aufrechtzuerhalten, die ein Ehegatte bei Kenntnis der Sachlage nicht gewollt hätte[292]. Es ist fraglich, ob auch dieses Recht, also das Recht, die Ehe aufheben zu lassen, wenn bei Eingehung arglistig getäuscht worden ist, in den Schutzbereich des Art. 6 Abs. 1 GG fällt. Wenn unter den Begriff positive Eheschließungsfreiheit der ungehinderte Zugang zur Ehe gefasst wird, so

---

288 *Hoffmann/Stephan*, § 32 Rn. 20.
289 *Muscheler*, Familienrecht, Rn. 257.
290 *BVerfGE* 29, 166, 175; 76, 1, 42.
291 *Kingreen*, Jura 1997, 401 f.; v. Mangoldt/*Robbers*, Art. 6 Rn. 57. Das *BVerfG* 56, 363, 384 vertritt die Ansicht, die Eheschließungsfreiheit ergebe sich nicht aus Art. 6 Abs. 1, sondern aus Art. 2 Abs. 1 GG.
292 *Muscheler*, Familienrecht, Rn. 257.

muss vom Schutzbereich der negativen Eheschließungsfreiheit im Umkehrschluss auch das Recht, sich von der Ehe zu lösen, erfasst sein[293], sich also scheiden oder die Ehe aufheben zu lassen. Der Schutzbereich des Art. 6 Abs. 1 GG ist somit eröffnet.

Das Erfordernis der objektiven Kausalität, § 1314 Abs. 2 Nr. 3 HS. 1 BGB a. E., müsste in den Schutzbereich des Art. 6 Abs. 1 GG eingreifen. Ein Eingriff ist eine staatliche Maßnahme, die Ehe und Familie schädigt, stört oder beeinträchtigt[294]. Jedoch ist nicht jede Norm, die Ehe und Familie beeinträchtigt, auch ein Eingriff. Denn bei Art. 6 Abs. 1 GG handelt es sich um ein Grundrecht mit einem *normgeprägten Schutzbereich*. Dies bedeutet, dass einfachgesetzliche Normen das Grundrecht prägen[295]. Man muss unterscheiden, ob es sich bei der fraglichen Norm um eine das Grundrecht *beeinträchtigende* oder bloß um eine das Grundrecht *definierende* Norm handelt. Entspricht eine definierende Norm nicht dem verfassungsrechtlichen Ehebegriff, so wird die definierende Norm zu einer beeinträchtigenden[296]. Sie stellt dann einen Eingriff in das Grundrecht dar. Um die das Grundrecht definierende Norm von einer das Grundrecht beeinträchtigenden Norm abzugrenzen, nimmt das BVerfG eine Verhältnismäßigkeitsprüfung vor[297] beziehungsweise prüft verkürzt, ob Rechtfertigungsgründe, die in der Natur der Ehe liegen, für diese Norm bestehen[298].

Wie bereits festgestellt, ist es Sinn und Zweck der objektiven Kausalität, unerhebliche Täuschungen herauszufiltern. Das Erfordernis der objektiven Kausalität lässt sich mit dem Lebzeitprinzip und dem besonderen verfassungsrechtlichen Schutz und der sozialen Bedeutung der Ehe begründen. Das Lebzeitprinzip ist in § 1353 Abs. 1 S. 1 BGB normiert und ergibt sich unstreitig aus der Natur der Ehe. Es ist ein unabdingbarer Bestandteil. Der besondere Schutz der Ehe wird verfassungsrechtlich durch Art. 6 Abs. 1 GG garantiert. Diese Prinzipien sprechen für die Prüfung der objektiven Kausalität. Ihnen steht jedoch die Privatautonomie der Ehegatten und die Tatsache gegenüber, dass der eine Ehegatte den anderen getäuscht hat. Nach den allgemeinen Grundsätzen des BGB (§ 123 BGB) ist der Täuschende nicht schützenswert, weil er dem Partner die gewünschte Willenserklärung durch eine Lüge entlockt hat. Die Willenserklärung ist mit Ex-tunc-Wirkung anfechtbar. Auch das Erfordernis eines objektiven Elements, wie es in § 119 Abs. 1 BGB, dem Erklärungs- und Inhaltsirrtum („bei verständiger Würdigung des Falles“) sowie dem Eherecht (§ 1314 Abs. 2 Nr. 3 BGB „bei richtiger Würdigung des Wesens der Ehe“), gefordert wird, besteht bei § 123 BGB nicht. Sinn und Zweck des § 123 BGB ist es nämlich, die rechts-

---

293 So auch *Sachs*, S. 334, der unter Art. 6 GG die Möglichkeit zur Scheidung fasst.

294 *BVerfGE* 6, 55, 76; 55, 114, 126; 81, 1, 6.

295 *Kingreen*, Jura 1997, 401, 403.

296 *Pieroth/Schlink*, Rn. 647.

297 *BVerfGE* 24, 104, 110 ff.; 31, 58, 70 ff.; *Kingreen*, Jura 1997, 401, 403.

298 *BVerfGE* 81, 1, 7.

geschäftliche Selbstbestimmung vor schweren Störungen im Bereich der Willensbildung zu schützen[299]. Ob das Rechtsgeschäft vernichtet werden soll, hängt allein vom Willen des Getäuschten ab, der Täuschende ist aufgrund seiner Verfehlung nicht schützenswert. Die gleichen Argumente könnte man auf § 1314 Abs. 2 Nr. 3 BGB übertragen und somit die Prüfung der objektiven Kausalität als Eingriff in Art. 6 Abs. 1 GG bezeichnen. Jedoch besteht ein großer Unterschied zwischen diesen beiden Normen: Derjenige, der bei Eingehung der Ehe täuscht, verdient im Gegensatz zu demjenigen, der bei Eingehung eines anderen Rechtsgeschäfts täuscht, mehr Schutz. Mit der Aufhebung der Ehe ändert sich nämlich für den Ehegatten nicht nur ein *Vertrags*verhältnis, sondern das ganze *Lebens*verhältnis. Der täuschende Ehegatte gerät durch die Eheaufhebung vielleicht in finanzielle und soziale Nöte. Zu beachten ist auch, dass durch die Eheaufhebung nicht nur eine Ehe, sondern unter Umständen eine ganze Familie zerstört wird. Aufgrund des besonderen staatlichen Schutzes der Ehe (Art. 6 Abs. 1 GG) und ihrer sozialen Bedeutung tritt die Willensfreiheit des Getäuschten zurück. Das Erfordernis der objektiven Kausalität ist also gerechtfertigt und bloß eine das Grundrecht *definierende* Norm. Sie stellt keinen Eingriff in die negative Eheschließungsfreiheit dar. Art. 6 Abs. 1 GG wird somit nicht verletzt, ein Verstoß gegen die Verfassung liegt nicht vor.

ff) Arglist

Der subjektive Tatbestand des § 1314 Abs. 2 Nr. 3 BGB setzt Arglist, das heißt Vorsatz, voraus[300]. Der Täuschende muss die Vorstellung haben, dass der andere ohne Täuschung nicht zur Eheschließung bereit wäre. Ein bedingter Vorsatz (dolus eventualis) reicht aus: Hält der Täuschende es auch nur für *möglich*, dass der Andere bei Kenntnis der Lage von der Eheschließung Abstand nehmen würde, so liegt der Vorsatz bereits vor[301]. Der Vorsatz bezieht sich also auf alle Tatbestandsmerkmale einschließlich der subjektiven, jedoch nicht der objektiven Kausalität. Eine grob fahrlässig verursachte Täuschung reicht nicht[302] aus. Ein Vorsatz liegt auch dann nicht vor, wenn zwar vorsätzlich getäuscht wird, der Täuschende aber nur grob fahrlässig nicht wusste, dass der andere bei Kenntnis der Sachlage die Ehe nicht schließen würde[303], der Vorsatz sich also nicht auf die subjektive Kausalität bezieht. So konnte beispielsweise in dem vom RG[304] entschiedenen Fall der täuschende Ehemann, der zuvor an Syphilis erkrankt war,

---

299 *Motive*, I, S. 204; *RGZ* 134, 43, 55; *BGHZ* 51, 141, 147; Staudinger/*Singer/v. Finckenstein*, § 123 Rn. 1.

300 *BGH* FamRZ 1958, 314 f.; Johannsen/*Henrich*, § 1314 Rn. 55; Staudinger/*Klippel*, § 1314 Rn. 43.

301 *RG* JW 1931, 1362 f.; *BGH* FamRZ 1958, 314 f.

302 MünchKomm/*Müller-Gindullis*, § 1314 Rn. 21; Staudinger/*Klippel*, § 1314 Rn. 44.

303 *RG* Warn 1931 Nr. 125; Staudinger/*Klippel*, § 1314 Rn. 44.

304 *RG* Warn 1931 Nr. 125.

die Krankheit aber für ausgeheilt hielt, davon ausgehen, dass die Ehefrau sich durch diesen Umstand nicht von der Eheschließung abhalten lassen würde. Bezüglich der subjektiven Kausalität handelte er nicht mit bedingtem Vorsatz, sondern nur grob fahrlässig, weshalb die Ehe nicht anfechtbar (nach heutiger Rechtslage aufhebbar) war. Kennt der Täuschende die Schwere und Unheilbarkeit seiner Krankheit erst gar nicht, so muss er seinen Partner auch nicht darüber unterrichten und kann ihn diesbezüglich auch nicht arglistig täuschen[305]. Auch eine Schädigungsabsicht seitens des Täuschenden ist, wie bei § 123 BGB, nicht erforderlich, denn ansonsten würde das Aufhebungsrecht zu sehr eingeschränkt[306].

gg) Täuschung durch Dritte

Täuscht ein Dritter den einen Ehegatten *ohne* Wissen des anderen, so ist die Ehe gem. § 1314 Abs. 2 Nr. 3 HS. 2 Alt. 2 BGB nicht aufhebbar. Wissen setzt positive Kenntnis des Ehegatten über die Täuschung und die kausale Wirkung für die Eheschließung voraus. Fahrlässige Unkenntnis oder spätere Kenntnis reicht nicht aus[307]. Der Aufhebungstatbestand liegt auch dann vor, wenn der Dritte vorsatzlos täuscht, der Ehegatte von der Täuschung Kenntnis erlangt und den Irrtum vorsätzlich nicht aufklärt, um den Partner zur Eheschließung zu bewegen[308]. Denn in diesem Fall nutzt der Ehegatte die Täuschung durch den Dritten zu seinen Gunsten aus. Klärt er den anderen Ehegatten nicht auf, so würde auch nach den allgemeinen Grundsätzen des §1314 Abs. 2 Nr. 3 BGB eine Täuschung vorliegen: Denn in diesem Fall kommt dem Ehegatten aus den näheren Umständen eine Offenbarungspflicht zu. Er kann davon ausgehen, dass sein Partner über bestehende Irrtümer aufgeklärt werden will. Erfolgte keine Aufklärung, so liegt eine Täuschung durch Unterlassen vor.

d) Abschließende Betrachtung

Der Aufhebungstatbestand der arglistigen Täuschung ist unverzichtbar und sollte keinesfalls abgeschafft werden: Denn er ist nicht nur der praxisrelevanteste Tatbestand in der heutigen Zeit. Es widerspräche auch den Grundprinzipien des BGB, ein Rechtsverhältnis, welches aufgrund einer arglistigen Täuschung, also unter Ausschluss des freien Willens, eingegangen worden ist, unbedingt und gegen den Willen des Getäuschten aufrecht zu erhalten. Genau dieser Fall tritt aber de lege lata ein, wenn die Täuschung zwar subjektiv, aber nicht objektiv kausal für die Eheschließung gewesen ist. Jedoch rechtfertigt die soziale Bedeutung der

---

305 *RG* Recht, 1921 Nr. 1383.

306 *RGZ* 111, 5, 7; MünchKomm/*Müller-Gindullis*, § 1314 Rn. 21; Staudinger/*Klippel*, § 1314 Rn. 45.

307 Johannsen/*Henrich*, § 1314 Rn. 45; MünchKomm/*Müller-Gindullis*, § 1314 Rn. 15; Staudinger/*Klippel*, § 1314 Rn. 49.

308 MünchKomm/*Müller-Gindullis*, § 1314 Rn. 15.

Ehe und der verfassungsrechtliche Schutz, unter dem sie steht, in diesem Fall die starke Einschränkung der Willensautonomie des getäuschten Ehegatten. Eine Umformulierung des Wortlauts und eine dadurch erfolgende Anpassung an das heute stark subjektiv geprägte Ehebild wäre wünschenswert, wenn auch nicht aus verfassungsrechtlicher Sicht notwendig.

5. § 1314 Abs. 2 Nr. 4 BGB

Eine Ehe, zu dessen Eingehung ein Ehegatte widerrechtlich durch Drohung bestimmt worden ist, kann gem. § 1314 Abs. 2 Nr. 4 BGB aufgehoben werden. Bei diesem Aufhebungstatbestand handelt es sich wohl um denjenigen, dem nach der arglistigen Täuschung die meiste Praxisrelevanz zukommt und der vermutlich in Zukunft aufgrund der in manchen Kulturkreisen vorkommenden Zwangsehen noch an Bedeutung gewinnen wird[309].

a) Textgeschichte

Sowohl das kirchliche Recht[310] als auch das ALR (§§ 39 f. II 1 i. V. m. § 985 II 1) und SBGB (§ 1593 i. V. m. §§ 93 ff.) erklärten eine unter Drohung eingegangene Ehe für auflösbar. Deshalb verwundert es nicht, dass der BGB-Gesetzgeber von 1900 den Aufhebungs- beziehungsweise damals Anfechtungsgrund der widerrechtlichen Drohung kodifizierte. Der Wortlaut der Tatbestandsvoraussetzungen dieser Vorschriften unterscheidet sich von dem der heutigen nur in unerheblicher Weise. Die Formulierung „zur Eingehung der Ehe widerrechtlich durch Drohung bestimmt worden ist" blieb seit 1900 unverändert. Sowohl die Nationalsozialisten (1938) als auch die Alliierten (1946) nahmen keine inhaltlichen Änderungen der Tatbestandsvoraussetzungen vor. Lediglich die Rechtsfolgen änderten sich (Aufhebbarkeit statt Anfechtbarkeit). Die Beständigkeit des Tatbestands zeigt, dass der jeweilige Gesetzgeber, ganz gleich, welche politischen Ziele er verfolgte und wie die gesellschaftlichen Verhältnisse sich entwickelten, den Tatbestand immer für unverzichtbar hielt. Es wäre nämlich mit den Grundprinzipien des BGB unvereinbar, jemanden an einem Rechtsverhältnis festzuhalten, welches er nur aufgrund einer Drohung eingegangen ist.

b) Vergleich mit dem allgemeinen Teil

Bei der widerrechtlichen Drohung handelt es sich um einen *bewussten* Willensmangel, da die Drohung den Bedrohten in seiner freien Willensbildung behindert. Es fällt auf, dass die Tatbestandsvoraussetzungen der widerrechtlichen Drohung des Eherechts identisch mit denen des allgemeinen Teils sind. In bei-

---

309 Gernhuber/*Coester-Waltjen*, S. 114 Fn. 108, bezeichnet die erzwungene Ehe in der Praxis als so gut wie unbekannt. Es sei auch unklar, „wie in bestimmten Kreisen ausländischer in Deutschland lebender Eltern Töchter gezwungen werden, ... eine Ehe gegen ihren Willen zu schließen".

310 *Richter*, S. 1057 f.

den Fällen ist lediglich eine widerrechtliche Drohung erforderlich, die einen der beiden Partner zur Abgabe der Willenserklärung bewegt. Anders als im Fall der arglistigen Täuschung sieht das Eherecht also keine zusätzlichen, einschränkenden Tatbestandsvoraussetzungen vor: Der Bedrohte soll keinesfalls an einem Rechtsverhältnis festgehalten werden, welches er ohne die widerrechtliche Drohung nicht eingegangen wäre. Durch die Drohung wird seine Willensfreiheit gänzlich ausgeschlossen. § 1314 Abs. 2 Nr. 3 BGB verlangt hingegen als weitere einschränkende Voraussetzung objektive Kausalität („bei richtiger Würdigung des Wesens der Ehe“). Dies lässt sich dadurch rechtfertigen, dass die Willensfreiheit bei der arglistigen Täuschung, anders als im Fall der widerrechtlichen Drohung, nur teilweise und auch nicht immer in erheblicher Weise ausgeschlossen wird. Des Weiteren hat der Getäuschte im Fall der arglistigen Täuschung in einem stärkeren Umfang das Risiko der Willensbeeinflussung zu tragen, denn er nimmt im Gegensatz zum Bedrohten freiwillig an dem Rechtsgeschäft teil[311]. Deshalb ist es gerechtfertigt, die Drohung „als die schlimmere und gefährlichere Willensbeeinflussung“[312] anzusehen und bei ihr im Eherecht, im Gegensatz zu der arglistigen Täuschung, kein weiteres Tatbestandsmerkmal zu fordern.

c) Tatbestandsvoraussetzungen

aa) Drohung

Da die Tatbestandsvoraussetzungen des § 1314 Abs. 2 Nr. 4 BGB mit denen des § 123 Abs. 1 Alt. 2 BGB identisch sind, ist auch der Begriff der Drohung identisch[313]. Die zum allgemeinen Teil bestehende Rechtsprechung und Ansichten der Literatur lassen sich auf das Eherecht übertragen; eherechtsspezifische Probleme existieren zumindest auf der Tatbestandsseite nicht. Objektiv setzt die Drohung die Ankündigung eines künftigen Übels voraus, auf dessen Eintritt der Drohende einwirken zu können vorgibt[314], oder das Ausnutzen eines schon bestehenden Übels, wenn der Drohende sittlich oder rechtlich verpflichtet und in der Lage ist, das Übel zu beseitigen[315]. Die Drohung muss nicht ausdrücklich erklärt werden, ein Verhalten, welches erkennen lässt, dass dem anderen bei

---

311 Staudinger/*Singer/v. Finckenstein*, § 123 Rn. 60 (Dieses Argument bezieht sich eigentlich auf die Frage, wieso bei einer Drohung durch Dritte das Anfechtungsrecht uneingeschränkt gewährt wird, bei einer arglistigen Täuschung hingegen nicht. Es lässt sich jedoch auf das hier gestellte Problem übertragen).

312 Staudinger/*Singer/v. Finckenstein*, § 123 Rn. 60.

313 MünchKomm/*Müller-Gindullis,* § 1314 Rn. 26; RGRK/*Lohmann,* § 1314 Rn. 15; Staudinger/*Klippel,* § 1314 Rn. 55.

314 *BGHZ* 2, 287, 295; Johannsen/*Henrich,* § 1314 Rn. 64.

315 Johannsen/*Henrich,* § 1314 Rn. 64; MünchKomm/*Müller-Gindullis,* § 1314 Rn. 26; RGRK/*Lohmann,* § 1314 Rn. 15.

Zuwiderhandeln ein Übel zugefügt wird, reicht aus[316]. Ein bloßer Hinweis auf eine Tatsache, die eine bestehende und nicht zu ändernde Zwangslage ausmacht oder ein künftiges Übel befürchten lässt[317], sowie das Ausnutzen eines bestehenden Übels oder einer bestehenden Zwangslage erfüllen die Tatbestandsvoraussetzung nicht[318], da hier der „Drohende" nicht auf die Willensfreiheit des anderen einwirkt[319].

Welche subjektiven Anforderungen an den Tatbestand gestellt werden, ist zum Teil umstritten. Unstreitigerweise muss die Absicht, die Drohung auch *tatsächlich zu verwirklichen*, nicht gegeben sein[320]. Ob der Drohende, der eine ausgesprochene Drohung *nicht ernstlich* meint, absichtlich handeln oder zumindest billigend in Kauf nehmen muss, dass der Bedrohte sie ernst nimmt, ist hingegen strittig. Vereinzelt wird dieses subjektive Element gefordert[321]. Die wohl herrschende Meinung vertritt hingegen die Ansicht, auch eine nicht ernstlich gemeinte Drohung, die der Bedrohte jedoch als ernst gemeint empfindet, könne den Tatbestand erfüllen, da es Sinn und Zweck der Nom sei, die Willensfreiheit zu schützen. Auch wenn der Drohende die Drohung nicht ernst meine und fälschlicherweise davon ausgehe, der Bedrohte erkenne dies, so sei trotzdem die Willensfreiheit beeinträchtigt[322], und die Ehe könne aufgehoben werden. Der herrschenden Meinung ist zuzustimmen, da es für den Bedrohten keinen Unterschied macht, ob der Drohende billigend in Kauf genommen hat, dass der Bedrohte die mangelnde Ernstlichkeit erkennt, oder nicht. In beiden Fällen wird die Willensfreiheit gleichermaßen beeinträchtigt, und der Bedrohte hat die Ehe, unterstellt man Kausalität, nicht gewollt. Sinn und Zweck des § 1314 Abs. 2 BGB ist es, jemanden, der eine Ehe unter einem Willensmangel eingegangen ist, von dieser Ehe zu befreien. Hierfür ist die Absicht des Drohenden unerheblich. Würde man dolus eventualis oder Absicht bezüglich der Drohung fordern, so käme ein unangebrachter Strafcharakter zum Ausdruck, der dem Sinn und Zweck des Aufhebungstatbestands nicht entspricht.

bb) Drohung durch Dritte

Der Wortlaut des § 1314 Abs. 2 Nr. 4 BGB spricht allgemein nur von einer Eingehung der Ehe „durch Drohung". Er sagt nicht, von wem diese Drohung auszugehen hat, sondern lässt den Kreis der potentiell Drohenden offen. Die Drohung

---

316 Johannsen/*Henrich*, § 1314 Rn. 64.
317 *BGHZ* 6, 448, 351.
318 *BGHZ* 2, 287, 295; MünchKomm/*Müller-Gindullis*, § 1314 Rn. 26; Staudinger/*Klippel*, § 1314 Rn. 55.
319 *BGHZ* 6, 448, 351.
320 RGRK/*Lohmann*, § 1314 Rn. 15; Staudinger/*Klippel*, § 1314 Rn. 58.
321 RGRK/*Lohmann*, § 1314 Rn. 15.
322 Johannsen/*Henrich*, § 1314 Rn. 66; Soergel/*Heintzmann*, § 34 EheG Rn. 2; Staudinger/*Klippel*, § 1314 Rn. 58; *Rauscher*, Rn. 158.

kann durch einen der Verlobten (oder zukünftigen Ehegatten, falls noch keine Verlobung stattgefunden hat), aber auch von einem Dritten – sogar ohne Wissen des nicht drohenden Verlobten – verübt werden[323]. Dies ist mit dem Sinn und Zweck der Norm zu begründen: Geschützt werden soll die Willensfreiheit des Bedrohten. Sie wird, egal ob die Bedrohung durch den Verlobten oder einen Dritten erfolgt, gleichermaßen beeinträchtigt[324]. Deshalb rechtfertigt auch die Drohung durch einen Dritten ohne Wissen des nicht drohenden Verlobten die Aufhebung der Ehe.

Des Weiteren muss die Drohung nicht zwingend gegen einen der Verlobten gerichtet sein. Der Drohende kann einem Verlobten auch die Zufügung eines Übels gegenüber einem Dritten androhen[325], soweit die Drohung dazu geeignet ist, die Willensentscheidung des Verlobten zu beeinflussen[326]. Diese Fallkonstellation weist keine Besonderheiten auf. Es ergibt sich viel mehr schon aus der allgemeinen Begriffsdefinition (Ankündigung eines Übels, auf welches der Drohende Einfluss zu haben vorgibt), dass auch die Ankündigung eines Übels gegenüber Dritten eine Drohung sein kann.

cc) Widerrechtlichkeit

Nach den allgemeinen Grundsätzen kann eine Drohung aufgrund des angewandten Mittels, des verfolgten Zwecks oder der Zweck-Mittel-Relation widerrechtlich sein[327]. Diese Grundsätze sind in modifizierter Weise auf das Eherecht anwendbar[328].

(1) Widerrechtlichkeit des Mittels

Droht ein Verlobter oder Dritter beispielsweise mit einer Straftat, so ist das angedrohte Mittel und somit die Drohung widerrechtlich[329]. Ein widerrechtliches Mittel ist ebenfalls das Drohen mit einer Strafanzeige, auch die Drohung der minderjährigen und verführten Braut oder ihrer Eltern, einen Strafantrag gem. § 182 StGB wegen sexuellen Missbrauch von Jugendlichen zu stellen[330]. Denn eine Ehe, die ein Verlobter nur eingeht, um eine strafrechtliche Verfolgung zu

---

323 Johannsen/*Henrich*, § 1314 Rn. 68; MünchKomm/*Müller-Gindullis*, § 1314 Rn. 26; RGRK/*Lohmann*, § 1314 Rn. 16; Staudinger/*Klippel*, § 1314 Rn. 59.

324 Staudinger/*Klippel*, § 1314 Rn. 59.

325 MünchKomm/*Müller-Gindullis*, § 1314 Rn. 26; RGRK/*Lohmann*, § 1314 Rn. 15; Staudinger/*Klippel*, § 1314 Rn. 60.

326 MünchKomm/*Müller-Gindullis*, § 1314 Rn. 26.

327 Soergel/*Hefermehl*, § 123 Rn. 44 ff.

328 Johannsen/*Henrich*, § 1314 Rn. 70; Staudinger/*Klippel*, § 1314 Rn. 61.

329 Johannsen/*Henrich*, § 1314 Rn. 70; RGRK/*Lohmann*, § 1314 Rn. 18; Staudinger/*Klippel*, § 1314 Rn. 62.

330 *Hoffmann/Stephan*, § 34 Rn. 14; RGRK/*Lohmann*, § 1314 Rn. 18; Staudinger/*Klippel*, § 1314 Rn. 66; Johannsen/*Henrich*, § 1314 Rn. 72. A. A. Gernhuber/*Coster-Waltjen*, S. 114.

vermeiden, steht unter keinem guten Vorzeichen. Die Entschließungsfreiheit des Bedrohten wird in hohem Maße beeinträchtigt[331].

(2) Widerrechtlichkeit des Zwecks/ Erfolgs

Es stellt sich die Frage, ob die Drohung im Eherecht allein aufgrund des verfolgten Zwecks oder angestrebten Erfolgs widerrechtlich sein kann. Der Erfolg ist widerrechtlich, wenn er für sich betrachtet von der Rechtsordnung missbilligt wird[332]. Auf den ersten Blick scheint der Gedanke abwegig: Denn der angestrebte Erfolg ist im Fall des § 1314 Abs. 2 Nr. 4 BGB stets die Eingehung der Ehe, und die Eingehung der Ehe könne, so die herrschende Meinung, nicht widerrechtlich sein[333]. Dem widersprechen jedoch vereinzelte Stimmen aus der Literatur mit der Begründung, eine Ehe sei dann widerrechtlich, wenn ein gesetzliches Eheverbot[334] beziehungsweise Ehehindernis[335] bestehe, jemand also mit Hilfe eines zulässigen Mittels zu einer bigamischen Ehe oder Lebenspartnerschaft (§ 1306 BGB) oder einer zwischen Verwandten in gerader Linie, voll- oder halbbürtigen Geschwistern (§ 1307 BGB; im Fall der Begründung der Verwandtschaft durch Adoption § 1308 BGB) zu schließenden Ehe bewegt werde (Eheverbot) beziehungsweise mindestens ein Ehegatte nicht ehemündig (§1303 BGB) oder geschäftsunfähig (§ 1304 BGB) (Ehehindernis) gewesen sei[336].

Die Doppelehe und die Ehe zwischen nahen Verwandten wird nicht nur vom BGB verboten, das StGB stellt die Doppelehe sogar unter Strafe (§ 172 StGB). Dies lässt eindeutig darauf schließen, dass der Gesetzgeber die Doppelehe rechtlich missbilligt und eine durch Drohung erzwungene Doppelehe stets widerrechtlich ist. Fraglich ist, ob eine Ehe, die gegen §§ 1307 f. BGB verstößt, auch widerrechtlich ist. Schon der Umstand, dass das BGB eine Ehe zwischen nahen Verwandten verbietet, lässt eine Missbilligung dieser Ehen durch den Gesetzgeber vermuten. Diese Vermutung wird durch § 173 StGB bestätigt. Die *Ehe* zwischen Verwandten wird zwar nicht strafrechtlich sanktioniert, dafür aber der *Beischlaf* zwischen leiblichen Abkömmlingen, leiblichen Verwandten aufsteigender Linie und leiblichen Geschwistern (§ 173 StGB). Auch wenn §§ 1307, 1308 BGB und § 173 StGB nicht genau den gleichen Anwendungsbereich haben, kann man sie trotzdem als „verwandt" bezeichnen, da Sinn und Zweck der

---

331 Staudinger/*Klippel*, § 1314 Rn. 66.

332 Soergel/*Hefermehl*, § 123 Rn. 46; Staudinger/*Singer/v. Finckenstein*, § 123 Rn. 69; *Larenz/Wolf*, S. 691.

333 Diese Ansicht wird von der h. M. vertreten, Johannsen/*Henrich*, § 1314 Rn. 70; MünchKomm/*Müller-Gindullis*, § 1314 Rn. 27; Staudinger/*Klippel*, § 1314 Rn. 63; *Muscheler*, Familienrecht, Rn. 258.

334 RGRK/*Wüstenberg*, 10./11. Aufl., § 34 EheG Rn. 6.

335 *Hoffmann/Stephan*, § 34 Rn. 9.

336 Unter den Begriff „Ehehindernis" fallen hier sowohl die Eheverbote als auch die Ehefähigkeit, *Hoffmann/Stephan*, Vor § 1 Rn. 1.

strafrechtlichen und zivilrechtlichen Vorschrift derselbe ist: Ehe und Familie sollen geschützt werden[337]. Durch § 173 StGB und § 1314 Abs. 2 Nr. 4 BGB wird deutlich, dass der Gesetzgeber zum Schutze der Familie eheliche oder eheähnliche Beziehungen zwischen Verwandten missbilligt. Eine Ehe zwischen nahen Verwandten ist widerrechtlich. Wurde diese Ehe aufgrund einer Drohung eingegangen, so ist die Drohung widerrechtlich. Es kann also auch im Eherecht die Drohung allein aufgrund des verfolgten Zwecks widerrechtlich sein und zwar in den Fällen der §§ 1306 ff. BGB. Auch wenn die Ehe eigentlich kein zu missbilligender Zweck ist, so kann sie es unter besonderen Umständen trotzdem sein. Der herrschenden Meinung ist also zu widersprechen.

Die Frage, ob eine Ehe, die gegen ein anderes Ehehindernis als ein Eheverbot, also gegen die §§ 1303 f. BGB verstößt, widerrechtlich ist, wurde noch nicht beantwortet. Die §§ 1303-1308 BGB stehen unter dem Titel 2 „Eingehung der Ehe", §§ 1303 und 1304 BGB unter dem Untertitel „Ehefähigkeit", §§ 1306-1308 BGB unter dem Untertitel „Eheverbot". Schon aus der systematischen Einordnung lässt sich schließen, dass der Gesetzgeber eine Ehe, in der zumindest ein Ehegatte ehe- oder geschäftsunfähig ist, nicht verbieten will, es fehlt nur eine Eheeingehungsvoraussetzung. Eine Ehe, die gegen die §§ 1303 f. BGB verstößt, ist zwar aufhebbar, wird aber weder vom Zivil- noch vom Strafrecht verboten, sanktioniert oder rechtlich missbilligt. Rechts- oder Sittenwidrigkeit liegt nicht vor. Eine durch Drohung erzwungene Ehe, die allein gegen die §§ 1303 f. BGB verstößt, ist also nicht widerrechtlich. Wird hingegen jemand zu einer Ehe, die gegen ein Eheverbot (und nicht ganz allgemein gefasst gegen ein Ehehindernis) verstößt, gezwungen, so ist schon der Erfolg, die Ehe, widerrechtlich. Durch die Widerrechtlichkeit des Erfolgs wird auch die Drohung widerrechtlich.

(3) Widerrechtlichkeit der Zweck-Mittel-Relation

Möglich ist auch, dass weder Zweck noch Mittel der Drohung widerrechtlich sind, sondern sich die Widerrechtlichkeit der Ehe erst aus der Zweck-Mittel-Relation ergibt. Das ist der Fall, wenn das angedrohte Mittel, zum Beispiel Enterbung oder Selbstmord[338], welches an sich nicht widerrechtlich ist, zur Erreichung des Zwecks, der Ehe, unangemessen ist. Die Frage, wann die Zweck-Mittel-Relation noch als sozialadäquat und wann als schon unangemessen, rechtlich zu missbilligen und somit als widerrechtlich bezeichnet werden kann, lässt sich nicht generell beantworten. Da die Entscheidung, eine Ehe einzugehen, eine sehr wichtige und folgenschwere ist, sollte sie grundsätzlich möglichst frei und ohne Druck von Außen getroffen werden und eine Drohung folglich

337 Für § 173 StGB MünchKomm/*Ritscher*, StGB, § 173 Rn. 2. Für § 1307 Staudinger/*Strätz*, § 1307 Rn. 5.

338 MünchKomm/*Müller-Gindullis*, § 1314 Rn. 27; Staudinger/*Klippel*, § 1314 Rn. 65.

bereits dann widerrechtlich sein, wenn sie den Entscheidungsspielraum in irgendeiner Weise einengt[339].

Schwierig stellt sich die Beantwortung der Frage dar, ob Widerrechtlichkeit vorliegt, wenn ein Verlobter droht, Ansprüche aus §§ 1298 ff. BGB geltend zu machen. Im Schrifttum ist die Problematik zwar in den Details umstritten, Einigkeit besteht jedoch darüber, dass die Widerrechtlichkeit von den Umständen des Einzelfalles abhängt[340]. Verfolgt man den oben aufgestellten Grundsatz, die Entscheidung, eine Ehe einzugehen, solle möglichst frei und ohne Druck von außen getroffen werden, so ist die Frage eigentlich zu bejahen. Jedoch muss in die Erwägungen mit einbezogen werden, inwieweit Druck auf den Verlobten ausgeübt und sein Wille beeinflusst worden ist. Grundsätzlich steht es dem Verlobten, wenn die Voraussetzungen der §§ 1298 ff. BGB erfüllt sind, zu, nach Auflösung der Verlobung die entsprechenden Schadensersatzansprüche geltend zu machen. Kündigt er dies bloß an oder weist er darauf hin, dürfte in der Regel noch keine Widerrechtlichkeit vorliegen[341]. Anders ist die Lage jedoch zu beurteilen, wenn die Ansprüche so hoch sind, dass die Willensfreiheit des Anspruchsgegners extrem beeinträchtigt wird und er sich gezwungen fühlt, die Ehe einzugehen. Es müssen also im Einzelfall noch weitere Umstände hinzutreten, damit die Ankündigung der Geltendmachung von Schadensersatzansprüchen widerrechtlich ist.

(4) Subjektives Element

Fraglich ist, welche *subjektiven* Anforderungen an den Drohenden gestellt werden, ob ihm die Widerrechtlichkeit der Drohung also bewusst sein muss. Nach den allgemeinen Grundsätzen muss der Drohende, folgt man der Rechtsprechung, die Umstände, welche die Drohung zu einer widerrechtlichen machen, kennen oder zumindest schuldhaft nicht kennen[342]. Die Literatur vertritt hingegen überwiegend, entscheidend sei allein, ob die Willensfreiheit objektiv widerrechtlich beeinflusst worden sei oder nicht[343], da so der Schutzzweck der Norm, die Sicherung der Willensfreiheit, am besten erreicht werden könne. Im Bereich des Eherechts wird von der Literatur einhellig vertreten, das Bewusstsein der Widerrechtlichkeit sei nicht erforderlich[344]. Diese Voraussetzung lasse sich nicht

---

339 Staudinger/*Klippel,* § 1314 Rn. 64.

340 *Hoffmann/Stephan,* § 34 Rn. 15; Johannsen/*Henrich,* § 1314 Rn. 73; RGRK/*Lohmann,* § 1314 Rn. 18; Staudinger/*Klippel,* § 1314 Rn. 65.

341 Johannsen/*Henrich,* § 1314 Rn. 73; Staudinger/*Klippel,* § 1314 Rn. 65.

342 *RGZ* 104, 79, 80; *BGHZ* 25, 217, 225.

343 *Deubner,* JuS 1971, 71 f.; Soergel/*Hefermehl,* § 123 Rn. 51; Staudinger/*Singer/v. Finckenstein,* § 123 Rn. 78; *Larenz/Wolf,* S. 694; *Enneccerus/Nipperdey,* S. 1065; *Flume,* S. 538 f.

344 *Hoffmann/Stephan,* § 34 Rn. 16; MünchKomm/*Müller-Gindullis,* § 1314 Rn. 27; RGRK/*Wüstenberg,* § 34 EheG Rn. 12; Staudinger/*Klippel,* § 1314 Rn. 67.

dem Wortlaut der Norm entnehmen. Außerdem solle die Norm ermöglichen, alle Ehen, die nicht aufgrund eines freien Willens geschlossen worden sind, aufzuheben[345]. Ein Bewusstsein der Widerrechtlichkeit sei nicht mit dem Schutzzweck der Norm vereinbar[346]. Der Literatur ist, um die Rechte des Bedrohten umfassend zu wahren, zuzustimmen, weil es für den Bedrohten keinen Unterschied macht, ob dem Drohenden die Widerrechtlichkeit bewusst ist oder nicht. In beiden Fällen wird seine Willensfreiheit gleich stark beeinflusst.

dd) Kausalität

Die Drohung muss für den Entschluss des Bedrohten, die Ehe einzugehen, kausal oder zumindest *mit*kausal gewesen sein[347]. Sie hat bis zum Zeitpunkt der Eheschließung fortzubestehen[348]. War der zukünftige Ehegatte sowieso schon zur Eheschließung entschlossen und wird er dann bedroht, so liegt keine Kausalität vor[349], denn einen bereits Entschlossenen kann man nicht mehr zu der bereits getroffenen Entscheidung bewegen. Es reicht jedoch aus, dass die Drohung zum *vorzeitigen* Eingehung der Ehe geführt hat[350].

d) Zwangsheirat-Bekämpfungsgesetz

Dem von *Coester-Waltjen*[351] schon totgesagten Aufhebungsgrund der widerrechtlichen Drohung kommt wieder erhebliche Aktualität zu, denn in den letzten Jahren wurde vermehrt das Problem der Zwangsheirat bei Migranten öffentlich diskutiert. Eine Zwangsheirat liegt vor, wenn zumindest einer der beiden Partner keine freie Zustimmung zur Ehe gegeben hat, sondern glaubt, vom Ehepartner oder einem Dritten zur Ehe gezwungen zu werden[352].

---

345 *Hoffmann/Stephan,* § 34 Rn. 16.

346 Staudinger/*Klippel,* § 1314 Rn. 67.

347 Erman/*Roth,* § 1314 Rn. 9; *Hoffmann/Stephan,* § 34 Rn. 8; MünchKomm/*Müller-Gindullis,* § 1314 Rn. 28; RGRK/*Wüstenberg,* § 1314 Rn. 17; Staudinger/*Klippel,* § 1314 Rn. 68.

348 *Hoffmann/Stephan,* § 34 Rn. 8; RGRK/*Wüstenberg,* § 1314 Rn. 17; Staudinger/*Klippel,* § 1314 Rn. 68.

349 Staudinger/*Klippel,* § 1314 Rn. 68.

350 *RG* JW 1920, 832; dieser Ansicht hat sich die Literatur einhellig angeschlossen, Erman/*Roth,* § 1314 Rn. 9; *Hoffmann/Stephan,* § 34 Rn. 8; Staudinger/*Klippel,* § 1314 Rn. 68.

351 Gernhuber/*Coester-Waltjen*, S. 114.

352 *Lehnhoff,* S. 12; vgl. auch Art. 16 Abs. 2 der Allgemeinen Erklärung der Menschenrechte v. 1948, der besagt: "Eine Ehe darf nur im freien und vollen Einverständnis der künftigen Ehegatten geschlossen werden."

aa) Hintergrund Zwangsheirat

Es gibt noch keine repräsentativ erhobenen Daten zum Ausmaß der Zwangsehen in Deutschland. Nach Schätzungen der Bundesregierung[353] leben 10 % der türkischen Migrantinnen in Ehen, die nicht freiwillig eingegangen oder erzwungen worden sind. Die Hälfte aller befragten Frauen gaben an, dass der Partner nicht von ihnen, sondern von Verwandten ausgesucht worden sei, etwa ein Viertel der Frauen kannte den Partner vor der Hochzeit nicht einmal. Zwangsverheiratung verletzt die Menschenwürde (Art. 1 Abs. 1 GG), das Recht auf persönliche Freiheit und körperliche Unversehrtheit (Art. 2 Abs. 1 GG) sowie die durch Art. 6 Abs. 1 GG garantierte Eheschließungsfreiheit. Die UNO erkennt Zwangsverheiratung offiziell als Menschenrechtsverletzung an[354]. Gründe für eine Zwangsheirat gibt es viele: Zunächst einmal ist dem Ehegatten eines Ausländers, der beispielsweise eine Niederlassungserlaubnis (Abs. 1 Nr. 1) oder seit fünf Jahren eine Aufenthaltserlaubnis (Abs. 1 Nr. 2) besitzt, gem. § 30 AufenthG eine Aufenthaltserlaubnis zu erteilen (Ehegattennachzug). Auf diese Art und Weise gelangt eine Person, die ansonsten keine Aussicht auf eine Aufenthaltserlaubnis hätte, schnell und unkompliziert an eine solche. Neben diesem noch eher rationalen Grund bestehen auch „patriarchalisch-traditionelle" und „vermeintlich religiöse"[355] Gründe, welche die in der Türkei geborene Autorin und Soziologin *Kelek* wie folgt beschreibt[356]: Die Scharia reduziere die Frau auf ihre Sexualität. Sie werde als sündiges Wesen, verführerisch und als Gefahr für die Männer angesehen. Vorehelicher Kontakt der Tochter zu Männern sei eine Schande für die Familie. Deshalb erscheine eine frühe Hochzeit der Tochter für manche Eltern als die beste Lösung, diese Schande von der Familie fern zu halten. Manche Eltern versprechen sich auch von einer Heirat ihres Sohnes mit einem braven, aus der Türkei „importierten Mädchen", dass sie positiv auf ihn einwirke, er vernünftiger werde und sich nicht von den Eltern und dem muslimischen Kulturkreis weiter entferne. Außerdem bedeute für türkisch-muslimische Frauen die Verheiratung ihres Sohnes und Erlangung des Schwiegermutterstatus ein sozialer Aufstieg, weshalb manche darauf bedacht seien, den Sohn so früh wie möglich zu verheiraten. Die Liebe spiele in diesem Fall keine Rolle, die Frau müsse

---

353 Antwort der Bundesregierung auf die Kleine Anfrage der Abgeordneten und Fraktion DIE LINKE, BT-Drucks. 16/412, S. 2. Die Zahlen basieren auf einer Befragung von 143 in Deutschland lebenden türkischen Frauen, sind also nicht repräsentativ. Laut Terre des Femmes-Referentin *Schreiber* nahmen von 2004-2006 insgesamt 364 Frauen und Mädchen, welche von Zwangsheirat oder Ehrenmord bedroht waren, das Beratungsangebot der Organisation in Anspruch, vgl. WAZ-Extra v. 19.12.2006.

354 Die Anerkennung erfolgte auf der Folgekonferenz zur 4. UN-Weltfrauenkonferenz im Jahr 2000; vgl. Antrag der Abgeordneten und der Fraktion BÜNDNIS 90/DIE GRÜNEN v. 8.11.2005, BT-Drucks. 16/61, S. 2.

355 Gesetzentwurf Bundesrat, BR-Drucks. 546/05, S. 1; *Lehnhoff*, S. 12.

356 Vgl. im Folgenden *Kelek*, S. 215-218.

den Mann sexuell befriedigen, Kinder gebären und den Haushalt führen. Für die nicht in Deutschland lebenden Eltern der Braut könne eine Hochzeit mit einem in Deutschland Lebenden auch finanzielle Absicherung und für die Braut ein luxuriöseres Leben bedeuten.

bb) Maßnahmen gegen Zwangsheirat

Da auch in Deutschland Migrantinnen und Migranten in Zwangsehen leben, betrifft dieses Problem den deutschen Staat, insbesondere den Gesetzgeber und die Justiz[357]. Es gibt mehrere rechtliche Möglichkeiten, um Zwangsehen zu verhindern und die Opfer zu schützen: Zum einen hat sich die große Koalition darauf geeinigt, § 30 AufenthG zu ändern und einen Nachzug nur dann zu gestatten, wenn der zuziehende Ehegatte mindestens 18 Jahre alt ist und über Grundkenntnisse in Deutsch verfügt[358], da die meisten Zwangsehen von jungen Menschen geschlossen werden. Je jünger das Mädchen ist, desto wahrscheinlicher ist nämlich ihre Jungfräulichkeit[359]. So würde der Anreiz, durch die Ehe eine Aufenthaltserlaubnis in Deutschland zu erlangen, wegfallen und Zwangsehen wahrscheinlich verhindert werden. In den Niederlanden ging die Zahl der Migranten, die zum Heiraten in das Land kamen, nach der Einführung strengerer Immigrationsgesetze um 80 % zurück[360].

Zum anderen wurde bereits durch das 37. StrÄndG vom 11.2.2005[361] für den besonders schweren Fall der Nötigung das Regelbeispiel „zur Eingehung der Ehe“ in § 240 Abs. 4 S. 2 Nr. 1 StGB eingefügt. Der strafrechtliche Schutz der Opfer geht dem Bundesrat, insbesondere den Vertretern der Länder Berlin und Baden-Württemberg, jedoch noch nicht weit genug. Sie schlagen einen eigenen „Zwangsheirat-Tatbestand“, § 234 b StGB, vor. Des Weiteren fordern sie einen weitergehenden *zivilrechtlichen* Schutz der Opfer, nämlich eine Änderung der §§ 1314 ff. BGB, damit eine Zwangsehe leichter aufgehoben werden kann und die Opfer auch finanziell besser geschützt werden. Diese beiden letztgenannten Gesetzesänderungsvorschläge beinhaltet der „Entwurf eines Gesetzes zur Bekämpfung der Zwangsheirat und zum besseren Schutz der Opfer von Zwangs-

---

357 Das *AG Burgwedel* FPR 2004, 222 musste beispielsweise entscheiden, ob die Ehe zwischen zwei türkischen, in Deutschland lebenden Staatsangehörigen, die nach Aussage der Ehefrau ihrerseits nur unter Zwang eingegangen worden ist, gem. § 1314 Abs. 2 Nr. 4 aufhebbar ist. Das Gericht lehnte den Antrag ab, da er nicht in der vorgeschriebenen Jahresfrist (§ 1317) gestellt worden war.

358 Süddeutsche Zeitung v. 15.11.2006, Rubrik Politik, S. 1; Frankfurter Rundschau v. 15.11.2006, Rubrik Nachrichten, S. 4. Ursprünglich plante die Bundesregierung, das Nachzugsalter auf 21 Jahre zu erhöhen, vgl. Gesetzentwurf der Bundesregierung v. 3.1.2006, S. 21, ließ aber dann doch von dieser Idee ab.

359 *Toprak*, S. 118.

360 WAZ v. 20.10.2006, Rubrik Politik Extra, S. 22.

361 BGBl. I 2005, S. 239.

heirat (Zwangsheirat-Bekämpfungsgesetz)" des Bundesrats vom 8.7.2005[362]. Art. 2 des Gesetzes sieht vor, § 1317 Abs. 1 S. 1 BGB (Antragsfrist) wie folgt zu fassen: „Der Antrag kann in den Fällen des § 1314 Abs. 2 Nr. 2 und 3 nur binnen eines Jahres, im Fall des § 1314 Abs. 2 Nr. 4 nur binnen drei Jahre gestellt werden." In § 1318 Abs. 2 S. 1 BGB („Die §§ 1569 bis 1586 b finden entsprechend Anwendung") soll hinzugefügt werden: „1. zu Gunsten eines Ehegatten, ... der im Falle des § 1314 Abs. 2 Nr. 3 von dem anderen Ehegatten oder mit dessen Wissen getäuscht oder der im Falle des § 1314 Abs. 2 Nr. 4 bedroht worden ist". Abs. 5 der Norm wird wie folgt gefasst: „§ 1931 findet zu Gunsten eines Ehegatten, der ... in den Fällen des § 1314 Abs. 2 Nr. 1 oder 4 die Aufhebbarkeit der Ehe bei der Eheschließung gekannt hat, keine Anwendung, es sei denn, zur Zeit des Erbfalls hätte die Aufhebbarkeit der Ehe nicht mehr geltend gemacht werden können." Ziel des Entwurfs ist es, Zwangsheirat wirksam zu bekämpfen und die Rechtsstellung der Opfer zu stärken[363]. Fraglich ist jedoch, ob diese Ziele durch die Gesetzesänderung auch verwirklicht werden und ob die jetzige Rechtslage schon ausreichenden Schutz bietet, eine Gesetzesänderung möglicherweise verfehlt oder gar nicht notwendig wäre.

cc) Tatbestand der Zwangsheirat

Wurde zumindest ein Ehegatte zur Eingehung der Ehe durch widerrechtliche Drohung bestimmt, so kann die Ehe de lege lata gem. § 1314 Abs. 2 Nr. 4 BGB aufgehoben werden. Es stellt sich jedoch die Frage, ob die Tatbestandsvoraussetzungen des § 1314 Abs. 2 Nr. 4 BGB weit genug sind, die Norm also alle denkbaren Möglichkeiten einer Eheeingehung unter Zwang erfasst oder ob auch schon auf der Tatbestandsseite eine Gesetzesänderung wünschenswert wäre. Die herrschende Meinung definiert Drohung als die in Aussicht Stellung eines Übels, auf welches der Drohende Einfluss zu haben vorgibt[364]. Die Drohung muss nicht ausdrücklich erklärt werden, ein Verhalten, welches erkennen lässt, dass bei Zuwiderhandeln ein Übel zugefügt werde, reicht aus[365]. Laut Gesetzentwurf des Bundesrats liegt eine Zwangsehe vor, wenn zumindest einer der Eheschließenden zur Ehe gezwungen wird, in der Regel, indem die Familie Druck auf ihn ausübt[366]. Übt die Familie den Druck in der Weise aus, dass sie

[362] BR-Drucks. 546/05.

[363] Gesetzentwurf Bundesrat, BR-Drucks. 546/05, S. 1.

[364] *BGHZ* 2, 287, 295; Johannsen/*Henrich*, § 1314 Rn. 64.

[365] Johannsen/*Henrich*, § 1314 Rn. 64.

[366] Gesetzentwurf Bundesrat, BR-Drucks. 546/05, S. 4. Diese Definition wird auch im Antrag der Abgeordneten und der Fraktion BÜNDNIS 90/DIE GRÜNEN v. 8.11.2005 übernommen, BT-Drucks. 16/61, S. 1.

ein Übel, im schlimmsten Fall den eigenen Tod oder den Selbstmord der Mutter[367], androht, so liegt zweifelsfrei eine Drohung vor.

Schwieriger stellt sich der Sachverhalt jedoch dar, wenn die Familie zwar nicht ausdrücklich droht, jedoch den zukünftigen Ehegatten selbst aussucht und der Braut die „Wahl" überlässt, ob sie die Ehe mit diesem Mann eingehen will oder nicht. Steht der Braut tatsächlich die Wahl beider Möglichkeiten zu und weiß sie, dass die Familie auch eine Ablehnung akzeptiert, so liegt weder eine Zwangslage noch eine Drohung vor und das Bedürfnis, die Ehe aufzuheben, besteht nicht. In diesem Fall spricht man von einer *„arrangierten Ehe"*. Eine arrangierte Ehe setzt voraus, dass die zukünftigen Ehegatten die Möglichkeit haben, den von den Eltern ausgesuchten Partner abzulehnen[368]. Diese Voraussetzungen erfüllt der geschilderte Fall.

Es stellt sich die Frage, wie die Lage zu beurteilen ist, wenn die Eltern den Partner aussuchen und die Kinder der Ehe zustimmen, weil sie aus vorhergehenden Erzählungen oder Erfahrungen wissen, dass die Eltern ein „Nein" nicht akzeptieren und sie verstoßen oder ächten würden. Hier muss man differenzieren und den Einzelfall betrachten. Sagen die Eltern beispielsweise „Du weißt ja, was passiert, wenn du „Nein" sagst" und wissen alle Betroffenen, dass ein Übel droht, so liegt eine Zwangslage und eine konkludente Drohung vor. Bleibt diese Drohung unausgesprochen, kennen jedoch alle Beteiligten das Übel, welches dem Kind zugefügt wird, wenn es der Ehe nicht zustimmt, und üben die Eltern massiven Druck auf das Kind in der Weise aus, dass das Kind keine andere Möglichkeit sieht, als die Ehe einzugehen, weil es die Folgen der verweigerten Eheschließung zu sehr fürchtet, so ist auch in diesem Fall die Zwangslage und konkludente Drohung zu bejahen. Denn ansonsten würde das schüchterne Kind, welches sich überhaupt nicht erst dieser Ehe zu widersetzen versucht und bei dem die Eltern deshalb gar keine Notwendigkeit sehen, die Drohung auszusprechen, benachteiligt. Die Zwangsehe ist von der arrangierten Ehe anhand der Drohung und der Stärke des Drucks, welcher von Seiten der Eltern auf ihr Kind ausgeübt wird, zu unterscheiden[369]. Fürchtet das Kind bei Ablehnung der Ehe keine Nachteile und kein Übel und entscheidet es sich trotzdem für die Ehe, so liegt, da das Kind keinen hinreichenden Druck verspürt und sich in keiner Zwangslage befindet, eine arrangierte Ehe und keine Zwangsehe vor. Das Bedürfnis, diese Ehe aufzuheben, besteht nicht, da sie unter freiem Willen geschlossen worden ist.

Die Formulierung des § 1314 Abs. 2 Nr. 4 BGB ist bei dieser wohl zulässigen extensiven Interpretation weit genug gefasst, eine Änderung der Tatbestandsvoraussetzungen durch das Zwangsheirat-Bekämpfungsgesetz ist nicht erforder-

---

[367] Diese Beispiele sind einem Artikel von *Al-Nasani,* ai-Journal v. 1.12.2004, entnommen worden.

[368] *Al-Nasani,* ai-Journal v. 1.12.2004.

[369] *Al-Nasani,* ai-Journal v. 1.12.2004.

lich. Die Entscheidung des Bundesrats, die Tatbestandsvoraussetzungen unverändert zu lassen, war also richtig. Ob eine Verlängerung der Aufhebungsfrist oder eine Modifizierung der Rechtsfolgen notwendig ist, wird im weiteren Verlauf der Arbeit an entsprechender Stelle diskutiert[370].

6. Anwendbarkeit sonstiger, im Eherecht nicht (mehr) berücksichtigter Willensmängel des BGB

Zu beantworten bleibt noch die anfangs aufgeworfene Frage, weshalb die Vorschriften über die Willensmängel des allgemeinen Teils nicht auch im Eherecht anwendbar sind[371] und ob eine Anwendung der allgemeinen Vorschriften wünschenswert wäre. Schließlich ist die Eingehung der Ehe ein Vertrag[372], den die Ehegatten durch zwei übereinstimmende Willenserklärungen begründen[373]. Durch den Abschluss des Vertrags entsteht das Eheverhältnis, welches ein Rechtsverhältnis ist[374]. In diesem Abschnitt wird untersucht, aus welchen Gründen man die Ehe also anders als alle übrigen Verträge behandeln sollte.

a) Anwendbarkeit der §§ 116-118 BGB

Gegen die Anwendbarkeit der §§ 116-118 BGB spricht, dass sich schon die *Eingehung* der Ehe vom Abschluss sonstiger Verträge in erheblicher Weise unterscheidet: Die Eheschließung muss persönlich vor einem Standesbeamten und unter Beachtung der Formvorschriften der §§ 1310-1312 BGB erklärt werden. Sonstige Verträge können, von wenigen Ausnahmen abgesehen, formlos abgeschlossen werden. Die Möglichkeit, die Wichtigkeit und Ernsthaftigkeit der Erklärung zu verkennen, ist bei der formgebundenen Eheeingehungserklärung viel geringer als bei sonstigen Willenserklärungen[375]. Des Weiteren besteht aufgrund ihrer sozialen Bedeutung ein öffentliches Interesse am Bestand der Ehe und der Eindeutigkeit des Eheschließungsvorgangs. Diese rechtfertigen die Indisponibilität der Rechtsfolgen der Ehe und der Eheschließungserklärung. Im Fall der §§ 116 S. 2, 117 Abs. 1 und 118 BGB bedeutet das: Die Ehegatten können die Rechtswirkung ihrer Eheschließungserklärungen nicht ausschließen[376]. Die spezielleren Vorschriften des Eherechts verdrängen die Vorschriften des allgemeinen Teils. Die Regelung des § 1314 Abs. 2 BGB ist somit abschließend, §§ 116-118 BGB sind nicht auf das Eherecht anwendbar[377].

---

370 Siehe S. 115 ff., 132 ff.

371 Dies befürwortet zumindest für die §§ 119 ff. *Muscheler*, Familienrecht, Rn. 260.

372 Staudinger/*Strätz*, § 1310 Rn. 48; *Endemann*, S. 617; *Muscheler*, Familienrecht, Rn. 100; *Rauscher*, Rn. 147.

373 Im römischen Recht war z. B. eine simulierte Ehe nichtig, I. 30 D. de rit. nupt., 23, 2, vgl. *Motive*, IV, S. 55.

374 *Motive*, IV, S. 44; *Endemann*, S. 617.

375 Staudinger/*Klippel*, § 1314 Rn. 1.

376 Vgl. Soergel/*Hefermehl*, § 116 Rn. 10.

377 Soergel/*Hefermehl*, § 116 Rn. 10; Staudinger/*Klippel*, § 1314 Rn. 1; *Rauscher*, Rn. 154.

b) Anwendbarkeit der §§ 119, 123 BGB

Ebenfalls keine Anwendung im Eherecht finden die Anfechtungsgründe des allgemeinen Teils. Auch hier verdrängen die speziellen Regeln des Eherechts die allgemeinen[378]. Eine Anfechtung oder Aufhebung der Ehe wegen Inhalts-, Erklärungs- oder Motivirrtums (§ 119 BGB) scheidet somit aus. Wurde ein Ehegatte durch arglistige Täuschung oder widerrechtliche Drohung zur Eingehung der Ehe bewegt, so wendet man nicht § 123 BGB, sondern die Spezialregelung des § 1314 Abs. 2 Nr. 3 und 4 BGB an. Bis zur Eherechtsreform im Jahr 1998 regelte das Ehegesetz den Erklärungsirrtum in § 31 Abs. 1 S. 1 Alt. 2 EheG und erklärte den Erklärungsirrtum für beachtlich[379]. Diesen Tatbestand strich der Gesetzgeber mit der Begründung, ihm käme keine praktische Bedeutung zu. Läge trotzdem mal einer dieser seltenen Fälle vor, so sei es vertretbar, die Ehegatten auf die Möglichkeit der Scheidung zu verweisen[380]. Auch den Irrtum über persönliche Eigenschaften, § 32 EheG, einen Motivirrtum, schaffte der Gesetzgeber im Zuge der Reform von 1998 ab. Denn diese Konstellation stelle ein typisches Scheitern der Ehe dar: Ein Ehegatte habe sich bei Eingehung der Ehe ein Bild über den anderen Partner gemacht, welches sich im Nachhinein als falsch darstellte. Die Ehe sei gescheitert und durch eine Scheidung zu beenden[381]. Nach der heutigen Rechtslage ist eine Ehe also nur wegen der in § 1314 Abs. 2 BGB genannten Willensmängel aufhebbar, eine Aufhebung wegen Inhaltsirrtums, Erklärungs- oder Motivirrtums scheidet aus.

c) Durch die Reform von 1998 abgeschaffte Tatbestände

Im Rahmen der Eherechtsreform von 1998 schaffte der Gesetzgeber den Erklärungs-, Personen- und Eigenschaftsirrtum ab.

aa) § 31 Abs. 1 S. 1 Alt. 2, S. 2 EheG

Die Begründung des Gesetzgebers von 1998, den Erklärungs- und den Personenirrtum (§ 31 Abs. 1 S. 1 Alt. 2, S. 2 EheG) abzuschaffen, weil ihnen keine praktische Bedeutung zukäme und man die Ehegatten zur Not auch auf die Scheidung verweisen könnte, erscheint auf den ersten Blick als alleinige Begründung fragwürdig: Denn auch die Fälle, in denen sich ein Ehegatte bei der Eheschließung im Zustand der Bewusstlosigkeit oder vorübergehenden Störung der Geistestätigkeit befand (§ 1314 Abs. 2 Nr. 1 BGB) oder gar nicht wusste, dass es sich um eine Eheschließung handelte (Nr. 2), mögen sehr selten vorkommen. Diese Tatbestände blieben aber trotzdem bestehen. Wie bereits be-

---

[378] MünchKomm/*Kramer*, § 119 Rn. 13; Palandt/*Heinrichs*, § 119 Rn. 5; Soergel/*Hefermehl*, § 119 Rn. 7; Staudinger/*Klippel*, § 1314 Rn. 1; *Rauscher*, Rn. 154.

[379] Beispiel: Ein Ehegatte will die Eheschließung nicht, sagt aber aus Versehen „Ja“ anstelle von „Nein“, *Dölle*, S. 314.

[380] Gesetzentwurf Bundesregierung, BT-Drucks. 13/4898, S. 19.

[381] Begründung zum Gesetzentwurf Bundesregierung, BT-Drucks. 13/4898, S. 19.

schrieben[382], ist der Aufhebungstatbestand des § 1314 Abs. 2 Nr. 1 BGB aufgrund der Schwere des Willensmangels unverzichtbar, da eine Person an nichts, was sie nicht frei zu verantworten hat, gebunden werden kann. Die geringe Praxisrelevanz tritt hier hinter die Schwere des Willensmangels zurück. Der Fall des § 1314 Abs. 2 Nr. 2 BGB mag in der Praxis auch nicht sehr häufig vorkommen, jedoch sind einige wenige von der Rechtsprechung entschiedene Fälle bekannt[383]. Die Rechtsprechung kannte hingegen keinen Fall, in dem der Personen- oder Erklärungsirrtum relevant wurde[384]. Die beiden Aufhebungstatbestände waren tatsächlich überflüssig. Der Gesetzgeber traf somit die richtige Entscheidung, sie mangels Praxisrelevanz abzuschaffen.

bb) § 32 EheG

Den Irrtum über persönliche Eigenschaften, § 32 EheG, strich der Gesetzgeber mit der Begründung, er stelle ein typisches Scheitern der Ehe dar, und die Ehe sei in diesem Fall durch eine Scheidung zu beenden[385]. Richtig ist, dass in dieser Fallkonstellation Aufhebung und Scheidung miteinander konkurrieren: In beiden Fällen scheitert die Ehe, denn der Eigenschaftsirrtum stellt einen Unterfall des *Scheiterns* dar. Fraglich ist, ob sich der Gesetzgeber richtig entschied, der Scheidung gegenüber der Eheaufhebung den Vorzug zu geben oder ob ein Nebeneinander der beiden Tatbestände, wie es jahrelang bestand, weiterhin wünschenswert gewesen wäre. *Bosch*[386] kritisiert die Abschaffung des Eigenschaftsirrtums, die Gesetzesbegründung findet er nicht überzeugend. Er vertritt die Ansicht, nicht alle Fälle des Eigenschaftsirrtums könnten zufriedenstellend über das Recht der Ehescheidung gelöst werden, und nennt das Beispiel der sich erst nach der Ehe herausstellenden Beiwohnungsunfähigkeit. Außerdem findet *Bosch* es widersprüchlich, dass ein Irrtum über eine persönliche Eigenschaft nicht zur Aufhebbarkeit der Ehe führen soll, eine arglistige Täuschung über die gleiche Eigenschaft hingegen schon[387].

Bereits die erste von *Boschs* Thesen ist fragwürdig. Zunächst einmal dürfte der gewählte Beispielsfall, der Irrtum über die Beiwohnungsunfähigkeit, zwar ein klassisches Beispiel sein, zur heutigen Zeit, in der vorehelicher Geschlechtsverkehr die Regel ist, aber nicht mehr so häufig vorkommen. Dies schadet der

---

382 Siehe S. 63 f.

383 Z. B. *RG* JW 1925, 1639; *RG* WarnR 1931 Nr. 165; auch in heutiger Zeit ist solche Konstellation denkbar, vgl. *AG Prüm* FamRZ 2002, 1561 f. In diesem Fall heiratete eine der deutschen Sprache nicht mächtige Vietnamesin einen Deutschen und behauptete anschließend, sie habe nicht gewusst, dass es sich um eine Eheschließung handelte. Das *AG Prüm* hob die Ehe auf. Auch *Schwab*, FamRZ 1965, 474, 484 und Staudinger/*Klippel*, § 1314 Rn. 12 halten den Tatbestand für unverzichtbar.

384 Gernhuber/*Coester-Waltjen*, 4. Aufl., S. 131.

385 Begründung zum Gesetzentwurf Bundesregierung, BT-Drucks. 13/4898, S. 19.

386 *Bosch*, FamRZ 1997, 65 f.; NJW 1998, 2004, 2006.

387 *Bosch*, NJW 1998, 2004, 2006 Fn. 29.

These *Boschs* jedoch nicht zwingend. Um sie aufrecht zu erhalten, kann der Irrtum über die Beiwohnungsunfähigkeit durch den realistischeren und genauso schwerwiegenden Irrtum über die Zeugungsunfähigkeit oder Unfruchtbarkeit ersetzt werden. Für einen Eigenschaftsirrtum reichte es aus, dass der Irrtum bei der Eheschließung vorlag[388]; nicht erforderlich war, dass der andere Ehegatte diesen Irrtum in irgendeiner Weise hervorrief. Hatte beispielsweise die Frau dem Mann – vielleicht aus Scham – verschwiegen, dass sie unfruchtbar ist, der Mann aber niemals nachgefragt und seinen Kinderwunsch auch nicht offenbart, so konnte die Ehe gem. § 32 EheG aufgehoben werden, mit der Konsequenz, dass der Frau gem. § 37 Abs. 2 EheG kein Anspruch auf Unterhalt zustand. Die Frau stand schutzlos da und wurde für eine Unfähigkeit „bestraft", unter der sie sowieso schon litt und ein ganzes Leben lang leiden würde. In diesem Fall kann man nicht von einer gerechten Lösung sprechen. Löst man diesen Fall über das Scheidungsrecht, so ist entgegen der Auffassung von *Bosch* weder für die Frau noch für den sich irrenden Mann eine ungerechtfertigte Benachteiligung feststellbar. Sicherlich stellt die Unfruchtbarkeit oder Beiwohnungsunfähigkeit der Frau eine große Enttäuschung für den Mann dar. Aber in einer Ehe muss man mit Enttäuschungen rechnen. Ob nun das Scheidungs- oder Aufhebungsrecht Anwendung findet, kann nicht von der Schwere der Enttäuschung abhängig gemacht werden und auch nicht davon, ob der sich nicht Irrende diese „mangelbehaftete" persönliche Eigenschaft schon kannte oder nicht und der Irrtum des sich irrenden Partners schon vor oder erst nach der Eheschließung vorlag. Die erste These *Boschs* ist also falsch. Die Fälle des Eigenschaftsirrtums können nicht nur zufriedenstellend über das Scheidungsrecht gelöst werden, die Abschaffung des § 32 EheG war sogar notwendig, um rechtliche Unbilligkeiten zu beseitigen.

Des Weiteren findet *Bosch* es widersprüchlich, dass ein Irrtum über eine persönliche Eigenschaft nicht mehr zur Aufhebbarkeit der Ehe führt, eine arglistige Täuschung über die gleiche Eigenschaft hingegen schon. Oft sei der Grund eines Eigenschaftsirrtums auch eine arglistige Täuschung, was als Aufhebungsgrund dann wieder ausreiche[389]. Das spreche, so *Bosch,* für die Beibehaltung des Eigenschaftsirrtums. Teilweise ist *Bosch* zuzustimmen, die Fälle der arglistigen Täuschung und des Eigenschaftsirrtums liegen oft sehr nah beieinander. Variiert man den oben aufgeführten Fall ein wenig und unterstellt Arglist sowie subjektive und objektive Kausalität der Täuschung, so liegt eine gem. § 1314 Abs. 2 Nr. 3 BGB aufhebbare Ehe vor. Denn sowohl Beiwohnungsunfähigkeit als auch Unfruchtbarkeit beziehungsweise Zeugungsunfähigkeit müssen die Ehegatten grundsätzlich vor Eingehung der Ehe dem anderen gegenüber offenbaren[390], eine Täuschung durch Unterlassen ist in diesem Fall möglich. Jedoch unterschei-

---

388 Palandt/*Diedrichsen,* 57. Aufl., § 32 EheG Rn. 13.

389 *Bosch,* NJW 1998, 2004, 2006 Fn. 29.

390 Siehe S. 72 f.

det sich diese Sachverhaltsvariante in einem Punkt erheblich vom Ausgangsfall: Die Frau verschweigt die negative Eigenschaft *arglistig*, also mit Vorsatz. Ihr sind „böse Absichten" zu unterstellen. Im Fall des Eigenschaftsirrtums kennt die Frau nur die negative Eigenschaft, weiß jedoch nicht, dass der Mann sich über diese irrt. Sie handelt also ohne negative Energie oder Absicht, der Wille des Mannes wird nicht durch sie beeinflusst, er ist für die Fehlvorstellung ganz allein verantwortlich. Die sich scheinbar so ähnlichen Fälle unterscheiden sich doch in erheblicher Weise voneinander. Die Entscheidung des Gesetzgebers, den Tatbestand des Motivirrtums abzuschaffen und den der arglistigen Täuschung beizubehalten, war richtig und nicht widersprüchlich.

Für die Streichung des Motivirrtums spricht des Weiteren der schwer zu bestimmende Anwendungsbereich der Norm[391]. Die Frage, wann eine persönliche Eigenschaft und wann nur ein vorübergehender Zustand vorliegt, sowie was man unter der verständigen Würdigung des Wesens der Ehe versteht, ist nicht eindeutig zu beantworten[392]. Außerdem zeigt sich in der Rechtsprechung zu § 32 EheG, zum Beispiel bei dem Irrtum über die Jungfräulichkeit der Frau, eine veralterte Sexualmoral, die immer noch aus unerklärlichen Gründen „fein zwischen Mann und Frau zu unterscheiden weiß"[393]. Da es sich bei dem Eigenschaftsirrtum sowieso um einen Unterfall des Scheiterns handelt, können diese Fallkonstellationen unproblematisch über das Scheidungsrecht gelöst werden.[394]

cc) Ergebnis: Durch die Reform von 1998 abgeschaffte Tatbestände

Die Abschaffung des Motiv-, Erklärungs- und Personenirrtums ist also positiv zu bewerten. Eine Wiedereinführung dieser Aufhebungsgründe kann nicht befürwortet werden.

d) Ergebnis: Vertraglicher Charakter der Ehe

Die Vorschriften des Eherechts verdrängen die des allgemeinen Teils; die den Aufhebungsgründen des allgemeinen Teils ähnlichen eherechtlichen Aufhebungsgründe reduzierte der Gesetzgeber im Laufe des letzten Jahrhunderts in erheblicher Weise, die Ehe kann nur noch mit Ex-nunc-Wirkung aufgehoben werden. Sie verliert bezüglich der Beendigung immer mehr ihren vertraglichen Charakter.

Betrachtet man die Entwicklung des BGB, fällt auf, dass die Willensmängel, die zur Anfechtung- beziehungsweise Aufhebung der Ehe führen, immer weiter reduziert worden sind. Erklärte das BGB von 1900 noch sechs Willensmängel für beachtlich (§§ 1332 Alt. 1 und 2, 1333 Alt. 1 und 2, 1334, 1335 BGB a. F.),

---

391 *Barth/Wagenitz,* FamRZ 1996, 833, 840 sprechen von einer nicht möglichen „präzisierenden Limitierung".

392 Siehe zu dieser Problematik auch S. 75 ff.

393 *Finger*, NJW 1981, 1534, 1539.

394 So auch im Ergebnis *Barth/Wagenitz,* FamRZ 1996, 833, 840.

darunter auch der aus dem allgemeinen Teil bekannte Erklärungs- und Motivirrtum, so existieren heute nur noch – lässt man die Scheinehe außer Betracht – vier (§ 1314 Abs. 2 Nr. 1-4 BGB). Sprach das BGB von 1900 noch von „Anfechtung“ (der Begriff war gleichbedeutend mit dem des allgemeinen Teils[395]), besteht heute die Möglichkeit der „Aufhebung“ der Ehe. Die angefochtene Ehe war wie ein schuldrechtlicher Vertrag gem. § 1343 Abs. 1 BGB a. F. mit Ex-tunc-Wirkung nichtig, die aufgehobene Ehe ist heute gem. § 1313 BGB nur mit Ex-nunc-Wirkung nichtig.

Das BGB differenzierte bis 1938 noch fein zwischen Mängeln *vor* oder *bei* dem Vertragsschluss – welche, wie beim vermögensrechtlichen Vertrag, zur Nichtigkeit oder Anfechtbarkeit führten – und Mängeln *nach* dem Vertragsschluss – welche, vergleichbar mit einem Rücktritt oder einer Kündigung – eine Scheidung ermöglichten[396]. Bis 1938 bestand im Eherecht dogmatische Klarheit.

Die Nationalsozialisten betrachteten die Ehe nicht mehr als eine private Angelegenheit der Ehepartner, welche durch die Ehe ihre individuellen Interessen verfolgen wollten, sondern als eine Staatsinstitution mit der Aufgabe, den Bestand des Volkes in rassischer und kultureller Hinsicht zu sichern[397]. Nicht das Individuum, sondern die *Gemeinschaft* stand im Mittelpunkt. Deshalb sollte die Ehe auch nicht länger dem Privatrecht angehören und sich vom privatrechtlichen Vertrag weiter entfernen[398]. Die Nationalsozialisten lösten das Eherecht im Jahr 1938 aus dem BGB heraus und führten das EheG ein. Der staatliche Einfluss auf die Ehe und die Entfernung der Ehe vom privatrechtlichen Vertrag zeigte sich auch in der veränderten Funktion des Standesbeamten. Eine Ehe, die nicht vor einem Standesbeamten geschlossen wurde oder gegen andere Formvorschriften des 1317 BGB a. F. verstieß, war gem. §§ 1317, 1324 Abs. 1 BGB a. F. zwar vernichtbar, aber keine Nichtehe. Die vernichtbare Ehe wurde erst dann zur Nichtehe, also zu einer Ehe ohne rechtliche Wirkung, wenn die unter Verletzung der Formvorschriften geschlossene Ehe nicht in das Heiratsregister eingetragen wurde, §§ 1324, 1329 S. 2 BGB a. F. Das Ehegesetz brachte auch in diesem Bereich Veränderungen mit sich: Eine nicht vom Standesbeamten vorgenommene Eheschließung führte zur Nichtehe, es kam schon gar keine Ehe zustande (§ 15 EheG)[399]. Das gleiche galt, wenn die Verlobten den Eheschließungswillen zwar vor dem Standesbeamten erklärten, dieser aber nicht bereit war, an der Ehe-

395 *Planck*, S. 42.

396 *Müller-Freienfels*, S. 99.

397 *Wieacker*, DR 1937, 178; vgl. *Molls*, S. 22.

398 *Anz*, JW 1938, 2069, 2078.

399 Begründung zum EheG, DJ 1938, 1102, 1104; *Anz*, JW 1938, 2069, 2074; *Rilk*, S. 152. Die Verletzung anderer Formvorschriften brachte gem. §§ 21, 27 EheG weiterhin nur die Vernichtbarkeit der Ehe mit sich.

schließung mitzuwirken[400]. Die Funktion des Standesbeamten, welcher die staatliche Gewalt repräsentierte, wurde erheblich aufgewertet, der staatliche Einfluss dadurch verstärkt. Ohne sein Einverständnis und Mitwirken konnte (und kann auch heute noch[401]) keine Ehe geschlossen werden. Durch die Änderung der entsprechenden Vorschriften des Eheschließungsrechts entfernte sich auch der Akt der Eheschließung einen weiteren Schritt vom Vertragsschluss im herkömmlichen Sinne.

Anz[402] warf die Frage auf, ob die Eheschließung noch als Vertragsschluss im rechtsgeschäftlichen Sinne angesehen werden kann oder einen Rechtsakt eigener Art darstellt. Er ließ die Frage jedoch unbeantwortet. Die Ansicht, die Eheschließung sei ein Rechtsakt eigener Art, setzte sich zu Recht nicht durch[403]. Denn solange die Eheschließenden vor dem Standesbeamten eine Willenserklärung abgeben und Willensmängel in irgendeiner Form beachtlich sind, ist und bleibt die Eingehung der Ehe ein Vertrag.

Die Nationalsozialisten begründeten den Wandel im Eherecht damit, dass Ehe und Familie die Grundlage des „völkischen Gemeinschaftslebens" seien und eine solche Betrachtung mit der liberalistischen Betrachtungsweise des BGB, die in der Ehe eine vertragsartige Zweckverbindung zur Verwirklichung individueller Interessen sehen, unvereinbar sei[404]. Da der Gesetzgeber die Eheaufhebung mit Ex-nunc-Wirkung beibehalten und 1998 sogar auf die Fälle der früheren Nichtigkeit ausgedehnt hat, stellt sich die Frage, mit welchen Argumenten diese Entwicklung *aus heutiger Sicht* begründet werden kann.

Ramm vertritt die Meinung, den Wandel der Eheanfechtung mit Ex-tunc-Wirkung zur Eheaufhebung mit Ex-nunc-Wirkung könne man nur mit der nationalsozialistischen Ideologie begründen[405]. Die Beibehaltung der Eheaufhebung

---

400 *Rilk*, S. 163; *Volkmar*, DJ 1938, 1118 f. § 1317 Abs. 1 S. 2 BGB a. F., der anordnete, dass der Standesbeamte zur Entgegennahme der Erklärung bereit sein muss, wurde zwar gestrichen, jedoch nicht, weil eine Ehe auch vor einem nicht zur Entgegennahme bereiten Standesbeamten geschlossen werden sollte, sondern weil sich aus § 15 EheG diese Notwendigkeit bereits ergab; *Lange*, AcP 145 (1939), 129, 156 f; JherJB 89 (1941), 277, 288.

401 Die Funktion des Standesbeamten wurde nach 1945 und nach der Wiedereingliederung des Eherechts in das BGB nicht rückgängig gemacht. Auch heute noch muss der Eheschließungswille gem. § 1310 BGB vor einem mitwirkungsbereiten Standesbeamten erklärt werden, welcher den Ehekonsens bezeugt. In § 1310 Abs. 1 S. 2 BGB ist sogar wieder ausdrücklich normiert, dass er seine Mitwirkung verweigern muss, wenn nicht alle Voraussetzungen der Eheschließung vorliegen oder wenn offenkundig ist, dass die Ehe nach § 1314 Abs. 2 BGB aufhebbar wäre, vgl. *Muscheler*, Familienrecht, Rn. 100.

402 *Anz*, JW 1938, 2069, 2074.

403 Zum Diskussionsstand unmittelbar nach Einführung des Ehegesetzes siehe *Lange*, AcP 145 (1939), 129, 133 f.

404 Begründung zum EheG, DJ 1938, 1102.

405 *Ramm*, FS Hippel, S. 313, 322.

mit Ex-nunc-Wirkung sei in einer freiheitlichen Rechtsordnung wie der unserigen nicht zu rechtfertigen[406] und ihre Rechtmäßigkeit fraglich[407].

Der Ansicht *Ramms* ist zu widersprechen, die Aufhebung der Ehe mit Ex-nunc-Wirkung ist einer Auflösung mit Ex-tunc-Wirkung vorzuziehen. Zwar konnte der schwächere Ehegatte durch die zahlreichen und zugleich notwendigen Ausnahmen vom Ex-tunc-Prinzip auch bei der bis 1998 bestehenden Nichtigkeitserklärung ausreichend geschützt werden. Jedoch wurden die *Ausnahmen* vom Ex-tunc-Prinzip bei der Nichtigkeitserklärung zur *Regel.* Der Gesetzgeber entschied sich deshalb richtig, die Nichtigkeitserklärung mit Ex-tunc-Wirkung abzuschaffen, um so die zahlreichen Ausnahmefälle zu beseitigen. Er begründete die Abschaffung der Ehenichtigkeit mit Ex-tunc-Wirkung damit, dass einer gelebten Ehe die rechtliche Anerkennung nicht rückwirkend versagt werden solle[408]. Dem kann nur zugestimmt werden. Die Aufhebung mit Ex-nunc-Wirkung entspricht der Lebenswirklichkeit und erleichtert die Regelung der Rechtsfolgen.

Es bleibt noch die Frage zu beantworten, womit sich die Aufhebung der Ehe mit Ex-nunc-Wirkung und die Entfernung vom Vertrag in unserer freiheitlich-demokratischen Grundordnung rechtfertigen lassen. Die Arbeit am EheG von 1938 begann bereits in den zwanziger Jahren des letzten Jahrhunderts[409]. Die nationalsozialistisch geprägten Begründungen wurden erst später hinzugefügt. Der Ursprung der Idee, das Eherecht zu reformieren, weist also keinerlei nationalsozialistische Prägung auf. Die Nationalsozialisten rechtfertigten die Ex-nunc-Wirkung der Eheaufhebung und somit auch die Entfernung der Beendigung der Ehe vom Vertrag mit Belangen der „Gemeinschaft“, wobei unter „Gemeinschaft“ die „Volksgemeinschaft“ zu verstehen war, welche erhalten und vermehrt werden sollte[410]. Anders als *Ramm* es behauptet[411], lässt sich der nationalsozialistische Gemeinschaftsbegriff durch einen nicht nationalsozialistischen ersetzen. Die Entfernung der Beendigung der Ehe vom Vertrag dient heute nicht mehr dem Schutz der *Volksgemeinschaft,* sondern in erster Linie dem Schutz der *familiären Gemeinschaft.* Durch die Entfernung vom Vertrag und die Schaffung eherechtsspezifischer Regelungen werden der schwächere Ehegatte, welcher auch heute meistens noch die Ehefrau ist, sowie die Kinder geschützt. Die Ehegatten bilden eine Solidargemeinschaft[412]. Die Ehe kann heute nicht mehr übereilt wegen eines Motiv- oder Eigenschaftsirrtums aufgehoben werden, die Ehegatten müssen das Trennungsjahr einhalten, welches sie die Scheidung vielleicht einmal überdenken lässt. Dies dient insbesondere dem Schutz der Kinder, denn

406 *Ramm,* FS Hippel, S. 313, 318.
407 *Ramm,* FS Hippel, S. 313, 338.
408 Gesetzesbegründung, BT Drucks. 13/4898, S. 18.
409 *Schmidt-Dalhoff,* S. 74; *Nehlert,* JR 1947, 69; *Wolf/Lüke/Hax,* S. 79.
410 *Anz,* JW 1938, 2069.
411 *Ramm,* FS Hippel, S. 313, 318.
412 *Stüber,* KritJ 2000, 594, 598.

auch wenn die Eltern nach der Scheidung in der Regel gem. §§ 1626, 1671 BGB das gemeinsame Sorgerecht erhalten, so ist es für Kinder doch sicherlich besser, in einer – im besten Fall intakten – Ehe aufzuwachsen.

Es war also richtig, die Eheaufhebung mit Ex-nunc-Wirkung nach 1945 beizubehalten. Man darf die Ehe nicht als eine von öffentlichen Zwecken unabhängige „schlichte menschliche Gemeinschaft“[413] bezeichnen, da man so die auch heute noch bestehende Bedeutung von Ehe und Familie für unsere Gesellschaft leugnen würde. Art. 6 Abs. 1 GG stellt Ehe und Familie unter besonderen Schutz. Er schützt nicht nur die individuelle Freiheit der Eheleute und sonstigen Familienmitglieder, sondern ebenfalls die Gemeinschaft und den Erhalt der Gemeinschaft[414]. Zwar erwähnt das Grundgesetz die Bedeutung der Ehe für die Gesellschaft, das Volk und die staatliche Gemeinschaft nicht ausdrücklich, doch lässt sich ein „überindividueller Bezug“ des Grundrechts aus seiner systematischen Stellung in der Verfassung – Art. 6 GG steht im Zusammenhang mit institutionellen, gesellschafts- und gemeinschaftsbezogenen Grundrechten (Art. 7, 8 und 9 GG) – herleiten[415]. Der Reformgesetzgeber von 1998 fügte einen Halbsatz 2 in Satz 2 § 1353 Abs. 1 BGB ein, der da lautet: „sie tragen füreinander Verantwortung“. Diese Verantwortungsgemeinschaft besteht nicht nur während der Ehe, sondern auch in abgeschwächter Form nach der Scheidung oder Aufhebung der Ehe weiter fort[416]. Die nacheheliche Verantwortung spricht eindeutig dafür, die Ehe nicht wie einen schuldrechtlichen Vertrag zu behandeln und die Ehegatten dazu zu verpflichten, nach der Aufhebung noch füreinander zu sorgen.

Entfernt man das nationalsozialistische Gedankengut und die nationalsozialistische Gesinnung aus der Gesetzesbegründung des EheG von 1938, so kann man ihr also *im Kern* zustimmen und die Entfernung der Ehe vom Vertrag mit heute gültigen Argumenten begründen. Man darf eine Ehe nicht mit einem vermögensrechtlichen Vertrag gleichsetzen[417]. Der BGB-Gesetzgeber von 1900 schaffte die Sonderregeln des Eherechts, um Rücksicht auf das Wesen der Ehe, ihren sittlichen Charakter und das öffentliche Interesse am „Institut der Ehe“ zu nehmen[418]. Heute besteht ihr Zweck darin, die familiäre Gemeinschaft zu schützen, den Familienmitgliedern sozialen Rückhalt zu gewähren und den Sozialstaat zu entlasten[419]. Der vollzogene Wandel und die Entfernung der Ehe vom Vertrag ist

---

413 *Wolf/Lüke/Hax*, S. 274; vgl. auch *Wolf*, JZ 1967, 749 ff.; JZ 1968, 172 f.; JZ 1973, 647 ff.; a. A., und die auch abzulehnende „Intstitutions-Theorie“ vertretend, *Bosch*, Familienrechtsreform, S. 45; *Müller-Freinefels*, S. 58 f.; *Mikat*, FamRZ 1963, 65, 71; *Lüderitz*, Rn. 11 f.

414 *BVerfGE* 76, 1, 45; v. Mangoldt/*Robbers*, Art. 6 Rn. 14; Schmidt-Bleibtreu/Klein/*Hofmann*, Art. 6 Rn. 3 f.

415 V. Mangoldt/*Robbers*, Art. 6 Rn. 13.

416 *Kern-Eimann*, S. 66 f.; *Muscheler*, Familienrecht, Fn. 282.

417 Vgl. *Molls*, S. 22 ff.; *Schmidt-Dalhoff*, S. 72; *Lange*, AcP 145 (1939), 129, 134.

418 *Motive*, IV, S. 44.

419 Zum letzten Argument vgl. *Stüber*, KritJ 2000, 594, 598.

also positiv zu bewerten, auch wenn dieser einen starken Verlust der dogmatischen Klarheit mit sich bringt. Er achtet die soziale Bedeutung der Ehe. Eine Umkehrung dieser Entwicklung ist nicht wünschenswert.

7. Gründe für die Reduzierung der Aufhebungstatbestände

Ein Grund für die Reduzierung und damit auch für die Einschränkungen der Möglichkeit, eine Ehe aufheben zu lassen, liegt also in der sozialen Bedeutung der Ehe. Ein weiterer, der Eheaufhebung nicht immanenter, sondern auf die äußeren Umstände zurückzuführender Grund liegt in der Vereinfachung des Scheidungsverfahrens seit In-Kraft-Treten des BGB und dem Wandel vom Verschuldens- zum Zerrüttungsprinzip. War früher die Eheanfechtung oder Nichtigkeitserklärung in manchen Fällen die einzige Möglichkeit, sich vom Partner zu trennen, so ist heute in der Regel jede Ehe nach Feststellen des Scheiterns gem. § 1565 f. BGB scheidbar. Ein Blick in den cic und die katholische Eheaufhebungspraxis einerseits und das Römische Eherecht andererseits, bestätigt diese These: Der cic sieht nicht die Möglichkeit der Ehescheidung vor, dafür aber weit mehr Aufhebungstatbestände als das heutige BGB. Im Römischen Reich hingegen war eine Ehescheidung jederzeit möglich, das Institut der Anfechtung oder Nichtigerklärung einer Ehe bestand nicht[420]. Je einfacher die Scheidung möglich ist, desto weniger besteht das Bedürfnis nach einer Aufhebung der Ehe[421].

Darüber hinaus dürfte ein weiterer, auf die äußeren Umstände zurückzuführender Grund für die Reduzierung der Aufhebungstatbestände darin zu sehen sein, dass in unserem BGB das Bild oder „Wesen der Ehe" nicht mehr klar bestimmt ist. Einzig die wenigen, sich aus § 1353 BGB ergebenden unabdingbaren Rechte und Pflichten stellen einen unstreitigen inhaltlichen Bestandteil des Wesens der Ehe dar[422]. Die Eherechtsreform von 1976 führte zu einer „Liberalisierung des Eherechts"[423] in materiellrechtlicher Hinsicht. Den Ehegatten steht es heute weitestgehend frei, den Inhalt ihrer Ehe gemeinschaftlich zu bestimmen. Deshalb ist es auch verfehlt, in § 1314 Abs. 2 Nr. 3 BGB von der „richtigen Würdigung des Wesens der Ehe" zu sprechen. Die Abschaffung des § 32 EheG (Irrtum über persönliche Eigenschaften) ist nicht nur zu begrüßen, weil dieser Fall einen typischen Fall des Scheiterns der Ehe und somit der Scheidung dar-

---

420 Siehe S. 33.

421 Die vereinfachte Scheidungsmöglichkeit steht nicht im Widerspruch zur sozialen Bedeutung der Ehe: Zwar kann eine Ehe heute durch die Scheidung leichter aufgelöst werden als noch vor 30 Jahren. Die *Folgen* der Scheidung beachten heute die soziale Bedeutung der Ehe jedoch mehr als je zuvor. Darüber hinaus muss bei der Scheidung in der Regel das Trennungsjahr gem. § 1565 BGB eingehalten werden, welches den Ehegatten die Möglichkeit verschafft, das Scheidungsvorhaben nochmals zu überdenken.

422 Vgl. S. 75 ff.

423 *Bosch*, FamRZ 1977, 569, 571.

stellt, sondern auch, weil nicht bestimmt werden kann, welche persönliche Eigenschaft bei verständiger Würdigung des Wesens der Ehe von der Eheschließung abgehalten hätte.

Noch deutlicher zeigt sich der Zusammenhang zwischen dem immer weniger definierten Ehebild und den abnehmenden Aufhebungstatbeständen bei Betrachtung der Eheverbote. Heute existieren nur noch drei Eheverbote: Das Bigamieverbot gem. § 1306 BGB und das Verbot bei naher Verwandtschaft und Adoption, §§ 1307, 1308 BGB. Sie verbieten ein Verhalten, dass auch strafrechtlich sanktioniert wird (§§ 171, 173 StGB). Somit sind die Eheverbote auf das Nötigste beschränkt. Das Gesetz lässt die Ehegatten also nicht nur größtenteils darüber entscheiden, wie sie die Ehe gestalten, sondern auch, mit wem sie die Ehe schließen. Früher hingegen bestanden zahlreiche Eheverbote, die zur Nichtigkeit der Ehe führten: Zum Beispiel das Eheverbot der Geschlechtsgemeinschaft, des Ehebruchs [beide (endgültig) 1976 entfallen], der Heiratserlaubnis für Soldaten und verschiedene Beamtengruppen sowie das Eheverbot der Blutverschiedenheit und des Mangels der Ehetauglichkeit (1946 abgeschafft)[424]. Der Staat schrieb mittels dieser Eheverbote vor, mit wem eine Ehe eingegangen werden durfte. Es spiegelte sich in diesen Verboten aber auch eine bestimmte Ideologie, Moralvorstellung oder Ehebild des Gesetzgebers wieder, welches er den Bürgern durch das Gesetz auferlegte. In den beiden letztgenannten Verboten zeigt sich deutlich die nationalsozialistische Ideologie, in den beiden erstgenannten die christliche Moralvorstellung. Da heute die inhaltliche Gestaltung der Ehe größtenteils den Ehegatten überlassen ist, stellt es sich nur als konsequent und richtig dar, Eheverbote, die eine bestimmte Moral oder Ideologie widerspiegeln, abzuschaffen.

Seit In-Kraft-Treten des BGB vollzog sich also folgende Entwicklung: Bezüglich der Auflösung nahm der vertragliche Charakter der Ehe ab, bezüglich der inhaltlichen Ausgestaltung nahm er zu. Diese Entwicklung vollzog sich nicht unabhängig voneinander. Denn die immer größer werdende inhaltliche Gestaltungsfreiheit führte zum Verlust eines genau bestimmbaren Bildes der Ehe und ist neben der vereinfachten Scheidungsmöglichkeit der Hauptgrund für die Reduzierung der Aufhebungstatbestände und der Entfernung der Eheschließung und Eheaufhebung vom Vertrag.

Eine Kehrtwende dieser Entwicklung, also eine Ausweitung der Aufhebungstatbestände und eine erneute Annäherung der Ehe an einen vermögensrechtlichen Vertrag sowie eine Einschränkung bezüglich der inhaltlichen Gestaltungsfreiheit ist weder absehbar noch wünschenswert.

IV. Ausschluss der Aufhebung

Auch wenn ein Sachverhalt alle Voraussetzungen eines Eheaufhebungstatbestands erfüllt, so kann die Aufhebung trotzdem noch aus verschiedenen Grün-

---

[424] Vgl. Staudinger/*Strätz*, Vor §§ 1306 ff. Rn. 6.

den – nämlich Bestätigung, Fristablauf, Verzicht und Rechtsmissbrauch – ausgeschlossen sein.

Gem. § 1315 Abs. 1 Nr. 3 BGB ist im Fall des § 1314 Abs. 2 Nr. 1 BGB die Aufhebung der Ehe ausgeschlossen, wenn der Ehegatte nach Wegfall der Bewusstlosigkeit oder der Störung der Geistestätigkeit zu erkennen gegeben hat, dass er die Ehe fortsetzen will, in den Fällen des § 1314 Abs. 2 Nr. 2-4 BGB, wenn der Ehegatte dies nach Entdeckung des Irrtums oder der Täuschung oder nach Aufhören der Zwangslage zu erkennen gegeben hat (Bestätigung). Die Aufhebungsgründe des § 1314 Abs. 2 Nr. 1-4 BGB zielen darauf ab, die Interessen des Ehegatten, der bei Eheschließung einem Willensmangel unterlag, zu schützen[425]. Der Schutz verliert seinen Sinn, wenn dieser Ehegatte zu erkennen gibt, dass er den Mangel als irrelevant betrachtet und die Ehe trotz Willensmangels weiter fortsetzen will[426]. Ein Ausschluss der Aufhebung kommt nicht nur aufgrund von Bestätigung, sondern auch wegen Fristablaufs (§ 1317 BGB), Verzichts und Rechtsmissbrauchs in Betracht. Sinn und Zweck dieser Normen und Institutionen bestehen darin, die gelebte Ehe aufrecht zu erhalten.

1. Bestätigung, § 1315 BGB

Die Bestätigung gem. § 1315 Abs. 1 BGB setzt eine noch nicht rechtskräftig aufgehobene Ehe, Kenntnis des Aufhebungsgrundes sowie die Manifestation des Willens, die Ehe weiter fortsetzen zu wollen, voraus.

Kenntnis des Aufhebungsgrundes erfordert, dass der aufhebungsberechtigte Ehegatte alle Tatsachen, welche die Aufhebung rechtfertigen, ausreichend kennt, ein bloßer Verdacht oder Kennenmüssen reicht nicht aus. Der Ehegatte muss jedoch keine positive Kenntnis von dem konkreten Aufhebungs*grund* haben[427].

Der Ehefortsetzungswille liegt vor, wenn der aufhebungsberechtigte Ehegatte den Willen, die Ehe fortzusetzen, fasst und diesen nach außen hin ausdrücklich erklärt oder erkennbar durch sein Verhalten manifestiert[428], beispielsweise durch die Wiederaufnahme der Geschlechtsgemeinschaft[429]. In einem kurzfristigen Versuch, die Ehe nach Entdeckung des Irrtums, der Täuschung oder nach Beendigung der Zwangslage weiterzuführen, kann man jedoch grundsätzlich keine Bestätigung sehen[430]. Ob das Verhalten auf einen Fortsetzungswillen schließen

---

425 Staudinger/*Klippel*, § 1314 Rn. 2.

426 Johannsen/*Henrich*, § 1315 Rn. 2.

427 Soergel/*Heintzmann*, § 31 EheG Rn. 5; Staudinger/*Klippel*, § 1315 Rn. 5.

428 *BGH* FamRZ 1983, 450 f.

429 *RG* DR 1943, 150. Der Ehegatte bringt den Fortsetzungswillen durch den ehelichen Verkehr jedoch nur dann zum Ausdruck, wenn keine anderen Umstände dagegen sprechen, *RGZ* 165, 121, 123.

430 *RGZ* 163, 139, 142; Johannsen/*Henrich*, § 1315 Rn. 17; Staudinger/*Klippel*, § 1315 Rn. 3.

lässt, bemisst sich nach objektiven Maßstäben und nicht nach der Sicht des anderen Ehegatten[431].

Die Bestätigung ist nach allgemeiner Meinung kein Rechtsgeschäft, sondern nur eine Rechts*handlung*, mit der Folge, dass die §§ 116 ff. BGB keine Anwendung finden[432]. Im Fall des § 1314 Abs. 2 Nr. 1 BGB kann die Bestätigung erfolgen, wenn der Ehegatte wieder fähig ist, über seinen Willen frei zu bestimmen, in den Fällen von Irrtum, Täuschung oder Drohung nach Entdeckung des Irrtums beziehungsweise der Täuschung oder nach Beendigung der Zwangslage[433].

2. Verzicht und Rechtsmissbrauch

In der Literatur wird teilweise diskutiert, ob die Ehegatten nachträglich wirksam auf ihr Aufhebungsrecht *verzichten* können[434]. Diesem Problem kommt jedoch keine praktische Relevanz zu, da der Verzicht den Tatbestand der Bestätigung erfüllt[435], weshalb er hier auch nicht näher erörtert werden soll.

Weiterhin besteht die Möglichkeit, die Aufhebung der Ehe im Fall der arglistigen Täuschung wegen *Rechtsmissbrauchs* auszuschließen. Gem. § 32 Abs. 2 HS. 2 EheG konnte eine Ehe trotz Irrtums über eine persönliche Eigenschaft nicht mehr aufgehoben werden, wenn das Verlangen nach Aufhebung der Ehe mit Rücksicht auf die bisherige Gestaltung des ehelichen Lebens der Ehegatten als sittlich nicht gerechtfertigt erschien. Zwar ließ sich diese Norm nicht analog auf alle anderen Fälle der Aufhebung wegen Willensmangels anwenden, jedoch kann man ihren Rechtsgedanken auf den Fall der arglistigen Täuschung übertragen[436]. Die arglistige Täuschung führt nämlich ebenfalls zu einem Irrtum über eine persönliche Eigenschaft. Des Weiteren ist auch hier – anders als in den Fällen des § 1314 Abs. 2 Nr. 1-2 und 4 BGB – die Freiheit des Eheschließungswillens nicht ganz ausgeschlossen, sondern lediglich beeinträchtigt und der Eheschließungsmangel nicht so schwerwiegend. Das Aufhebungsbegehren ist sittlich nicht gerechtfertigt und stellt einen Fall der unzulässigen Rechtsausübung dar, wenn die Aufhebung allein deswegen angestrebt wird, um sich einer anderen Person zuzuwenden[437], wenn kein schwerwiegender Fall der arglistigen Täu-

---

431 *RG* DR 1944, 840; Johannsen/*Henrich*, § 1315 Rn. 8; RGRK/*Lohmann*, § 1315 Rn. 9.
432 MünchKokmm/*Gindullis*, 3. Aufl., § 32 EheG Rn. 21; Staudinger/*Klippel*, § 1315 Rn. 3.
433 Johannsen/*Henrich*, § 1315 Rn. 16.
434 Soergel/*Heintzmann*, Vor § 28 EheG Rn. 3.
435 Staudinger/*Klippel*, § 1315 Rn. 7.
436 Staudinger/*Klippel*, § 1315 Rn. 8.
437 *BGHZ* 5, 186, 188: In diesem Fall beantragte der Mann die Aufhebung der Ehe, weil seine Frau ihm verschwiegen hatte, dass er nicht der Einzige war, der als Vater ihrer Tochter in Betracht kam. Ein Fall des Rechtsmissbrauchs liegt vor, wenn der Mann die Aufhebung nicht wegen der Täuschung beantragt, sondern nur, weil er den Ehebund als lästig empfindet und diesen lösen will, um sich einer anderen Frau zuzuwenden. Siehe auch *BGH* FamRZ 1958, 314 f.

schung vorliegt und die Täuschung sich nur geringfügig auf das eheliche Leben auswirkt oder die Ehe sich während eines langen Zeitraums bewährt hat und der Täuschende aus sittlich billigenswerten Gründen an der Ehe festhalten möchte[438]. Es liegt jedoch nicht allein schon dann ein Fall der unzulässigen Rechtsausübung vor, wenn der getäuschte Ehegatte bereits vor Entdeckung der Täuschung die Ehe auflösen wollte, weil die Eheleute einfach nicht zusammenpassen und dann, nach Entdeckung der arglistigen Täuschung, den Weg der Aufhebung wählt[439]. Letztendlich entscheiden die Umstände des Einzelfalls, ob die Aufhebung sittlich gerechtfertigt ist, also gegen das Anstandsgefühl aller billig und gerecht Denkenden verstößt[440], oder nicht. Trifft letzteres zu, so scheidet eine Aufhebung der Ehe aus.

V. Verfahren

Das Verfahren der Eheaufhebung zählt zu den Eheverfahren, die Spezialvorschriften der §§ 606 ff., 631 ZPO finden Anwendung. Antragsberechtigung und -frist regelt das BGB (§§ 1316, 1317 BGB). Bestehen keine Spezialvorschriften, so sind die allgemeinen verfahrensrechtlichen Vorschriften der ZPO anzuwenden. Wie beim Scheidungsverfahren spricht man heute nicht mehr von Klage, Kläger und Beklagtem, sondern von Antrag, Antragssteller und Antragsgegner[441]. Der Aufhebungsantrag ist beim zuständigen Prozessgericht, dem Familiengericht (§§ 23 a Nr. 4, 23 b Abs. 1 Nr. 1 GVG), zu stellen. Die örtliche Zuständigkeit regelt § 606 ZPO. Das Verfahren wird gem. § 631 Abs. 2 S. 1 ZPO durch Einreichen der Antragsschrift anhängig. Das Vorliegen des Aufhebungsgrundes hat der Antragssteller, seinen Ausschluss der Antragsgegner zu beweisen. Das Gericht kann gem. § 616 Abs. 1 ZPO auch von Amts wegen eine Beweisaufnahme anordnen und solche Tatsachen berücksichtigen, welche die Ehegatten nicht vorgebracht haben. Es gilt der Untersuchungsgrundsatz. Jedoch darf das Gericht gem. § 616 Abs. 2 ZPO gegen den Widerspruch der Ehegatten nur „ehefreundliche" Tatsachen, also solche, die dazu geeignet sind, dem Erhalt der Ehe zu dienen, berücksichtigen. Ist der Antrag zulässig und begründet, so hebt das Gericht die Ehe gem. § 1313 BGB durch Urteil auf. Sind nur die beiden Ehegatten am Verfahren beteiligt und hat der Antrag Erfolg, sind die Kosten gegeneinander aufzuheben (§ 93 a Abs. 3 ZPO). Das Gericht kann jedoch die Kosten gem. § 93 a Abs. 3 S. 2 ZPO nach billigem Ermessen anderweitig verteilen. Wird der Antrag abgewiesen, trägt die Kosten der Antragssteller gem. § 91 ZPO. Stellt hingegen die Verwaltungsbehörde den Aufhebungsantrag und hat dieser Erfolg, so haben die Ehegatten als Antragsgegner die Kosten hälftig gem.

---

438 *BGH* FamRZ 1958, 314 f.
439 *BGHZ* 29, 265, 269.
440 *BGHZ* 29, 265, 269.
441 Zöller/*Philippi*, § 631 Rn. 1.

§§ 93 a Abs. 4, 91, 100 Abs. 1 ZPO zu tragen[442]. Unterliegt die Verwaltungsbehörde, trägt gem. § 631 Abs. 5 ZPO die Staatskasse auch die außergerichtlichen Kosten der Antragsgegner.

1. Antrag auf Scheidung und Aufhebung

Gem. § 610 Abs. 1 ZPO können die Verfahren auf Herstellung des ehelichen Lebens und auf Scheidung mit dem Verfahren auf Aufhebung der Ehe verbunden werden. Werden Aufhebung der Ehe und Scheidung kumulativ im selben Rechtsstreit geltend gemacht[443], und sind beide Anträge begründet, so ist gem. § 631 Abs. 2 S. 2 ZPO nur auf Aufhebung der Ehe zu erkennen. Der Aufhebungsantrag ist immer vorrangig. Wird der Antrag auf Aufhebung der Ehe jedoch erst *nach* erfolgter Scheidung gestellt, so hat der Antrag keinen Erfolg, da das Rechtschutzinteresse für das Begehren auf nochmalige Herbeiführung der bereits eingetretenen Gestaltungswirkung (Auflösung der Ehe) fehlt[444]. Man hat den Antrag so zu verstehen, dass die Rechtsfolgen des § 1318 BGB nachträglich auf die geschiedene Ehe anzuwenden sind[445].

2. Antragsberechtigung, § 1316 BGB

Antragsberechtigung und Antragsfrist sind nicht in der ZPO geregelt, sondern es finden sich Spezialregelungen im BGB, da es sich bei diesen Voraussetzungen um materiellrechtliche handelt[446]. Liegen sie nicht vor, so ist der Antrag unbegründet.

Antragsberechtigt sind gem. § 1316 Abs. 1 Nr. 1 BGB im Falle des § 1314 Abs. 2 Nr. 1 BGB *beide* Ehegatten (auch der bösgläubige Ehegatte)[447] und die zuständige Verwaltungsbehörde. § 1316 Abs. 1 Nr. 1 S. 2 und 3 BGB ermächtigen die Landesregierungen durch Rechtsverordnung die zuständige Verwaltungsbehörde zu bestimmen oder die Ermächtigung auf die zuständige oberste Landesbehörde zu übertragen. In Nordrhein-Westfalen sind beispielsweise die Bezirkregierungen Köln und Arnsberg die zuständigen Behörden[448]. Stellt die Verwaltungsbehörde den Antrag auf Aufhebung, so sind gem. § 631 Abs. 4 ZPO beide Ehegatten Antragsgegner in notwendiger Streitgenossenschaft (§ 62 ZPO).

Vor der Eherechtsreform im Jahr 1998 lag die Antragsberechtigung nicht bei einer Behörde, sondern gem. § 24 Abs. 1 EheG bei der Staatsanwaltschaft.

---

442 Zöller/*Philippi*, § 631 Rn. 19.

443 Diese Verfahrensverbindung ist die praxisrelevanteste, vgl. Staudinger/*Klippel*, Vor §§ 1313 ff. Rn. 30.

444 *BGH* NJW 1996, 2727 f.

445 *BGH* NJW 1996, 2727, 2729.

446 Die Antragsfrist ist eine von Amts wegen zu prüfende materiell-rechtliche Ausschlussfrist, Staudinger/*Klippel*, § 1317 Rn. 4.

447 *Zöller*, § 631 Rn. 10.

448 VO v. 26.5.1998, GVBl. 391. Für die Zuständigkeit in den anderen Ländern siehe *Zöller*, § 631 Rn. 11.

Durch die Übertragung der Zuständigkeit auf eine Behörde sollte eine „Entkriminalisierung" des Eherechts erreicht werden[449]. Jedoch drängt sich die Frage auf, weshalb es im Fall des § 1314 Abs. 2 Nr. 1 BGB überhaupt einer dritten, nicht an der Ehe beteiligten Person (in diesem Fall der Behörde) zusteht, die Aufhebung der Ehe zu beantragen. Vielleicht lässt sich das Antragsrecht der Behörde im Fall eines Verstoßes gegen ein Eheverbot, beispielsweise bei einer Ehe zwischen nahen Verwandten (§§ 1307, 1308 BGB), Bigamie (§1306 BGB) oder Eheunmündigkeit (§ 1303 BGB), noch mit der Begründung rechtfertigen, es sei Aufgabe der Verwaltungsbehörde, im öffentlichen Interesse für die Wiederherstellung der Rechtsordnung zu sorgen[450]. Jedoch ist völlig unklar, weshalb der Verwaltung im Fall des § 1314 Abs. 2 Nr. 1 BGB ein Antragsrecht zusteht. Es liegt, wie in allen anderen Fällen des § 1314 Abs. 2 BGB, ein Willensmangel vor, der Eheschließungswille wurde nicht fehlerfrei gebildet. Weshalb im Fall der Nr. 1 ein größeres Interesse an der Wiederherstellung der Rechtsordnung bestehen soll als in den Fällen der Nr. 2-4, ist unklar. Auch hier sollte es die alleinige Entscheidung der Ehegatten bleiben, ob sie die Ehe aufheben wollen oder nicht. Das Antragsrecht der Behörde ist im Fall des § 1314 Abs. 2 Nr. 1 BGB also ungerechtfertigt und verfehlt.

In den Fällen des § 1314 Abs. 2 Nr. 2-4 BGB steht das Antragsrecht nur dem in der Vorschrift genannten Ehegatten zu, also demjenigen, der einem Willensmangel unterliegt. Das Antragsrecht kann ausnahmsweise aber auch beiden Ehegatten zustehen, wenn beide Ehegatten nicht gewusst haben, dass es sich um eine Eheschließung handelte oder ein Dritter beide Ehegatten bedroht hat. Dem minderjährigen Ehegatten steht es gem. § 1316 Abs. 2 S. 2 HS. 2 BGB zu, den Antrag auf Aufhebung selber zu stellen. Er bedarf hierfür nicht der Zustimmung seines gesetzlichen Vertreters. Prozessfähig ist er gem. § 607 Abs. 1 ZPO. Diese Normen sind insbesondere im Hinblick auf die in Deutschland existierenden Zwangsehen von Bedeutung: Hat ein Minderjähriger der Eheschließung nur zugestimmt, weil seine Eltern massiven Druck auf ihn ausgeübt haben und will er nun de Ehe beenden, so kann dies ohne die Zustimmung der Eltern geschehen. Der Geschäftsunfähige hingegen kann den Antrag auf Aufhebung nicht stellen, er muss sich gem. § 1316 Abs. 2 S. 2 BGB von seinem gesetzlichen Vertreter vertreten lassen.

3. Antragsfrist, § 1317 BGB

Um Rechtssicherheit zu erlangen und die gelebte Ehe zu schützen, kann der Antrag auf Aufhebung der Ehe nur innerhalb der Frist des § 1317 BGB gestellt werden.

---

[449] BR-Drucks. 79/96, S. 53.

[450] Vgl. Staudinger/*Klippel*, § 1316 Rn. 6.

a) Aktuelle Rechtslage

Gem. § 1317 Abs. 1 BGB beträgt die Antragsfrist in den Fällen des § 1314 Abs. 2 Nr. 2-4 BGB ein Jahr. Sie läuft ab Entdeckung des Irrtums beziehungsweise der Täuschung oder mit Beendigung der Zwangslage. Im Fall des § 1314 Abs. 2 Nr. 1 BGB besteht keine Frist, der Antrag auf Aufhebung kann also noch Jahre nach der Eheschließung und Entdeckung des Willensmangels gestellt werden[451]. Sinn und Zweck des § 1317 BGB ist es, im Interesse der Ehegatten und der Öffentlichkeit möglichst schnell Klarheit über das Bestehen oder Nichtbestehen von Aufhebbarkeit der Ehe zu schaffen[452]. Bei der Antragsfrist handelt es sich um eine Ausschlussfrist, die von Amts wegen zu berücksichtigen ist[453]. Die Ehegatten können sie nicht abbedingen oder eine Verlängerung oder Verkürzung vereinbaren[454]. Ein Fristversäumnis hat den Ausschluss der Aufhebung zur Folge[455].

b) Zwangsheirat-Bekämpfungsgesetz

Der Entwurf des Zwangsheirat-Bekämpfungsgesetzes des Bundesrats sieht vor, die Antragsfrist im Fall der widerrechtlichen Drohung auf drei Jahre zu verlängern. § 1317 Abs. 1 S. 1 BGB soll lauten: „Der Antrag kann in den Fällen des § 1314 Abs. 2 Nr. 2 und 3 BGB nur binnen eines Jahres, im Falle des § 1314 Abs. 2 Nr. 4 BGB nur binnen drei Jahren gestellt werden“[456]. Die Verlängerung der Antragsfrist soll der besonderen emotionalen Situation des genötigten Ehegatten Rechnung tragen, denn dieser sei aufgrund der hohen emotionalen Belastung oft erst nach einer gewissen Zeit in der Lage, die Aufhebung der Ehe aktiv zu betreiben[457]. Der beim Bundesrat eingebrachte Gesetzesantrag des Landes Baden-Württemberg sah noch, um die Besonderheiten des Einzelfalls ausreichend berücksichtigen zu können, eine völlige Streichung der Antragsfrist im Fall der widerrechtlichen Drohung vor[458]. Hiergegen sprach sich jedoch das Land Berlin in seinem Gesetzentwurf aus. Es schlug eine dreijährige Frist vor[459], da nach drei Jahren mehr dafür spreche, dass sich der Ehegatte mit seiner zunächst unter Zwang eingegangenen Ehe abgefunden habe, und irgendwann auch einmal Rechtssicherheit entstehen müsse. Nach über drei Jahren sei den Betrof-

---

451 Staudinger/*Klippel*, § 1317 Rn. 3. Vgl. auch Johannsen/*Henrich*, § 1317 Rn. 1.
452 Johannsen/*Henrich*, § 1317 Rn. 2; MünchKomm/*Gindullis*, § 1317 Rn. 1.
453 Johannsen/*Henrich*, § 1317 Rn. 2; MünchKomm/*Gindullis*, § 1317 Rn. 2.
454 Johannsen/*Henrich*, § 1317 Rn. 2; Staudinger/*Klippel*, § 1317 Rn. 1.
455 *BGHZ* 25, 66, 74.
456 BR-Drucks. 546/05, S. 2.
457 BR-Drucks. 546/05, S. 13.
458 BR-Drucks. 767/04, S. 2, 9.
459 BR-Drucks. 436/05, S. 2.

fenen dann auch eine Scheidung zumutbar[460]. Diese Lösung empfahlen schließlich auch die für diesen Themenbereich zuständigen Ausschüsse des Bundesrats (Rechtsausschuss, Ausschuss für Frauen und Jugend und Ausschuss für Familien und Senioren)[461], und man änderte den Antrag des Landes Baden-Württemberg in diesem Punkt entsprechend der Empfehlung der Ausschüsse und des Gesetzantrags des Landes Berlin[462]. Schließlich stimmte der Bundesrat am 8.7.2005 dafür, den Gesetzentwurf Baden-Württemberg mit den entsprechenden Änderungen, also auch mit der dreijährigen Antragsfrist, in den Bundestag einzubringen[463].

Eine dreijährige Antragsfrist befürwortet ausdrücklich auch die Bundestagsfraktion von BÜNDIS 90/Die Grünen[464]. Die Bundesregierung spricht sich jedoch gegen eine solche Fristverlängerung aus[465]. Denn die Frist diene dazu, möglichst schnell Rechtsklarheit zu schaffen. Zudem könnten auch durch widerrechtliche Drohung hervorgerufene Willenserklärungen gem. § 124 Abs. 1 BGB nur innerhalb eines Jahres angefochten werden[466]. Außerdem sei ihr kein Fall bekannt, bei dem die Eheaufhebung wegen Verstreichens der Frist gescheitert sei.

Diese Behauptung kann widerlegt werden: Im Oktober 2003 wies das AG Burgwedel den Antrag einer türkischstämmigen Frau auf Aufhebung der Ehe wegen widerrechtlicher Drohung mit der Begründung, er sei verfristet, ab[467]. Zwar war in diesem Fall auch noch fraglich, ob eine widerrechtliche Drohung überhaupt vorlag, den Tatsachenvortrag der Antragstellerin erachtete das Gericht nicht als ausreichend. Grund der Ablehnung war jedoch vordergründig die Verfristung. Die Antragsstellerin behauptete, von ihren Eltern zur Eheschließung in der Türkei durch widerrechtliche Drohung genötigt worden zu sein. Nach Auffassung des Gerichts endete die etwaige Zwangslage mit der Eheschließung, was fragwürdig erscheint, da das voraussetzen würde, dass die Eltern ihrer Tochter nach geschlossener Ehe gewissermaßen freigestellt hätten, ob sie die Ehe weiter fortführen wolle oder nicht. Dieser Sachverhalt ist kaum denkbar. Unterstellt man jedoch auch diesen Umstand, so hätte der Antrag auf

---

460 BR-Drucks. 436/05, S. 13; vgl. auch Bundesrat, Stenographischer Bericht, 812. Sitzung v. 17.6.2005, Plenarprotokoll 812, S. 247.

461 BR-Drucks. 546/05.

462 BR-Drucks 546/1/05.

463 Bundesrat, Stenographischer Bericht, 813. Sitzung v. 8.7.2005, Plenarprotokoll 813, S. 288.

464 Antrag der Fraktion BÜNDNIS 90/Die Grünen, BT-Drucks. 16/61, S. 4, 7.

465 Antwort der Bundesregierung auf die Kleine Anfrage der Fraktion DIE LINKE, BT-Drucks. 16/412, S. 6; Stellungnahme der Bundesregierung zum Entwurf des Zwangsheirat-Bekämpfungsgesetzes, BT-Drucks. 16/1035, Anlage 2.

466 Stellungnahme der Bundesregierung zum Entwurf des Zwangsheirat-Bekämpfungsgesetzes, BT-Drucks. 16/1035, Anlage 2.

467 *AG Burgwedel* FPR 2004, 222.

Aufhebung innerhalb eines Jahres nach Eheschließung gestellt werden müssen. Die Ehefrau unternahm aber nichts. Weshalb sie über ein Jahr wartete, ob dies aufgrund der hohen emotionalen Belastung oder aus anderen Gründen geschah, lässt sich nicht genau aus dem Urteil schließen. Die These der Bundesregierung kann durch dieses Urteil jedenfalls teilweise widerlegt werden: Es ist falsch, dass kein Fall bekannt ist, in dem die Aufhebung der Ehe aufgrund widerrechtlicher Drohung an der Versäumung der Antragsfrist scheiterte.

Die Frage, ob in dem konkreten Fall die Frist wegen der starken emotionalen Belastung nach Beendigung der Drohung versäumt wurde, bleibt ungeklärt. Jedoch zeigt der Alltag in den Beratungsstellen für junge, gegen ihren Willen verheiratete Frauen, dass viele erst nach Ablauf der Frist Hilfe suchen[468], weil sie, wenn sie eine „Importbraut" sind, fürchten, in ihr Heimatland zurückgeschickt und von ihrer eigenen Familie verstoßen zu werden. In diesen Fällen leiden die Frauen tatsächlich unter einer schweren emotionalen Belastung, sie haben Angst vor ihren Familien. Die Behauptung der Bundesregierung, dass es Fälle, in denen die Aufhebung der Ehe scheiterte, weil die Frau den Antrag aufgrund der emotional belastenden Situation zu spät gestellt hat, nicht gäbe, ist folglich falsch. Hinzu kommt, dass gerade erst kurze Zeit in Deutschland lebende Migrantinnen wohl nicht wissen, dass die Möglichkeit besteht, eine aufgrund widerrechtlicher Drohung eingegangene Ehe aufheben zu lassen. Bestimmt wissen sie aber nicht, dass der entsprechende Antrag innerhalb eines Jahres nach Beendigung der Drohsituation gestellt werden muss. Würde die Frist auf drei Jahre verlängert werden, so hätten sie mehr Zeit um Beratungsstellen aufzusuchen, sich über die Rechtslage zu informieren und die entsprechenden Schritte einzuleiten.

Die Behauptung der Bundesregierung, dass auch andere, durch widerrechtliche Drohung hervorgerufene Willenserklärungen nur innerhalb eines Jahres angefochten werden könnten[469], ist ebenfalls falsch. Das BGB sieht zwar grundsätzlich, nämlich in den Fällen der §§ 124 Abs. 1, 1317 Abs. 1 S. 1, 1762 Abs. 2 S. 2 lit. c), 2082 Abs. 1, 2283Abs. 2 BGB, eine Antrags- oder Anfechtungsfrist von einem Jahr vor, im Fall der widerrechtlichen Drohung bei Erbschaftsausschlagung gem. § 1954 Abs. 1 BGB jedoch nur eine Frist von sechs Wochen, bei Auslandsbezug gem. § 1954 Abs. 3 BGB eine Frist von sechs Monaten. Ausnahmen von der Jahresfrist sind also, soweit gesetzlich angeordnet, grundsätzlich möglich.

Dass eine solche Ausnahme im Fall der widerrechtlichen Drohung bei Eingehung der Ehe notwendig ist, zeigt folgendes Beispiel: Eine ausländische, in Deutschland eigentlich nicht aufenthaltsberechtigte Frau heiratet im Ausland

---

468 *Kelek*, S. 229.

469 Stellungnahme der Bundesregierung zum Entwurf des Zwangsheirat-Bekämpfungsgesetzes, BT-Drucks. 16/1035, Anlage 2.

einen ausländischen Mann, der eine Niederlassungs- oder Aufenthaltserlaubnis im Sinne des § 30 Abs. 1 Nr. 2-4 AufenthG besitzt. Die Ehe ist die Frau nur eingegangen, weil ihre Eltern sie bedroht haben. Mit der Eheschließung und der anschließenden Einreise nach Deutschland endet die Drohsituation. In Deutschland bekommt die Ehefrau eine von ihrer Ehe abhängige, zweckgebundene Aufenthaltserlaubnis gem. § 30 Abs. 1 AufenthG erteilt. Da sie ihren Mann nicht liebt und ihn nicht freiwillig geheiratet hat, möchte sie sich von ihm trennen. In ihr Heimatland will sie aber nicht zurückkehren, da sie dort mit schweren Repressalien seitens ihrer Familie rechnen muss.

Lässt sie die Ehe erst nach Ablauf von zwei Jahren scheiden oder, was de lege lata nicht möglich ist, aufheben, so wird ihr Aufenthaltsrecht gem. § 31 Abs. 1 S. 1 Nr. 1 AufenthG als ein eigenständiges, vom Familiennachzug unabhängiges Aufenthaltsrecht für ein Jahr verlängert. In diesem Jahr hat sie dann die Möglichkeit, für eine selbständige Sicherung ihres Lebensunterhalts zu sorgen, sodass eine Erteilung der Aufenthaltserlaubnis gem. § 5 AufenthG möglich wäre.

Beantragt sie innerhalb der ersten zwei Ehejahre die Aufhebung oder Scheidung, so verliert sie ihren Aufenthaltsstatus. Eine Aufenthaltserlaubnis könnte sie nur bei Erfüllung der allgemeinen Erteilungsvoraussetzungen erlangen[470], oder sie könnte darauf hoffen, dass ihre Situation als Härtefall i.S.d. § 31 Abs. 2 AufenthG anerkannt und die Aufenthaltserlaubnis um ein Jahr verlängert wird. Ein Härtefall liegt gem. § 31 Abs. 2 S. 2 AufenthG vor, wenn dem Ehegatten wegen der aus der Auflösung der ehelichen Lebensgemeinschaft erwachsenden Rückkehrverpflichtung eine erhebliche Beeinträchtigung seiner schutzwürdigen Belange droht. Dazu zählen auch gesellschaftliche Nachteile wie Bedrohung oder Gefährdung[471] wegen Verletzung der Familienehre[472]. Es besteht also die Möglichkeit, dass die bedrohte Ehefrau die Voraussetzungen der Härtefallregelung erfüllt[473] und eine eigenständige Aufenthaltserlaubnis erhält. Die Wahrnehmung dieser Möglichkeit setzt jedoch fundierte Rechtskenntnis voraus, welche eine erst kurze Zeit in Deutschland lebende Migrantin in der Regel nicht besitzt. Will sie den unmittelbaren Verlust ihrer Aufenthaltserlaubnis vermeiden, so ist die sicherste Möglichkeit, die ersten beiden Ehejahre abzuwarten und nach der Trennung eine Verlängerung ihrer Aufenthaltsgenehmigung gem. § 31 Abs. 1 Nr. 1 AufenthG zu beantragen. Endete die Zwangslage jedoch, wie im geschilderten Fall mit oder kurz nach der Eheschließung, so ist die Antragsfrist de lege lata nach zwei Jahren schon abgelaufen und eine Aufhebung ist nicht mehr möglich. Die Frau hat also die Wahl, entweder die Ehe aufheben zu lassen und darauf zu hoffen, eine Aufenthaltserlaubnis gem. § 31 Abs. 2 AufenthG zu bekommen oder die Ehe erst nach zwei Jahren scheiden zu lassen, was gegenüber

---

470 Vgl. Ziff. 31.0.1. zu § 31 AufenthG.

471 Vgl. Ziff. 31.2.4.3. zu § 31 AufenthG.

472 *Renner,* § 31AufenthG Rn. 14.

473 So auch *Schubert/Moebius,* ZRP 2006, 33, 36.

der Eheaufhebung erhebliche Nachteile (zum Beispiel längeres Verfahren, Nachteile auf Rechtsfolgenseite) mit sich bringt, und eine Verlängerung der Aufenthaltserlaubnis zu beantragen. Diese Rechtslage ist für den bedrohten Ehegatten zu unsicher. Eine Verlängerung der Antragsfrist auf drei Jahre, wie der Gesetzentwurf des Bundesrats sie vorschlägt, würde für die betroffenen Frauen mehr Sicherheit bedeuten.

VI. Rechtsfolgen der Aufhebung der Ehe

1. Einführung

Nach der heutigen Rechtslage kann jede gescheiterte Ehe geschieden werden. Betrachtet man nur die Tatbestandsseite, so stellt sich die Frage, worin man die Existenzberechtigung des Instituts der Eheaufhebung sehen kann. Ein erheblicher Unterschied zwischen Scheidung und Eheaufhebung liegt auch heute noch in den unterschiedlichen Rechtsfolgen der beiden Institute. Diese sollen im nächsten Abschnitt näher betrachtet werden.

Die Folgen der Aufhebung regelt § 1318 BGB. Auch wenn der Wortlaut der Norm den Eindruck erweckt, die Folgen der Scheidung fänden „nur" in bestimmten Fällen der Aufhebung Anwendung, so ist dies tatsächlich doch in der Mehrheit der Fälle: § 1318 BGB schließt die Möglichkeit der Anwendung des Scheidungsfolgenrechts nur im Fall der Scheinehe, § 1314 Abs. 2 Nr. 5 BGB, aus. Anders als noch das Ehegesetz erklärt die Norm nur die *aufgezählten* Rechtsfolgen der Scheidung (Unterhalt, Zugewinnausgleich, Versorgungsausgleich, Aufteilung nach der Hausratsverordnung, Erbrecht) für anwendbar. Das Ehegesetz hingegen erklärte im Fall der nichtigen Ehe (§ 26 EheG) die *vermögensrechtlichen* Scheidungsfolgen, im Fall der aufhebbaren Ehe (§ 37 EheG) die Vorschriften über die Folgen der Scheidung *generell* für anwendbar[474]. In § 1318 BGB bleiben insbesondere die personenrechtlichen Folgen (Namensrecht der Ehegatten und Kinder, Sorgerecht) ungeregelt. Ob die Nichtnennung dieser Folgen gleichzeitig auch zur Nichtanwendbarkeit der entsprechenden Normen führt, wird noch zu klären sein.

Besondere Aktualität gewinnen die Regelungen der Rechtsfolgen durch das geplante Zwangsheirat-Bekämpfungsgesetz: Der vom Bundesrat eingebrachte Gesetzentwurf sieht vor, die in § 1318 Abs. 2 S. 1 Nr. 1 BGB (nachehelicher Unterhalt) und § 1318 Abs. 5 BGB (Erbrecht) genannten Rechtsfolgen bezogen auf die unter Drohung eingegangene Ehe zu modifizieren[475]. Jedoch ist zweifelhaft, ob dieser Entwurf auch tatsächlich Gesetz werden wird.

---

[474] Siehe hierzu S. 55 ff.

[475] BR-Drucks. 546/05, S. 2 f.

2. Nachehelicher Unterhalt, §§ 1569-1586 b BGB

a) Aktuelle Rechtslage

§ 1318 Abs. 2 BGB regelt die Gewährung von nachehelichem Unterhalt im Sinne der §§ 1569-1586 b BGB. Ein Anspruch auf nachehelichen Unterhalt besteht, wenn die Ehe rechtskräftig aufgehoben worden ist, die Voraussetzungen der §§ 1569-1586 b BGB erfüllt sind und der Anspruchssteller bezüglich des Aufhebungsgrundes gutgläubig gewesen ist beziehungsweise das Opfer der Drohung oder Täuschung war. Lag bei dem Unterhaltsberechtigten keine Gutgläubigkeit vor oder war der Anspruchssteller nicht das Opfer der Täuschung oder Drohung, so besteht der Anspruch grundsätzlich nicht. Fahrlässige Unkenntnis der Drohung oder Täuschung reicht nicht für den Ausschluss des Anspruchs aus[476]. In Betracht kommt bei einem Ausschluss des Anspruchs gem. § 1318 Abs. 1 S. 2 BGB nur ein Anspruch wegen Pflege oder Erziehung eines gemeinsamen Kindes, § 1570 BGB. Liegt ein doppelter Willensmangel vor, wissen also beide Ehegatten nicht, dass es sich um eine Eheschließung handelt oder befanden sich beide in einem vorübergehenden Stadium der Störung der Geistestätigkeit, so sind die Voraussetzungen des § 1318 Abs. 2 S. 1 Nr. 1 BGB trotzdem erfüllt und der Anspruch auf Unterhalt nach §§ 1569 ff. BGB ist nicht ausgeschlossen[477].

Der Ausschluss des Unterhaltsanspruchs bei Bösgläubigkeit, Täuschung und Drohung hat eine Art Strafcharakter: Derjenige, der seinen Partner bedroht oder täuscht oder ihm die Fehlerhaftigkeit der Eheeingehung verschweigt, soll anschließend nicht von dessen Geld leben. Im Fall der Drohung und arglistigen Täuschung ist der Ausschluss des Anspruchs im Verhältnis zur Schwere der begangenen Verfehlung und des daraus folgenden Vertrauensbruchs angemessen. Im Fall des § 1314 Abs. 2 Nr. 1 und 2 BGB ist die Verfehlung des Ehegatten, das Verschweigen der Kenntnis des Willensmangels, zwar nicht so erheblich wie im Fall der Drohung und Täuschung, da in den erstgenannten Fällen der Willensmangel nicht vom anderen Ehegatten verursacht, sondern lediglich verschwiegen worden ist. Dennoch ist auch hier aufgrund der Schwere des Willensmangels – der Ehegatte war nicht in der Lage, einen fehlerfreien Willen zu bilden und wollte die Ehe unter gar keinen Umständen eingehen – der Ausschluss des Unterhaltsanspruchs angemessen. In diesen Fällen ist der Strafcharakter der Norm jedoch schwächer zu bewerten als in denen der Täuschung und Drohung.

---

[476] *RGZ* 78, 369, 371; *RG* JW 1917, 465; *OLG Koblenz*, FamRZ 1980, 589, 590; *Peter*, S. 7; *Roth*, FS Schwab, S. 687, 689; Johannsen/*Henrich* § 1318 Rn. 4.

[477] *Peter*, S. 7; Staudinger/*Klippel*, § 1318 Rn. 22, 23.

b) Zwangsheirat-Bekämpfungsgesetz

Der Entwurf des Bundesrats für ein Zwangsheiratsbekämpfungsgesetz[478] sieht in Art. 2 Nummer 2 Buchstabe a vor, dass § 1318 Abs. 2 S. 1 Nr. 1 BGB wie folgt zu fassen sein soll: „zu Gunsten eines Ehegatten, der ... im Falle des § 1314 Abs. 2 Nr. 3 von dem anderen Ehegatten oder mit dessen Wissen getäuscht oder der im Falle des § 1314 Abs. 2 Nr. 4 bedroht worden ist". Die Worte „oder mit dessen Wissen" beziehen sich nur noch auf den Fall der Täuschung. Im Fall der Drohung kann der Bedrohte Unterhalt auch dann verlangen, wenn die Drohung von einem Dritten ausgegangen ist und der andere Ehegatte davon keine Kenntnis hatte. Durch diese Wortlautänderung muss der Bedrohte nicht mehr nachweisen, dass der andere Ehegatte von der Drohung gewusst hat. Laut Gesetzesbegründung des Bundesrats[479] ist es im Fall der Bedrohung durch einen Dritten für den Bedrohten oft schwer zu beweisen, dass der Ehegatte von der Bedrohung Kenntnis hatte. Die Bundesregierung lehnt die Änderung in ihrer Stellungnahme mit der Begründung ab, es bestehe kein echtes Bedürfnis für die vorgeschlagene Regelung. Bei der Erweiterung der Unterhaltsansprüche dürfte es sich um eine nur geringfügige Ausdehnung handeln. Der Ehegatte werde fast immer wissen, dass der andere zur Heirat gezwungen worden sei[480]. Der Bundesregierung ist zuzustimmen. Man kann in der Regel davon ausgehen, dass der andere Ehegatte von der Bedrohung durch Dritte weiß. In ihrer Begründung nimmt die Bundesregierung jedoch nicht auf das Argument des Bundesrats, es sei oft schwer zu beweisen, dass der andere Ehegatte von der Drohung wusste, Bezug. Dieses Argument für eine Gesetzesänderung konnte die Bundesregierung in ihrer Stellungnahme nicht entkräften.

Der Verzicht auf die Kenntnis des Ehegatten bei einer Drohung durch Dritte bringt Probleme mit sich: Wie oben festgestellt, soll die Pflicht zur Unterhaltszahlung das Verhalten des Ehegatten auch sanktionieren. Der Ehegatte, der gedroht hat oder mit dessen Wissen gedroht worden ist, muss Unterhalt zahlen. Fiele nun das Erfordernis des Wissens bei Drohung durch Dritte weg, so hieße das, dass der Ehegatte für jemanden, der ihn gar nicht heiraten wollte, Unterhalt zahlen müsste und würde für die Drohung, von der er gar nichts wusste, „bestraft". Die Änderung der Norm führt zu einer unzulässigen Ausweitung des nachehelichen Unterhalts. Sie würde mehr Schaden anrichten, als Gutes tun (Wegfall des Beweisproblems). Von einer Änderung sollte deshalb abgesehen werden.

---

478 BR-Drucks. 546/05, BT-Drucks. 16/1035.

479 BR-Drucks. 546/05, S. 14 f.; BT-Drucks. 16/1035, S. 9.

480 BT-Drucks. 16/1035, Anlage 2.

3. Unterhalt wegen Pflege und Erziehung

Gem. § 1318 Abs. 2 S. 2 BGB finden die Vorschriften über den Unterhalt wegen der Pflege oder Erziehung eines gemeinschaftlichen Kindes auch insoweit entsprechend Anwendung, als eine Versagung des Unterhalts im Hinblick auf die Belange des Kindes grob unbillig wäre. Das heißt: obwohl ein Ehegatte den anderen beispielsweise arglistig getäuscht hat und der Unterhaltsanspruch nach § 1318 Abs. 2 S. 1 BGB ausgeschlossen ist, kann er unter Umständen immer noch Unterhalt wegen Pflege und Erziehung des gemeinsamen Kindes gem. § 1570 BGB verlangen. Diese Vorschrift dient dem Schutz des Kindes: Das Kind darf nicht unter der Verfehlung des einen Elternteils leiden. Die Norm soll es dem betreuenden Elternteil finanziell ermöglichen, nicht oder nur teilweise zu arbeiten, um sich stattdessen um das Kind kümmern zu können. Der Unterhaltsanspruch nach § 1570 BGB besteht jedoch nur, wenn „ein Versagen des Unterhalts im Hinblick auf die Belange des Kindes grob unbillig wäre". Wann eine grobe Unbilligkeit vorliegt, orientiert sich am Wohl des Kindes. Entscheidend ist, ob sich eine Erwerbstätigkeit des sorgenden Elternteils nachteilig auf das Wohl des Kindes auswirken würde[481]. Die in § 1579 BGB genannten Gesichtspunkte sind dabei zu beachten[482].

4. Zugewinn- und Versorgungsausgleich, §§ 1363-1390, 1587-1587 p BGB

Nach erfolgter Eheaufhebung werden gem. § 1318 Abs. 3 BGB der Zugewinn- (§§ 1363-1390 BGB) und Versorgungsausgleich (§§ 1587-1587 p BGB) wie nach einer Ehescheidung durchgeführt. Den Zugewinn- und Versorgungsausgleich kann man selbst bei Bösgläubigkeit oder zu Lasten des Drohenden beziehungsweise Täuschenden nicht ausschließen, es sei denn, der Ausgleich wäre im Hinblick auf die Umstände der Eheschließung (oder im Fall des § 1306 BGB im Hinblick auf Dritte) grob unbillig. Missglückt ist der Verweis des Abs. 3 auf die §§ 1363-1371 BGB, da diese Normen nicht die Folgen der Scheidung, sondern die bestehende Zugewinngemeinschaft regeln. Der Verweis geht also ins Leere[483].

Schon im Ehegesetz[484] konnte der Ehegatte, der die Nichtigkeit beziehungsweise Aufhebbarkeit der Ehe nicht kannte oder getäuscht beziehungsweise bedroht worden war, die vermögensrechtlichen Scheidungsfolgen gem. §§ 26 Abs. 2, 37 Abs. 2 EheG ausschließen. Hierunter fiel jedoch nach herrschender Meinung, entgegen dem eindeutigen Wortlaut, nicht der Zugewinnausgleich[485], mit der Begründung, der Zugewinnausgleich sei keine für den Fall der Scheidung vorgesehene, auf die Zukunft gerichtete vermögensrechtliche Folge der Ehe,

---

481 MünchKomm/*Müller-Gindullis*, § 1318 Rn. 7; Staudinger/*Strätz*, § 1318 Rn. 30.
482 MünchKomm/*Müller-Gindullis*, § 1318 Rn. 7.
483 *Muscheler*, Familienrecht, Rn. 278.
484 In der Fassung ab dem 1.7.1977.
485 MünchKomm/*Müller-Gindullis*, 3. Aufl., § 26 EheG Rn. 15; § 37 EheG Rn. 12.

sondern eine Folge der Beendigung des Güterstandes (§ 1372 BGB). Außerdem vermutete man, dass der in der Ehe erzielte Zugewinn gemeinschaftlich erwirtschaftet worden wäre und deshalb auch ganz unabhängig von der Gültigkeit der Ehe beiden Partnern zustände[486]. Mit dieser Begründung rechtfertigt man auch heute noch die Nichtausschließbarkeit des Zugewinnausgleichs[487]. Das Handeln des Ehegatten, der die Aufhebbarkeit der Ehe kannte oder gedroht beziehungsweise getäuscht hat, wird *grundsätzlich* nicht mit dem Ausschluss des Zugewinnausgleichs sanktioniert, es sei denn, es liegt eine grob unbillige Lage vor. Man stelle sich folgenden Fall vor: Die Frau täuscht ihren Mann vor der Eingehung der Ehe über ihren nichtvorhandenen Kinderwunsch. Nach der Heirat gibt sie mit der Begründung ihren Job auf, sie strebe eine Schwangerschaft an. Nach einigen Jahren, in denen der Mann gut verdient hat, findet er heraus, dass die Frau gar keine Kinder will und weiterhin empfängnisverhütende Mittel einsetzt. Er lässt die Ehe aufheben. In diesem Fall wäre es unbillig, wenn die Frau den halben Zugewinn verlangen könnte. Dieser Fall dürfte unter die Billigkeitsklausel des 1318 Abs. 3 HS. 2 BGB fallen, mit der Folge, dass der Zugewinnausgleich ausgeschlossen ist. Anhand der Billigkeitsklausel kann der Richter das Ergebnis im Einzelfall korrigieren und zwar dann, wenn ihm die Rechtslage ansonsten in Anbetracht der gesamten Situation und der Lage der Beteiligten geradezu als unerträglich erscheint[488]. Sie dient dazu, einen gerechten Ausgleich zwischen den Ehegatten zu finden.

Der Versorgungsausgleich kann in der gleichen Weise wie der Zugewinnausgleich grundsätzlich nicht ausgeschlossen werden, es sei denn, es liegt ein Härtefall vor. Anders als der Zugewinnausgleich war ein Ausschluss des Versorgungsausgleichs gem. §§ 26, 37 EheG[489] nach Aufhebung der Ehe und Ausschluss des Scheidungsfolgenrechts mit der Begründung möglich[490], der Versorgungsausgleich lehne sich zwar am Prinzip des Zugewinnausgleichs an, beruhe jedoch im Kern auf dem Versorgungsgedanken[491], sei also eher dem Unterhalt als dem Zugewinn ähnlich. Nach der Eherechtsreform wurde die grundsätzliche Nichtausschließbarkeit des Versorgungsausgleichs damit begründet, dass der Versorgungsausgleich wie der Zugewinnausgleich retrospektiv Folge der Auflösung der Ehe sei[492] und somit wie der Zugewinnausgleich behandelt werden müsse.

---

486 MünchKomm/*Müller-Gindullis*, 3. Aufl., § 26 EheG Rn. 15.

487 MünchKomm/*Müller-Gindullis*, § 1318 Rn. 10.

488 Staudinger/*Klippel*, § 1318 Rn. 31.

489 EheG i. d. F. vom. 1.7.1977.

490 *Schwab*, FS Beitzke, S. 357, 364; MünchKomm/*Müller-Gindullis*, 3. Aufl., § 26 EheG Rn. 15.

491 MünchKomm/*Müller-Gindullis*, 3. Aufl., § 26 EheG Rn. 15.

492 MünchKomm/*Müller-Gindullis*, § 1318 Rn. 10. *Müller-Gindullis* änderte seine Meinung diesbezüglich und passte sie der Auffassung des Gesetzgebers an.

Die Bundesregierung schlug eine Gleichstellung von Zugewinn- und Versorgungsausgleich vor, da die Bösgläubigkeit des einen Ehegatten es beim Zugewinn- wie auch beim Versorgungsausgleich nicht rechtfertige, diesem jede Teilhabe an dem in der Ehe gemeinsam erwirtschafteten Vermögen zu verwehren[493]. Die Entscheidung der Bundesregierung, Zugewinn- und Versorgungsausgleich und nicht Versorgungsausgleich und Unterhaltsrecht gleich zu behandeln, war richtig. Zwar spricht gegen die Gleichbehandlung von Zugewinn- und Versorgungsausgleich die neuere BGH-Rechtsprechung zur Sittenwidrigkeit von Eheverträgen[494]: Der BGH betrachtet den Versorgungsausgleich nämlich auch als vorweggenommenen Altersunterhalt, und er steht in der vom BGH vorgenommenen Rangabstufung auf Stufe zwei, was bedeutet, dass er nur schwer auszuschließen ist. Der Zugewinnausgleich hingegen steht auf Stufe sechs, ist also leicht auszuschließen. Jedoch ist zum einen die gesamte Rechtsprechung des BGH zur Sittenwidrigkeit von Eheverträgen höchst fragwürdig[495]. Zum anderen ist es Sinn und Zweck des Versorgungsausgleichs, der Ehefrau, die während der Ehe den Haushalt geführt und auf ein selbständiges Einkommen verzichtet hat, Rentenanwartschaften zu verschaffen. Das gleiche Prinzip steckt hinter dem Zugewinnausgleich: Die haushaltsführende Ehefrau soll an seinem Vermögen später teilhaben. Deshalb muss der Versorgungsausgleich wie der Zugewinnausgleich behandelt und in jedem Fall durchgeführt werden.

Haben die Ehegatten ehevertraglich den Güterstand der Zugewinngemeinschaft ausgeschlossen und Gütertrennung vereinbart, so bestehen zwei voneinander unabhängige Vermögensmassen und eine Vermögensauseinandersetzung ist nicht erforderlich. Im Fall der Gütergemeinschaft sind die Vorschriften der §§ 1471 ff. BGB anwendbar[496].

5. HausratsVO

§ 1318 Abs. 4 BGB erklärt die Vorschriften der Hausratsverordnung im Fall der Aufhebung der Ehe für anwendbar. Auch schon vor der Eherechtsreform fand die Hausratsverordnung gem. § 15 HausratsVO[497] auf die aufgehobene beziehungsweise für nichtig erklärte Ehe Anwendung. Die Eherechtsreform brachte diesbezüglich also keine inhaltlichen Änderungen mit sich. Wie beim Zugewinn- und Versorgungsausgleich sind gem. § 1318 Abs. 4 BGB auch die Umstände der Eheschließung (und im Fall des § 1306 BGB die Belange Dritter) zu berücksichtigen.

---

493 BT-Drucks. 13/4898, S. 34.
494 *BGH* FamRZ 2005, 1444 , 2005, 1449.
495 Vgl. *Muscheler*, Familienrecht, Rn. 447.
496 *Peter*, S. 11 f.
497 6. DVO zum EheG.

6. Erbrecht

Besonders verwirrend sind die Rechtsfolgen der aufgehobenen oder aufhebbaren Ehe auf dem Gebiet des Erbrechts. Die entsprechenden Normen befinden sich teilweise im Familienrecht (§ 1318 Abs. 5 BGB), teilweise im Erbrecht (§§ 1933, 2077 BGB).

a) Gesetzliches Erbrecht

Das gesetzliche Erbrecht eines Ehegatten, der in einer aufhebbaren Ehe lebt oder gelebt hat, regeln die §§ 1318 Abs. 5 BGB und 1933 BGB. Grundsätzlich muss man zwischen drei verschiedenen Konstellationen unterscheiden[498]: (1) Wird die Ehe bereits *vor* dem Tod des einen Ehegatten rechtskräftig aufgelöst, so steht dem anderen kein gesetzliches Erb- oder Pflichtteilsrecht zu, da zum Zeitpunkt des Todes keine Ehe mehr besteht. (2) Hat ein Ehegatte die Aufhebung der Ehe berechtigterweise *beantragt* und verstirbt er vor Erlass eines rechtskräftigen Urteils, so entfällt das Erbrecht des anderen Ehegatten unter den Voraussetzungen des § 1933 S. 2 BGB. (3) Gem. § 1318 Abs. 5 BGB entfällt auch das Erbrecht des Ehegatten, der im Fall des § 1314 Abs. 2 Nr. 1 BGB oder bei Verstoß gegen die §§ 1304, 1306, 1307, 1311 BGB die Aufhebbarkeit der Ehe bei Eheschließung *gekannt* hat. § 1931 BGB findet zu seinen Gunsten keine Anwendung. Die erste der oben beschriebenen Konstellationen erweist sich als völlig unproblematisch. Probleme werfen hingegen die Konstellationen (2) und (3) auf, also die Fälle der § 1933 und § 1318 Abs. 5 BGB.

aa) § 1933 S. 2 BGB

(1) Textgeschichte

Im BGB von 1900 ordnete § 1933 BGB noch keinen Erbrechtsverlust des Ehegatten nach Stellung des Anfechtungs- oder Nichtigkeitsklage an, weil sich damals nach dem Tod eines Ehegatten während des laufenden, noch nicht beendeten Verfahrens Dritte, zum Beispiel potentielle Erben, auf die Nichtigkeit der Ehe trotz Auflösung durch Tod berufen konnten (§§ 1329, 1343 Abs. 2 BGB a. F.)[499]. Die Ehe wurde in diesem einen Fall so behandelt, als ob sie niemals bestanden hätte. Der Ehegatte erbte nicht. Der Gesetzgeber änderte § 1933 BGB mit Einführung des Ehegesetzes im Jahr 1938. Die Norm lautete von nun an: „Das Erbrecht des überlebenden Ehegatten sowie das Recht auf den Voraus ist ausgeschlossen, wenn der Erblasser zur Zeit seines Todes auf Scheidung oder Aufhebung der Ehe zu klagen berechtigt war und die Klage erhoben hatte, sofern im Falle der Scheidung oder Aufhebung der Ehegatte als schuldig anzusehen wäre“. Der Verlust des Erbrechts im Sinne des § 1933 BGB stellte eine

---

[498] Vgl. *Muscheler,* JZ 1997, 1142, 1148; Staudinger/*Strätz,* § 1318 Rn. 35.

[499] Vgl. *Planck,* S. 62; *Dickmann,* FS Schwab, S. 473, 475.

Sanktion für denjenigen Ehegatten dar, der *schuldhaft* einen Scheidungs- oder Aufhebungsgrund geschaffen hatte[500]. Eine ähnliche Vorschrift existierte schon im ALR (II 1 §§ 827, 829) und SBGB (§ 2055). Die Gesetzesänderung im Jahr 1938 war erforderlich, da die Anfechtung mit Ex-tunc-Wirkung durch die Aufhebung mit Ex-nunc-Wirkung ersetzt wurde und die Ehe nicht mehr durch Anfechtung rückwirkend, sondern erst mit Erlass eines Aufhebungsurteils für die Zukunft vernichtet wurde. Hätte es den § 1933 BGB in der damaligen Fassung nicht gegeben, so wäre der überlebende Ehegatte nach Stellung des Aufhebungsantrags weiterhin erbberechtigt geblieben. Im Fall der Nichtigkeitsklage blieb die Ex-tunc-Wirkung bestehen, weshalb der Fall der Nichtigkeit nicht auch in den Regelungsbereich des § 1933 BGB miteinbezogen werden musste.

Nach der Abschaffung des Verschuldens- und Einführung des Zerrüttungsprinzips durch die erste Eherechtsreform von 1976[501] verlor die Norm ihren eigentlichen Sinn (Bestrafung des Schuldigen). Der Gesetzgeber formulierte sie um. Von nun an war entscheidend, *wer* den Scheidungs- beziehungsweise Aufhebungsantrag gestellt hatte, auf das Verschulden konnte nicht weiter abgestellt werden. 1998 modifizierte er die Vorschrift noch einmal, inhaltlich blieb sie jedoch fast unverändert. Die Norm bezieht heute alle Fälle der aufhebbaren Ehe in ihren Anwendungsbereich ein. Vor 1998 waren es nur die der aufhebbaren und nicht die der nichtigen Ehe. Die Unterschiede zwischen einer nichtigen und aufhebbaren Ehe wurden auch in diesem Punkt beseitigt.

(2) Anwendungsbereich

Beantragt ein Ehegatte die Aufhebung und verstirbt noch während des Verfahrens, so ist das Verfahren gem. § 619 ZPO in der Hauptsache als erledigt anzusehen[502]. Gäbe es den § 1933 S. 2 BGB nicht (und läge auch kein Fall des § 1318 Abs. 5 BGB vor), so stünden dem überlebenden Ehegatten der Voraus gem. § 1932 BGB, das gesetzliche Erbrecht gem. § 1931 BGB oder zumindest der Pflichtteil zu. Der Gesetzgeber geht davon aus, dass die Erlangung des gesetzlichen Erbrechts und des Voraus nach Stellung des Aufhebungsantrags durch den (späteren) Erblasser nicht mehr dem mutmaßlichen Willen des Verstorbenen entspricht und seine „innere Berechtigung“ verliert[503], weshalb § 1933 S. 2 BGB das Erbrecht entfallen lässt. Das gleiche gilt gem. § 1933 S. 1 BGB für den Fall, dass der Erblasser den Antrag auf Scheidung gestellt hat und die Voraussetzungen für die Scheidung vorlagen. Sowohl im Fall des S. 1 als auch in dem des S. 2 entfällt das Erbrecht nur, wenn der *Erblasser* die Scheidung beziehungsweise Aufhebung der Ehe beantragt hat. Laut dem Gesetzeswortlaut

---

500 MünchKomm/*Leipold*, § 1933 Rn. 2.

501 Geändert durch Art. 2 Nr. 43 des 1. EheRG v. 14.6.1976, BGBl. I 1976, S. 1421.

502 *Muscheler*, JZ 1997, 1142, 1148; Staudinger/*Werner*, § 1933 Rn. 3.

503 BT-Drucks. 7/4361, S. 52.

entfällt das Erbrecht nicht, wenn der *überlebende Ehegatte* den Antrag gestellt und im Fall des S. 1 dem Scheidungsantrag nicht zugestimmt hat.

Im Fall des § 1314 Abs. 2 Nr. 1 BGB wie auch in den Fällen der §§ 1303, 1304, 1306, 1307, 1311 und 1314 Abs. 2 Nr. 5 BGB kann *jeder* Ehegatte und die zuständige Verwaltungsbehörde gem. § 1316 Abs. 1 Nr. 1 BGB den Aufhebungsantrag stellen. Hieraus ergibt sich – wie auch bei der Scheidung im Fall des § 1933 S. 1 BGB – folgendes Problem: Stellt beispielsweise die Ehefrau den Antrag auf Aufhebung der Ehe und verstirbt anschließend der Ehemann, so greift § 1933 BGB nicht ein, da der Antrag nicht vom *Erblasser*, sondern vom *Erben* gestellt worden ist. Die Frau erbt (vorausgesetzt, es liegt kein Fall des § 1318 Abs. 5 BGB vor) gem. §§ 1931, 1932 BGB. Es kann vom Zufall abhängen, wer in den genannten Fällen den Antrag auf Eheaufhebung stellt. Vielleicht sind sich beide Partner darüber einig, dass sie die Ehe aufheben lassen wollen, einer stellt nach Absprache mit dem anderen den Antrag, oder ein Partner, der eigentlich die Aufhebung beantragen wollte, verzichtet darauf, weil ihm die zuständige Behörde zuvorgekommen ist. Im geschilderten Fall hat die Ehefrau einfach Glück, dass sie und nicht der Mann oder die Behörde die Aufhebung beantragt hat und sie so weiterhin erbberechtigt bleibt. Dieses Ergebnis ist willkürlich und ungerecht.

In den Fällen des § 1314 Abs. 2 Nr. 2-4 BGB ist gem. § 1316 Abs. 1 Nr. 2 BGB nur der einem Willensmangel unterliegende Ehegatte, also derjenige, der die Eheschließung und ein daraus resultierendes Erbrecht sowieso nicht wollte, antragsberechtigt. Dem anderen Ehegatten steht kein Antragsrecht zu. In diesen Fällen kann es zwar nicht vom Zufall abhängen, wer den Antrag auf Aufhebung der Ehe gestellt hat. Jedoch ist hier, wie auch in allen anderen Fällen der Scheidung und Eheaufhebung fraglich, ob es gerecht ist, dass das Ehegattenerbrecht nur dann entfällt, wenn der Antrags*steller*, jedoch nicht, wenn der Antrags*gegner* verstirbt, und das Prinzip der Gegenseitigkeit des Ehegattenerbrechts durchbrochen wird[504].

(3) Kritik an § 1933 S. 2 BGB

Seit der Veränderung des Wortlauts in Folge der Eherechtsreform von 1976 und aufgrund der dadurch entstehenden Ungerechtigkeiten erfuhr die Norm von vielen Seiten heftige Kritik. Der Gesetzentwurf der Bundesregierung zum ersten Eherechtsreformgesetz sah ursprünglich mit der Begründung, durch die Aufgabe des Verschuldensprinzips fehle bei der Scheidung die Grundlage für eine Erbrechtsentziehung, eine Streichung des § 1933 BGB vor[505]. Es stellt sich die Frage, ob ein Verzicht auf § 1933 BGB im Ergebnis nicht besser gewesen wäre.

---

504 *Battes,* FamRZ 1977, 433, 438; *Dieckmann,* FamRZ 1979, 389, 396; *Muscheler,* JZ 1997, 1142, 1148; MünchKomm/*Leipold,* § 1933 Rn. 2.

505 BT-Drucks. 7/650, S. 18, 179.

Gäbe es § 1933 BGB nicht, so entstünden zwar nicht die gerade beschriebenen willkürlichen Ergebnisse, jedoch würde man andere Ungerechtigkeiten schaffen: Das Ehegattenerbrecht entfiele dann erst mit Erlass des Scheidungs- oder Aufhebungsurteils. Da die Beteiligten auf diesen Zeitpunkt meist keinen Einfluss haben, wäre es vom Zufall abhängig, ob das Verfahren vor oder nach dem Tod eines Ehegatten beendet wird und der andere erbt oder nicht[506]. Natürlich könnten die Ehegatten sich während des Verfahrens durch Testament enterben, jedoch denkt man während des Scheidungsverfahrens meist an andere Dinge als an die erbrechtlichen Konsequenzen[507]. Die Möglichkeit, § 1933 BGB ganz abzuschaffen, kommt also nicht in Betracht. Vorzugswürdig erscheint eine Modifizierung des § 1933 BGB insofern, dass Antragssteller und Antragsgegner gleich behandelt werden.

In diesem Sinne befürwortet *Leipold*[508] einen vorzeitigen Erbrechtsverlust *beider* Ehegatten nur für den Fall, dass *beide* die Aufhebung der Ehe betreiben oder der andere Ehegatte dem Scheidungsantrag zugestimmt hat. Stellt nur ein Ehegatte den Antrag auf Aufhebung beziehungsweise Scheidung, so soll nach seiner Ansicht kein vorzeitiger Ausschluss des Ehegattenerbrechts erfolgen. *Leipolds* Ansicht wird durch das Urteil des Bundesverfassungsgerichts aus dem Jahr 1995[509] zu § 1933 BGB gestützt. Das BVerfG entschied, dass in der beschriebenen Konstellation der (beidseitige) Wegfall des gesetzlichen Erbrechts, also der Fall des § 1933 S. 1 Alt. 2 BGB, mit der Verfassung vereinbar sei. Zur Verfassungsmäßigkeit anderer Konstellationen des § 1933 BGB äußerte sich das BVerfG bisher nicht. In Bezug auf die Aufhebung der Ehe heißt das: Ein Ausschluss des Erbrechts kommt nur in den Fällen, in denen beide Ehegatten antragsberechtigt sind (also in den in § 1316 Abs. 2 Nr. 1 BGB genannten Fällen) und auch beide den Antrag gestellt haben, in Betracht[510]. In den Fällen des § 1314 Abs. 2 Nr. 2-4 BGB wäre ein vorzeitiger Ausschluss des Erbrechts niemals möglich.

Für *Leipolds* Ansicht spricht, dass sie das Prinzip der Gegenseitigkeit achtet: Wenn ein Ehegatte den Antrag auf Scheidung oder Aufhebung stellt und der andere zustimmt, so entfällt das Erbrecht beider Ehegatten. Fraglich ist jedoch, ob der Ausschluss des Erbrechts nach *Leipolds* Lösungsansatz weit genug reicht. Liegt nämlich ein Fall des § 1314 Abs. 2 Nr. 2-4 BGB vor oder stellt nur ein Ehegatte den Antrag auf Aufhebung oder Scheidung, so bleibt es weiterhin dem Zufall überlassen, ob einer der Ehegatten vor oder nach dem Urteil verstirbt und

---

506 Staudinger/*Werner*, § 1933 Rn.3.

507 BT-Drucks. 7/4361, S. 52; Staudinger/*Werner*, § 1933 Rn.3.

508 MünchKomm/*Leipold*, § 1933 Rn. 3.

509 *BVerfG* ZEV 1995, 183 f.

510 Sind mehrere Personen antragsbefugt, so besteht die Antragsbefugnis nebeneinander. Es können also beide Ehegatten die Aufhebung beantragen, Staudinger/*Klippel*, § 1316 Rn. 26.

das Erbrecht ausgeschlossen wird oder nicht. Es bleibt auch unklar, wodurch die unterschiedliche Behandlung der Fälle des § 1314 Abs. 2 Nr. 1 BGB einerseits und Nr. 2-4 andererseits gerechtfertigt wird. Der Hauptgrund für das Ehegattenerbrecht ist die Versorgung des überlebenden Ehegatten. Der Tod eines Ehegatten soll die wirtschaftliche Existenz des anderen nicht zerstören[511]. Wenn die Ehe erst einmal gescheitert ist oder ein Ehegatte den Antrag auf Aufhebung gestellt hat, so wird vermutet, dass ab diesem Zeitpunkt das Interesse an der Versorgung des anderen Ehegatten über den nachehelichen Unterhalt hinaus entfallen ist. Es besteht keine Berechtigung mehr für ein Ehegattenerbrecht,[512] ganz unabhängig davon, ob ein oder beide Ehegatten den Antrag auf Scheidung oder Eheaufhebung gestellt haben. *Leipolds* Lösungsansatz geht nicht weit genug, er schenkt dem Sinn und Zweck des Ehegattenerbrechts zu wenig Beachtung.

Deshalb vertritt *Battes*[513] die Ansicht, das Erbrecht des überlebenden Ehegatten solle entfallen, wenn *ein Ehegatte* die Scheidung oder Aufhebung der Ehe beantragt hat und die Voraussetzungen für die Scheidung beziehungsweise Aufhebung der Ehe erfüllt sind. *Battes* Lösungsvorschlag ist sowohl *Leipolds* Vorschlag als auch der gesetzlichen Regelung vorzuziehen. Denn er beachtet das Prinzip der Gegenseitigkeit, den Sinn und Zweck des Ehegattenerbrechts und führt zu keinen willkürlichen Rechtsfolgen oder Ungleichbehandlungen. Gleichgültig, welcher Ehegatte den Antrag auf Scheidung oder Aufhebung stellt, das Erbrecht des überlebenden Ehegatten entfällt, wenn die Voraussetzungen der Aufhebung oder Scheidung erfüllt sind.

bb) § 1318 Abs. 5 BGB

Gem. § 1318 Abs. 5 BGB entfällt auch das Erbrecht des Ehegatten, der im Fall des § 1314 Abs. 2 Nr. 1 BGB oder bei Verstoß gegen die §§ 1304, 1306, 1307, 1311 BGB die Aufhebbarkeit der Ehe bei Eheschließung gekannt hat. § 1931 BGB findet für ihn keine Anwendung. Eine § 1318 Abs. 5 BGB ähnliche Vorschrift existierte bis 1998 nicht. Der ursprüngliche Gesetzentwurf der Bundesregierung sah die Norm nicht vor[514]. Der Gesetzgeber fügte sie erst im weiteren Verlauf des Verfahrens nachträglich ein. Der Grund für die kurzfristige und nicht ganz durchdachte Schaffung der Vorschrift liegt darin, dass es ansonsten infolge der Anwendung des ebenfalls missglückten § 1933 BGB zu grob unbilligen Ergebnissen käme, was folgendes Beispiel zeigt[515]: Stellt ein Bigamist den Antrag auf Aufhebung seiner zweiten Ehe gem. § 1314 Abs. 1, 1306 BGB und verstirbt er anschließend, so schließt § 1933 S. 2 BGB das Erbrecht der zweiten Ehefrau aus. Verstirbt hingegen seine Ehefrau, die den Antrag auf Aufhebung

---

511 *Battes*, FamRZ 1977, 433 f.
512 So sinngemäß *Battes*, FamRZ 1977, 433, 435.
513 *Battes*, FamRZ 1977, 433, 439.
514 Vgl. BT-Drucks. 13/4898, S. 6.
515 *Muscheler*, JZ 1997, 1142, 1148.

nicht gestellt hat, so bliebe das Erbrecht des Bigamisten, gäbe es nicht § 1318 Abs. 5 BGB, erhalten. Finanziell benachteiligt oder „bestraft" würde also die Ehefrau, die weder von der Doppelehe wusste, noch die Ehe auflösen wollte. Der Ehemann, der in diesem Fall eigentlich der „Böse" ist, würde weiterhin erben. Um solche grob unbilligen Ergebnisse zu vermeiden, schuf der Gesetzgeber § 1318 Abs. 5 BGB. Diese Norm schließt nämlich das Erbrecht des bösgläubigen Ehegatten, hier also das Erbrecht des Bigamisten, aus und führt in diesem Fall zu einem gerechten Ergebnis. Es wird unabhängig davon, wer den Antrag auf Aufhebung gestellt hat, ausgeschlossen. Der Sinn und Zweck des § 1318 Abs. 5 BGB besteht darin, den bösgläubigen überlebenden Ehegatte nicht besser zu stellen, als er stünde, wenn der andere zu Lebzeiten den Aufhebungsantrag gestellt hätte[516]. In Hinsicht auf diesen Fall führt § 1318 Abs. 5 BGB zwar zu einem gerechteren Ausgleich, jedoch birgt die Norm auch viele Unklarheiten und Probleme in sich. Da der Gesetzgeber diese mittlerweile selbst erkannt hat, plant er anlässlich des Zwangsheirat-Bekämpfungsgesetzes nicht nur Veränderungen bezüglich der widerrechtlichen Drohung vorzunehmen, sondern auch den gröbsten Fehler des § 1318 Abs. 5 BGB zu korrigieren[517].

(1) Systematik und Dogmatik

Betrachtet man § 1318 Abs. 5 BGB genauer, so fällt auf, dass die Norm, anders als es die amtliche Überschrift und § 1318 Abs. 1 BGB ankündigen, nicht die Folgen der Aufhebung, sondern die Folgen der durch Tod aufgelösten Ehe regelt[518]. Zum einen wird durch Abs. 5 die Systematik des § 1318 BGB durchbrochen: Die Absätze 2-4 beschreiben, in welchen Fällen die Scheidungsfolgen *anwendbar* sind, § 1318 Abs. 5 BGB beschreibt hingegen, wann das Erbrecht *nicht anwendbar* ist. Die Norm wechselt also von einer ausdrücklichen Aufzählung der Folgen zu einem Ausschluss der Folgen. Zum anderen wird durch § 1318 Abs. 5 BGB, was sich als der viel schwerwiegendere Verstoß darstellt, das Pandektensystem durchbrochen. Das Gesetz regelt eine erbrechtliche Rechtsfolge im Familienrecht[519], systematisch betrachtet also an einer völlig falschen Stelle[520]. Es wäre vorzugswürdig gewesen, den Ausschluss des Ehegattenerbrechts bei Kenntnis der Aufhebbarkeit in den genannten Fällen im Erbrecht, nämlich in § 1933 BGB, zu regeln, da diese Norm auch die sonstigen Fälle des Ausschlusses regelt. Aus systematischen Gründen wäre § 1318 Abs. 5 BGB besser ein § 1933 S. 4 BGB geworden[521].

---

516 BT-Drucks. 13/9416, S. 29.

517 Siehe S. 132 f.

518 *Muscheler*, Familienrecht, Rn. 279; MünchKomm/*Müller-Gindullis*, § 1318 Rn. 14.

519 *Tschernitschek*, FamRZ 1999, 829.

520 Erman/*Roth*, § 1318 Rn. 9.

521 Ähnlich auch Erman/*Roth*, § 1318 Rn. 9.

Darüber hinaus durchbricht § 1318 Abs. 5 BGB das in § 1313 S. 2 BGB angeordnete Ex-nunc-Prinzip der Eheaufhebung[522]. Hier knüpfte man, anders als in den Fällen des § 1318 Abs. 1-4 BGB, nicht an das Aufhebungsurteil, sondern an den Zeitpunkt der Eheschließung an. Mit dem Tod des gutgläubigen Ehegatten verliert der bösgläubige rückwirkend sein Erbrecht. Die Durchbrechung des Ex-nunc-Prinzips ist jedoch mit der Bösgläubigkeit des Ehegatten zu rechtfertigen.

(2) Zweifelhafte Auswahl der Gründe, die zum Ausschluss führen

(aa) Aktuelle Rechtslage

§ 1318 Abs. 5 BGB zählt die Fälle, bei denen das Erbrecht des bösgläubigen Ehegatten ausgeschlossen wird, abschließend auf. Es stellt sich die Frage, weshalb der Gesetzgeber gerade diese Normen wählte, also einen Verstoß gegen sie als besonders schwerwiegend erachtete. Die genannten Normen regelten vor der Eherechtsreform Fälle der vernichtbaren Ehe[523]. Wahrscheinlich überlegte der Gesetzgeber nicht lange und dachte, bei den Fällen der vernichtbaren Ehe lägen besonders schwere Verstöße vor, weshalb hier auch das Ehegattenerbrecht bei Bösgläubigkeit ausgeschlossen werden sollte. Jedoch erscheint die Auswahl der Normen insgesamt eher willkürlich als durchdacht[524]. Wieso sollte ein Ehegatte, der bei Eingehung der Ehe seinen Partner bewusst täuscht oder sogar bedroht, besser behandelt werden, indem er erbberechtigt bleibt, als ein Ehegatte, der bei Eheeingehung wusste, dass sein Partner sich im vorübergehenden Zustand der Störung der Geistesfähigkeit befand? Ist eine arglistige Täuschung oder widerrechtliche Drohung weniger schlimm als ein Verschweigen der Kenntnis über die gestörte Geistestätigkeit? Letztere Frage ist wohl mit „Nein" zu beantworten.

Der Gesetzgeber selbst bewertet alle in § 1314 Abs. 1 und Abs. 2 BGB genannten Fälle bezüglich des Unterhaltsrechts als gleichwertig, er ermöglichte den Ausschluss des nachehelichen Unterhalts gem. § 1318 Abs. 2 BGB in *allen* Fällen des § 1314 Abs. 1 und 2 BGB[525]. Gründe für eine unterschiedliche Behandlung von Unterhalts- und Erbrecht sind nicht ersichtlich. Außerdem erhält das Gesetz durch die ausschließliche Nennung der früheren Nichtigkeitsgründe in § 1318 Abs. 5 BGB die Differenzierung zwischen nichtiger und aufhebbarer Ehe weiter aufrecht, die der Gesetzgeber durch das Eherechtsreformgesetz eigentlich beseitigen wollte[526]. In diesem Punkt hat er sein Reformvorhaben nicht konsequent durchgesetzt. Es wäre deshalb wünschenswert, einen Ausschluss des

---

522 *Dieckmann,* FS Schwab, S. 473, 488; *Muscheler,* Familienrecht, Rn. 278.
523 MünchKomm/*Müller-Gindullis,* § 1318 Rn. 14.
524 Staudinger/*Strätz,* § 1318 Rn. 42.
525 Vgl. *Peter,* S. 15.
526 *Tschernitschek,* FamRZ 1999, 829 f.

Erbrechts bei Bösgläubigkeit in allen Fällen des § 1318 Abs. 1 und 2 BGB anzuordnen[527].

(bb) Zwangsheirat-Bekämpfungsgesetz

Gem. Art. 2, Nr. 2 lit. b) des Entwurfs eines Zwangsheirat-Bekämpfungsgesetzes des Bundesrats soll § 1931 BGB auch zu Gunsten des Ehegatten keine Anwendung finden, der im Fall der widerrechtlichen Drohung die Aufhebbarkeit der Ehe bei Eheschließung gekannt hat[528]. Diesen Änderungsvorschlag begrüßt die Bundesregierung in ihrer Stellungnahme zum Gesetzentwurf[529]. Der Änderungsvorschlag stellt zwar einen Schritt in die richtige Richtung dar, jedoch sollte der Gesetzgeber das Zwangsheirat-Bekämpfungsgesetz zum Anlass nehmen, bei allen Fällen der Bösgläubigkeit das Ehegattenerbrecht auszuschließen. Es ist nicht ersichtlich, wieso die Fälle des § 1314 Abs. 2 Nr. 1 und 4 BGB einerseits und Nr. 2 und 3 andererseits ungleich behandelt werden müssen.

(3) Nichtbeachtung der Heilungsmöglichkeit

(aa) Aktuelle Rechtslage

Der schwerste Fehler des § 1318 Abs. 5 BGB ist die Nichtbeachtung der Heilungsmöglichkeit bei Ausschluss des Erbrechts[530]. Laut § 1318 Abs. 5 BGB kommt ein Ausschluss des Ehegattenerbrechts in den genannten Fällen auch dann noch in Betracht, wenn eine Heilung des Mangels gem. § 1315 BGB eingetreten ist. Obwohl die Möglichkeit einer Aufhebung nicht mehr besteht und die Ehegatten vielleicht jahrelang glücklich in einer intakten Ehe gelebt haben, entfällt das Erbrecht des bösgläubigen Ehegatten. Dieses Ergebnis ist absurd und bestätigt die Vermutung, dass der Gesetzgeber die Einführung des § 1318 Abs. 5 BGB nicht richtig durchdacht hat.

(bb) Zwangsheirat-Bekämpfungsgesetz

Der Bundesratsentwurf zum Zwangsheirat-Bekämpfungsgesetz bezeichnet dieses Ergebnis zu Recht als einen „Wertungswiderspruch zur gesamten Systematik des Eheaufhebungsrechts“[531]. Deshalb sieht der Entwurf vor, den Zusatz „... es sei denn, zur Zeit des Erbfalls hätte die Aufhebbarkeit der Ehe nicht mehr geltend gemacht werden können“[532] an § 1318 Abs. 5 BGB anzufügen. Diesen Vorschlag unterstützt auch die Bundesregierung in ihrer Stellungnahme aus-

527 So auch *Peter*, S. 15.

528 BR-Drucks. 546/05, S. 3; BT-Drucks. 16/1035, Anlage 1, S. 5.

529 BT-Drucks. 16/1035, Anlage 2, S. 11.

530 Kritisch zu § 1318 Abs. 5 *Dieckmann*, FS Schwab, S. 473, 488; Staudinger/*Strätz*, § 1318 Rn. 39 f.; *Muscheler*, Familienrecht, Rn. 279.

531 BT-Drucks. 16/1035, Anlage 2, S. 10.

532 Art. 2 Nr. 2 lit. b), BR-Drucks. 546/05, S. 3; BT-Drucks. 16/1035, Anlage 1, S. 5.

drücklich[533]. Durch die geplante Gesetzesänderung würde eine inakzeptable Rechtslage abgeschafft werden. Es bleibt zu hoffen, dass der Gesetzgeber diese Änderung auch tatsächlich verwirklicht.

cc) Unterhaltsanspruch gem. § 1933 S. 3 BGB

Entfällt das Ehegattenerbrecht gem. § 1933 S. 1 oder 2 BGB, so steht dem Ehegatten gem. § 1933 S. 3 BGB nach Maßgabe der §§ 1569-1586 b BGB ein Unterhaltsanspruch gegen die Erben zu. Diesen Anspruch fügte der Gesetzgeber 1998 im Rahmen der Eherechtsreform ein. Hierdurch wollte er eine Gleichstellung des nach § 1933 BGB enterbten Ehegatten mit dem geschiedenen erreichen[534]. Leider beachtete der Gesetzgeber dabei nicht den Unterhaltsausschluss nach § 1318 Abs. 2 S. 1 BGB, sodass durch die Einfügung der Vorschrift weitere Unklarheiten entstanden sind, was an folgendem Fall gezeigt werden soll[535]: Die Ehefrau hat den Ehemann durch arglistige Täuschung zur Eingehung der Ehe bewegt. Er entdeckt die Täuschung, stellt den Antrag auf Aufhebung der Ehe und verstirbt. Ihr Erbrecht entfällt gem. § 1933 S. 2 BGB, gem. § 1933 S. 3 BGB erhält sie einen Unterhaltsanspruch nach Maßgabe der § 1569-1586 b BGB. Wäre der Ehemann nicht vor Prozessbeendigung gestorben, so stünde ihr jedoch nach § 1318 Abs. 2 S. 1 Nr. 1 BGB kein nachehelicher Unterhaltsanspruch zu. Sinn und Zweck des § 1933 BGB liegen darin, die Person, die vor dem Erbfall geschieden beziehungsweise deren Ehe aufgehoben worden ist, mit derjenigen, die ohne den Tod des Ehegatten geschieden beziehungsweise deren Ehe aufgehoben worden wäre, gleichzustellen[536] und den Erbrechtsverlust nach § 1933 S. 1 und 2 BGB zu kompensieren[537]. Da die Ehefrau auch nach Aufhebung der Ehe keinen Anspruch auf nachehelichen Unterhalt hätte, ist es völlig unsachgemäß und widersprüchlich zum Sinn und Zweck des § 1933 BGB, ihr diesen Anspruch nach dem Tod zuzugestehen.

Das Problem weitet sich aus, bezieht man die Fälle des § 1318 Abs. 5 BGB mit in die Betrachtung ein: Der Ehemann befand sich bei der Eheschließung in einem Zustand der vorübergehenden Störung seiner Geistestätigkeit, was die Ehefrau wusste. Er beantragt die Aufhebung der Ehe und verstirbt während des Verfahrens. Das Erbrecht der Ehefrau entfällt gem. § 1318 Abs. 5 BGB *und* gem. § 1933 S. 2 BGB. Ist in diesem Fall eine Norm spezieller als die andere oder sind beide nebeneinander anzuwenden? Entsteht auch hier ein Unterhaltsanspruch gem. § 1933 S. 3 BGB? Die Rechtslage ist unklar. § 1318 Abs. 5 BGB durchbricht die in § 1313 BGB angeordnete Ex-nunc-Wirkung[538]. Schon seit

533 BT-Drucks. 16/1035, Anlage 2, S. 10.
534 Staudinger/*Werner*, § 1933 Rn. 14.
535 Vgl. hierzu *Dieckmann*, FS Schwab, S. 473, 488 f.
536 Staudinger/*Werner*, § 1933 Rn. 3.
537 *Dieckmann*, FS Schwab, S. 473, 491.
538 *Muscheler*, Familienrecht, Rn. 278.

dem Zeitpunkt der Eheschließung ist das Ehegattenerbrecht ausgeschlossen. Der Ausschluss gem. § 1318 Abs. 5 BGB ist also demjenigen gem. § 1933 S. 2 BGB zeitlich vorgelagert. Liegt schon ein Ausschluss gem. § 1318 Abs. 5 BGB vor, so kann § 1933 S. 2 BGB das Erbrecht nicht mehr ausschließen, und es wäre falsch, dem überlebenden Ehegatten einen Unterhaltsanspruch gem. § 1933 S. 3 BGB zuzusprechen[539]. Außerdem stünde der Ehefrau auch hier, wie bei der zuvor geschilderten Fallkonstellation (arglistige Täuschung), bei Überleben des Ehemanns gem. § 1318 Abs. 2 S. 1 Nr. 1 BGB kein Unterhaltsanspruch zu, sodass kein Grund besteht, ihr diesen Unterhaltsanspruch bei Versterben des Ehemanns vor Beendigung des Verfahrens zuzusprechen.

dd) Ergebnis: Gesetzliches Erbrecht

Der Gesetzgeber hat das Erbrecht und den Unterhaltsanspruch des Ehegatten bei Versterben des anderen während des Aufhebungsverfahrens in nur unbefriedigender Weise geregelt, die Beziehung zwischen § 1933 S. 3 BGB und § 1318 Abs. 2 BGB ist nicht ganz klar und sorgt für Rechtsunsicherheit. Zwar würde der Gesetzgeber den gröbsten Fehler des § 1318 BGB durch das Zwangsheirat-Bekämpfungsgesetz beseitigen, jedoch müsste er, um zu einem befriedigenden Gesamtergebnis zu gelangen, zusätzliche Änderungen vornehmen. Zunächst einmal sollte er die fehlerhafte Verweisung in § 1318 Abs. 3 BGB korrigieren und „§ 1363“ durch „§ 1372“ ersetzen. Bezüglich Abs. 5 wäre die vom Bundesrat vorgeschlagene Gesetzesänderung, auch im Fall der widerrechtlichen Drohung das Erbrecht auszuschließen, wünschenswert. Darüber hinaus sollte aber auch bei Kenntnis der Aufhebungsgründe des § 1318 Abs. 2 Nr. 2 und 3 BGB ein Ausschluss des Ehegattenerbrecht in Betracht kommen. Um die Systematik des § 1318 BGB und des BGB insgesamt wieder herzustellen, wäre eine Überführung des geänderten § 1318 Abs. 5 BGB in einen § 1933 S. 4 BGB zu überdenken.

Die Widersprüche zwischen § 1318 Abs. 2 BGB und § 1933 S. 3 BGB könnte der Gesetzgeber auflösen, indem er § 1933 S. 3 BGB durch die Worte „..., bei einem Erbrechtsverlust gem. § 1933 S. 2 aber nur gem. § 1318 Abs. 1, 2 und nur, sofern das Erbrecht des Ehegatten nicht bereits gem. § 1318 Abs. 5 (beziehungsweise § 1933 S. 4) entfallen ist“, ergänzt[540].

b) Gewillkürtes Erbrecht

Hat der Erblasser eine letztwillige Verfügung errichtet und vor seinem Tode den Antrag auf Aufhebung gestellt, wozu er auch berechtigt war, so ist die letztwillige Verfügung gem. § 2077 Abs. 1 S. 1, 3 BGB unwirksam. Bei dieser Norm besteht fast das gleiche Problem wie bei § 1933 BGB [541]. Stellt der überlebende

---

539 Im Ergebnis auch *Dieckmann*, FS Schwab, S. 473, 491.

540 *Dieckmann*, FS Schwab, S. 473, 490, 492.

541 Siehe S. 127 ff.

Ehegatte den Antrag auf Aufhebung, so entfällt sein Erbrecht nicht, obwohl er die Ehe nicht länger aufrecht erhalten wollte. In diesem Fall besteht zwar die Möglichkeit, das Testament gem. § 2078 Abs. 1 Alt. 1 BGB anzufechten. Grundsätzlich ergibt sich hier jedoch wie bei § 1933 BGB eine nicht zu rechtfertigende Ungleichheit, weshalb auch in dieser Norm die Worte „der Erblasser" durch „einen Ehegatten" ersetzt werden sollten[542].

7. Personenrechtliche Folgen

§ 1318 BGB nennt ausdrücklich die Scheidungsfolgen, welche bei erfolgter Aufhebung der Ehe anzuwenden sind. Er beschränkt sich auf *vermögensrechtliche* Scheidungsfolgen, und „nur" in den in der Norm genannten Fällen darf Scheidungsrecht angewendet werden. § 37 EheG erklärte hingegen bei Eheaufhebung die *Vorschriften* über die Folgen der Scheidung anwendbar und verwies damit auch auf die nicht vermögensrechtlichen[543]. Die personenrechtlichen Folgen der Eheaufhebung, wie die Weiterführung des Ehenamens und der Namen der Kinder sowie die Regelung des Sorgerechts, sind heute gesetzlich nicht ausdrücklich geregelt.

a) Ehename

Bis zur Eherechtsreform im Jahr 1998 konnte ein Ehegatte nach Erklärung der Nichtigkeit mit Ex-tunc-Wirkung den Ehenamen nicht weiter fortführen, denn § 26 EheG erklärte nur die *vermögensrechtlichen* Folgen des Scheidungsrechts für anwendbar[544]. Bei Aufhebung der Ehe waren gem. § 37 EheG die *Vorschriften* über die Folgen der Scheidung, d. h. auch die nicht vermögensrechtlichen, anwendbar[545]. Der Ehename konnte abgelegt oder fortgeführt werden. Einen Anspruch auf Ablegung des Ehenamens gegen den Ehegatten gab es nur unter dem Gesichtspunkt des Rechtsmissbrauchs in krassen Einzelfällen[546]. Der Entwurf zum Eherechtsreformgesetz erklärte in § 1318 Abs. 1 BGB sowohl die vermögensrechtlichen als auch die *personenrechtlichen* Scheidungsfolgen für anwendbar[547]. Wäre der Entwurf Gesetz geworden, so könnte man heute § 1355 Abs. 5 BGB auch nach erfolgter Aufhebung der Ehe in unproblematischer Weise anwenden.

Da die heutige Fassung des § 1318 BGB die personenrechtlichen Scheidungsfolgen jedoch nicht für anwendbar erklärt, entfällt auf den ersten Blick das Recht, den Ehenamen nach erfolgter Aufhebung weiter zu führen. Auch § 1355 Abs. 5 BGB spricht nur dem Ehegatten, dessen Ehe durch Scheidung oder Tod –

---

542 *Battes,* FamRZ 1977, 433, 439.
543 Palandt/*Diedrichsen,* 57. Aufl., § 37 EheG Rn. 2.
544 *Barth/Wagenitz*, FamRZ 1996, 833, 842.
545 Palandt/*Diedrichsen,* 57. Aufl., § 37 EheG Rn. 2.
546 *BGH* NJW-RR 2005, 1521 f.
547 BT-Drucks. 13/4898, S. 21.

nicht etwa durch Aufhebung – aufgelöst worden ist, das Recht zu, den Ehenamen weiterzuführen. Der Ehegatte, der den Namen des anderen geführt hat, muss also, hält man sich streng an den Gesetzeswortlaut, seinen ursprünglichen Namen wieder annehmen[548]. Dies führt jedoch dazu, dass eine faktische Rückwirkung der Eheaufhebung entsteht[549]. Der Ehegatte steht nach Aufhebung der Ehe namensrechtlich so, wie er vor Eingehung der Ehe stand. Er hat kein Recht mehr an dem Namen, den er eine sehr lange Zeit als *seinen* Namen geführt hat. Es liegt ein Eingriff in das allgemeine Persönlichkeitsrecht aus Art. 2 Abs. 1 i. V. m. Art. 1 Abs. 1 GG vor. Denn das Recht am eigenen, auch durch Heirat erlangten Namen, ist Teil des allgemeinen Persönlichkeitsrechts[550]. Die Rechtfertigung dieses Eingriffs stellt sich in manchen Fällen der Aufhebung als problematisch dar. Ist beispielsweise eine gutgläubige Ehefrau jahrelang mit einem Bigamisten verheiratet, hat dessen Namen geführt und lieb gewonnen, und wird die Ehe dann aufgehoben, so wiegt ihr Interesse am Erhalt des Ehenamens schwerer als das öffentliche Interesse an der Klarstellung, dass diese Ehe nicht ordnungsgemäß geschlossen worden ist und jetzt nicht mehr besteht. Ihr Interesse wiegt eindeutig schwerer als das Interesse des Bigamisten an der Aufgabe des Ehenamens, da er schon seit der Eheschließung von der Aufhebbarkeit der Ehe wusste und nicht schützenswert ist. Ein automatischer Verlust des Ehenamens ist in diesem Fall verfassungsrechtlich höchst bedenklich.

Eine nicht unbeachtliche Zahl an Stimmen in der Literatur befürwortet eine analoge Anwendung des § 1355 Abs. 5 BGB [551]. Dafür müsste zunächst eine planwidrige Regelungslücke vorliegen. Wie oben beschrieben, sah der Gesetzgeber in seinem ersten Entwurf einen Verweis auf die personenrechtlichen Scheidungsfolgen in § 1318 BGB vor[552]. Weshalb er von diesem Vorhaben abließ, ist unklar. Wahrscheinlich kann man jedoch von einer redaktionellen Unachtsamkeit ausgehen, da eine Nichtanwendbarkeit des § 1355 Abs. 5 BGB eine Abkehr vom Ex-nunc-Prinzip, welches der Gesetzgeber in § 1313 BGB angeordnet hat, bedeuten würde[553] und zu einer verfassungsrechtlich bedenklichen Rechtslage führt. Eine planwidrige Regelungslücke besteht somit.

Des Weiteren muss für eine analoge Anwendung eine vergleichbare Interessenlage gegeben sein; das Interesse des geschiedenen Ehegatten am Erhalt sei-

---

548 *Bosch,* NJW 1998, 2004, 2011; Bamberger/Roth/*Lohmann*, § 1319 Rn. 23; MünchKomm/*Müller-Gindullis*, § 1318 Rn. 15; Staudinger/*Hübner/Voppel,* § 1355 Rn. 80; *Muscheler,* Familienrecht, Rn. 278.

549 *Peter,* S. 17; *Bosch,* NJW 1998, 2004, 2011; *Rauscher,* Rn. 225.

550 *BVerfG* NJW 2004, 1155.

551 Eine analoge Anwendung des § 1355 Abs. 5 wird befürwortet von *Peter,* S. 17; Erman/*Roth*, § 1318 Rn. 11; *Hepting/Gaaz*, Rn. III 750; Palandt/*Brudermüller,* § 1318 Rn. 16; *Rauscher*, Rn. 225.

552 BT-Drucks. 13/4898, S. 6.

553 *Rauscher,* Rn. 225.

nes Ehenamens muss mit dem Interesse des Ehegatten, dessen Ehe aufgehoben worden ist, vergleichbar sein. Bei Eingehung der Ehe denken die Ehegatten in der Regel, dass die Ehe ein Leben lang hält und man den angenommenen Ehenamen ein Leben lang behält. Sie vertrauen auf den Bestand des Ehenamens und erwerben im Laufe der Zeit ein eigenes Recht an ihm. Ein Vertrauen oder zumindest ein schützenswertes Vertrauen in den Bestand der Ehe und des Ehenamens liegt jedoch bei dem Ehegatten, der den Aufhebungsgrund bei Eingehung der Ehe kannte, nicht vor. Eine mit der Scheidung vergleichbare Interessenlage kann also nur in dem Fall der Gutgläubigkeit bejaht werden, und auch nur in diesem Fall kommt eine analoge Anwendung des § 1355 Abs. 5 BGB in Betracht[554]. Der bösgläubige Ehegatte muss nach Aufhebung der Ehe – mangels mit § 1355 Abs. 5 BGB vergleichbarer Interessenlage – seinen Ehenamen abgeben.

b) Auswirkungen der Aufhebung auf das Eltern-Kind-Verhältnis

Die Aufhebung der Ehe berührt das Verhältnis der Eltern zu den in der Ehe geborenen Kindern nicht. Die Kinder behalten den Familiennamen, auch wenn ein Ehegatte diesen ablegen muss[555]. Beide Eltern behalten gem. § 1671 BGB die gemeinsame elterliche Sorge, sofern ein Elternteil nicht den Antrag auf Übertragung der alleinigen Sorge stellt und diesem stattgegeben wird. Bezüglich des Verhältnisses der Eltern zu ihren Kindern bestehen folglich keine Unterschiede zwischen Scheidung und Aufhebung der Ehe. Die Sperrwirkung des § 1318 Abs. 1 BGB schließt nicht die Anwendung der allgemeinen namens- und sorgerechtlichen Vorschriften aus, da es sich bei diesen Vorschriften nicht um Folgen der Ehescheidung handelt, sondern um Vorschriften, die das Eltern-Kind-Verhältnis im Allgemeinen regeln.

8. Ergebnis: Regelung der Rechtsfolgen

Insgesamt ist die Regelung der Rechtsfolgen einer Aufhebung missglückt. Schon der Aufbau der Norm sorgt für Verwirrung, da die Formulierung des Abs. 1 („nur in den nachfolgenden Fällen") irrigerweise vermuten lässt, das Scheidungsfolgenrecht fände nur ausnahmsweise und nicht regelmäßig Anwendung. Der Gesetzgeber hätte es besser bei der positiven Formulierung des ursprünglichen Abs. 1 belassen sollen, die da lautete: „Die Folgen der Aufhebung einer Ehe bestimmen sich nach den Vorschriften über die Scheidung"[556]. Anschließend hätte er die Fälle aufführen müssen, in denen das Scheidungsfolgenrecht *nicht* Anwendung findet[557]. Die Unanwendbarkeit der Scheidungsfolgen bei ei-

---

[554] Im Ergebnis auch Palandt/*Diedrichsen*, 58. Aufl., § 1318 Rn. 4.

[555] Vgl. § 1617 c) BGB; *Peter*, S. 18.

[556] BT-Drucks. 13/4894, S. 6.

[557] Z. B.: "(2) Die §§ 1569 bis 1586 b finden keine Anwendung, 1. zulasten eines Ehegatten, der bei Verstoß gegen die §§1303 ... oder in den Fällen des § 1314 Abs. 2 Nr. 1 oder 2 die

ner Scheinehe müsste er ausdrücklich erwähnen. Bei dieser Vorgehensweise wären auch keine systematischen Widersprüche zwischen der Formulierung der Absätze 2-4 einerseits und Absatz 5 andererseits entstanden.

Inhaltlich gelang dem Gesetzgeber die Regelungen der Absätze 2-4; Absatz 5 hingegen misslang ihm, wie oben gezeigt, völlig. Hier besteht dringender Reformbedarf, um die Fehler der Eherechtsreform von 1998 zu korrigieren. Es bleibt zu hoffen, dass der Gesetzgeber die im Rahmen des Zwangsheirat-Bekämpfungsgesetzes geplanten Reformen bezüglich des Erbrechts verwirklicht und somit zumindest die gröbsten Fehler der Norm beseitigt. Eine weitere Korrektur der Norm anhand der oben herausgearbeiteten Vorschläge wäre darüber hinaus wünschenswert.

9. Ergebnis: Zwangsheirat-Bekämpfungsgesetz

Am 8.7. 2005 wurde der Entwurf eines Zwangsheirat-Bekämpfungsgesetzes des Bundesrats durch das Land Baden-Württemberg in den Bundestag eingebracht[558]. Anderthalb Jahre später ist das Gesetz noch immer nicht in Kraft getreten, und auch ein Ende des Gesetzesgebungsverfahrens ist nicht absehbar[559]. Zwar kann die Verwirklichung des Zwangsheirat-Bekämpfungsgesetzes das Problem der Zwangsheirat und ihrer Folgen nicht lösen, jedoch bietet es einen besseren Schutz für die Opfer und dient als Abschreckung für die Täter. Eine baldige Verwirklichung des Gesetzes wäre deshalb wünschenswert.

VII. Abschaffung der Eheaufhebung

Die Regelungen über die Aufhebung der Ehe bedürfen auf der Rechtsfolgenseite einiger Korrekturen, um zu akzeptablen Ergebnissen zu gelangen. Fraglich ist, ob diese Korrekturen innerhalb des Instituts der Eheaufhebung ausreichen oder ob das heute vielleicht nicht mehr erforderliche und unzeitgemäße Institut der Eheaufhebung ganz abgeschafft werden sollte. Vorbild hierfür könnte das Lebenspartnerschaftsgesetz sein, welches nur auf Tatbestandsseite zwischen Aufhebung wegen „Scheiterns" und Aufhebung wegen Willensmangels unterscheidet (vgl. § 15 LPartG). Die Rechtsfolgen sind identisch.

Mit der Frage nach der Notwendigkeit des Instituts der Eheaufhebung befassten sich auch *Zaha* im Jahr 1939, *Höhne* 1974 und *Peter* 2002 ausführlich. *Zaha*[560] und *Höhne* befürworten eine Abschaffung der Eheaufhebung (§§ 28 ff. EheG; nicht der damaligen Ehenichtigkeit) und die inhaltliche Gleichstellung

---

Aufhebbarkeit der Ehe bei der Eheschließung gekannt hat oder in den Fällen des § 1314 Abs. 2 Nr. 3 oder 4 die Täuschung oder Drohung von ihm oder mit seinem Wissen verübt worden ist".

558 BT-Drucks. 15/5951.

559 Am 19.6.2006 fand eine öffentliche Anhörung im Ausschuss für Familie, Senioren, Frauen und Jugend des Bundestags statt, Protokoll Nr. 16/13.

560 *Zaha*, S. 54 ff.

von Ehescheidung und Eheaufhebung mit der Begründung, die Unterschiede seien so gering, dass man sie auch beseitigen könne[561] beziehungsweise Scheidung und Aufhebung seien deckungsgleich und austauschbar[562]. Auch *Finger*[563] forderte bereits 1981 mit ähnlichen Argumenten die Abschaffung der Aufhebung der Ehe in Irrtums- und Täuschungsfällen. *Peter* hingegen tritt für die Beibehaltung der Eheaufhebung ein[564].

1. Statistik

Die Statistik spricht für die Abschaffung der Eheaufhebung: Im Jahr 2004 standen 371 Eheaufhebungen 213.691 Scheidungen gegenüber[565]. Auf 576 Ehescheidungen kam also eine Eheaufhebung. Im nächsten Abschnitt wird untersucht, ob es hinreichende Gründe gibt, die den Bestand der § 1314 ff. BGB trotzdem rechtfertigen.

2. Auflösung mit Ex-nunc-Wirkung

Sowohl die Scheidung als auch die Aufhebung verfolgen das gleiche Ziel: die Auflösung der Ehe mit Ex-nunc-Wirkung. Seit der Entstehung des BGB hat sich die Aufhebung der Ehe immer weiter von der „Aufhebung" eines schuldrechtlichen Vertrags entfernt und der Scheidung angenähert. Der BGH entschied im Jahr 1996, eine bereits geschiedene Ehe könne nicht mehr angefochten werden, da ein Rechtsschutzinteresse für ein erneutes Begehren auf *nochmalige* Herbeiführung derselben *bereits eingetretenen* Gestaltungswirkung fehle[566]. Seit 1998 verhindert § 1317 Abs. 3 BGB die Aufhebung einer bereits aufgelösten Ehe. Diese Entscheidung und diese Norm sprechen scheinbar dafür, dass Anfechtung beziehungsweise heute Aufhebung der Ehe und Scheidung das gleiche Ziel oder die gleiche Gestaltungswirkung verfolgen, nämlich die Auflösung der Ehe mit Ex-nunc-Wirkung[567]. Wenn beide Institute dasselbe Ziel verfolgen, so scheint eines, in diesem Fall die Eheaufhebung, überflüssig zu sein.

Zwar haben Scheidung und Aufhebung der Ehe dieselbe Gestaltungswirkung, die Auflösung der Ehe mit Ex-nunc-Wirkung, jedoch unterscheiden sich die sonstigen Folgen in beachtlicher Weise voneinander: Nach erfolgter Aufhebung ist das Scheidungsfolgenrecht gem. § 1318 BGB nur eingeschränkt anwendbar. Da diesen Unterschied auch der BGH erkannt hat, erklärte er bei einer ursprünglich aufhebbaren, dann aber geschiedenen Ehe, die vermögensrechtlichen Folgen

561 *Zaha*, S. 51, 54.
562 *Höhne*, S. 60 f.
563 *Finger*, NJW 1981, 1534, 1541.
564 *Peter*, S. 31-69.
565 Statistisches Jahrbuch 2006, S. 56.
566 *BGH* NJW 1996, 2727 f.
567 Vgl. *Peter*, S. 45 f.

der Aufhebung für trotzdem anwendbar[568]. Aufhebung und Scheidung unterscheiden sich zwar nicht in ihrer Gestaltungswirkung, jedoch auf vermögensrechtlicher Ebene voneinander, was im nächsten Abschnitt noch näher beleuchtet wird. Es wäre falsch, die beiderseitige Auflösung mit Ex-nunc-Wirkung als Argument für die Abschaffung der Eheaufhebung anzusehen.

3. Unterschiedliche Rechtsfolgen bei Eheaufhebung und Scheidung

Der Hauptzweck der Aufhebung hat sich in den letzten Jahrzehnten gewandelt: Er besteht vordergründig nicht mehr darin, die Ehe aufzulösen, weil dies auch eine Scheidung mit derselben Gestaltungswirkung ermöglicht, sondern in der Beschränkung der Rechtsfolgen gegenüber dem Scheidungsrecht.

a) Sanktionscharakter der Rechtsfolgen

Der Ehegatte, der seinen Partner arglistig getäuscht oder ihm gedroht hat, kann keinen Unterhalt nach den §§ 1569-1586 b BGB verlangen, ein Ausschluss des Ehegattenerbrechts im Sinne des § 1318 Abs. 5 BGB wäre darüber hinaus wünschenswert[569]. Die nur eingeschränkte Anwendbarkeit des Scheidungsfolgenrechts sanktioniert das Verhalten des drohenden oder täuschenden Ehegatten. Derjenige, der seinen Partner durch eine Lüge oder Drohung zur Eheschließung bewegt, soll anschließend nicht von dessen Vermögen profitieren. Des Weiteren schützen die Normen den Ehegatten, der auf den wirksamen Bestand der Ehe vertraut hat oder Opfer der Drohung geworden ist. Er wird auf vermögensrechtlicher Ebene zu seinen Gunsten grundsätzlich wie nach einer Scheidung behandelt. Liegt ein Verstoß gegen ein Eheverbot oder die Ehefähigkeit vor, so wird ebenfalls derjenige, der den Verstoß nicht kannte und auf den Bestand der Ehe vertraute, geschützt[570]. Der Andere kann sich nur auf das eingeschränkte Scheidungsfolgenrecht berufen, er wird „bestraft". Die unterschiedliche Behandlung zwischen der Eheauflösung durch Scheidung und Aufhebung ist notwendig, damit der täuschende, drohende oder bösgläubige Ehegatte aus der Ehe keinen finanziellen Vorteil zieht.

b) Wiedereinführung des Verschuldensprinzips

Sieht man heute den Hauptzweck der Eheaufhebung darin, den täuschenden, drohenden oder bewusst gegen ein Eheverbot verstoßenden Ehegatten mittels der eingeschränkten Scheidungsfolgen zu bestrafen, so stellt sich die Frage, ob

---

568 *BGH* NJW 1996, 2727 f.

569 Siehe S. 134.

570 Derjenige, der die Eheunmündigkeit oder den Verstoß gegen ein Eheverbot gekannt hat, kann gem. § 1318 Abs. 2 S. 1 BGB keinen Unterhalt verlangen, gem. § 1318 Abs. 5 BGB findet § 1931 BGB zugunsten des Ehegatten, der bei Verstoßen gegen die §§ 1304, 1306, 1307 oder 1311 BGB die Aufhebbarkeit der Ehe bei Eheschließung gekannt hat, keine Anwendung.

das nicht der Abschaffung des Verschuldensprinzips widerspricht. Denn wie bei der Verschuldensscheidung wird eine Person als die „böse“ oder „schuldige“ hingestellt. Unter Umständen findet eine Demütigung und ein Denunzieren der Ehegatten untereinander sowie eine Verletzung der Privatsphäre im gerichtlichen Aufhebungsverfahren statt[571], weshalb *Höhne* und *Finger* eine Abschaffung der Aufhebung (§§ 28 ff. EheG) befürworten[572]. Es waren auch diese Umstände, die den Gesetzgeber zur Abschaffung des Verschuldensprinzips im Rahmen des 1. EheRG bewegten[573]. Das Bestreben des Gesetzgebers, Demütigung und Denunzierung weitestgehend zu vermeiden, ist grundsätzlich zu befürworten. Insbesondere der Nachweis einer arglistigen Täuschung und des bis 1998 existierenden Eigenschaftsirrtums kann beziehungsweise konnte vor Gericht zu unangenehmen Situationen führen. Man stelle sich nur vor, es müsse durch einen Zeugenbeweis die arglistige Täuschung einer Frau über ihre voreheliche Treue oder die homosexuellen Neigungen des Ehemanns bewiesen werden[574]. Dies könnte zu höchst unangenehmen Situationen führen. Jedoch ist zu bedenken, dass in diesen Fällen ein Eindringen in die Privatsphäre der Ehegatten notwendig ist, um den Willensmangel beziehungsweise den Aufhebungsgrund zu beweisen. Bei einer Abwägung der Eheschließungs- und Willensfreiheit gegen den Schutz der Privatsphäre entscheidet sich wohl auch der getäuschte oder bedrohte Ehegatte für die Eheschließungs- und Willensfreiheit sowie für die Aufhebung der Ehe[575].

Die Verschuldensscheidung und die Aufhebung der Ehe wegen arglistiger Täuschung und widerrechtlicher Drohung unterscheiden sich darin, dass im ersten Fall ein Verschulden *während* der Ehe, im zweiten Fall ein Verschulden *vor* oder *bei* der Eheschließung vorliegt[576]. Die Aufhebungstatbestände der arglistigen Täuschung und widerrechtlichen Drohung greifen also nur den Grundgedanken der Verschuldensscheidung auf, regeln ansonsten aber eine ganz andere Art des Verschuldens. Des Weiteren fand auch im Scheidungsrecht nach der Eherechtsreform von 1998 keine völlige Loslösung vom Grundgedanken des Verschuldensprinzips statt. Bei der Versagung des Unterhaltsanspruchs und Versorgungs- oder Zugewinnausgleichs wegen besonderer Härte (§§ 1579, 1587 c, 1381 BGB) kann es bei der Feststellung der „groben Unbilligkeit“ auch heute immer noch zu unangenehmen Auseinandersetzungen zwischen den Ehegatten im Gerichtssaal kommen[577]. Wenn der Grundgedanke des Verschuldensprinzips

---

571 *Höhne*, S. 174; *Peter*, S. 42; *Finger*, NJW 1981, 1534, 1537.
572 *Höhne*, S. 174; *Finger*, NJW 1981, 1534, 1537, 1541.
573 BR-Drucks. 260/73, S. 72; BT-Drucks. 6/2577, S. 30 f.
574 Ein ähnliches Beispiel nennt *Finger*, NJW 1981, 1534, 1537.
575 *Peter*, S. 44.
576 Vgl. *Peter*, S. 32.
577 *Peter*, S. 44.

also auch noch im Scheidungsrecht zu finden ist, so besteht kein Anlass, ihn aus dem Aufhebungsrecht zu entfernen.

c) Zwischenergebnis

Im Ergebnis ist also nichts dagegen einzuwenden, den „schuldigen“ Ehegatten nach erfolgter Eheaufhebung auf das eingeschränkte Scheidungsfolgenrecht zu verweisen. Die Beschränkung der Rechtsfolgen ist sogar zu begrüßen, da so das Fehlverhalten des „schuldigen“ oder „bösen“ Ehegatten sanktioniert wird. Die jeweiligen Rechtsfolgen stellen einen wichtigen Unterschied zwischen der Eheaufhebung und Scheidung dar, welcher auch in Zukunft erhalten bleiben sollte. Das nur eingeschränkt anwendbare Scheidungsfolgenrecht spricht für die Beibehaltung der Eheaufhebung.

4. Interessenausgleich über Härteklauseln

Die Rechtsfolgen der Scheidung und Aufhebung unterscheiden sich scheinbar in beachtlicher Weise. Jedoch blieben in der bisherigen Untersuchung die im Gesetz vorhandenen Härteklauseln (§§ 1381, 1579; 1587 c und h BGB) außer Betracht, welche eine Einschränkung des Scheidungsfolgenrechts ermöglichen. Der folgende Abschnitt untersucht, ob die im Gesetz vorhandenen Härteklauseln für einen gerechten Ausschluss beziehungsweise für eine gerechte Einschränkung der einzelnen Scheidungsfolgen – unter Aufrechterhaltung des Sanktionscharakters – sorgen können oder ob durch die Abschaffung der Eheaufhebung eine Einführung weiterer Härteklauseln notwendig wäre, um einen gerechten Interessenausgleich zu erzielen.

a) Nachehelicher Unterhalt

§ 1318 Abs. 2 BGB schließt den Anspruch auf nachehelichen Unterhalt für den bösgläubigen, drohenden oder täuschenden Ehegatten aus. Im Scheidungsfolgenrecht könnte man diesen Ausschluss über die Härteklausel des § 1579 BGB erreichen[578]. Der Fall der widerrechtlichen Drohung durch den anderen Ehegatten erfüllt in der Regel § 240 Abs. 4 S. 2 Nr. 1 Alt. 2 StGB[579] und stellt ein schweres Verbrechen im Sinne des § 1579 Nr. 2 BGB dar. Droht ein Verwandter mit Wissen des anderen Ehegatten, so käme ein Ausschluss gem. § 1579 Nr. 7 BGB in Betracht. Bei der vorsätzlichen Eingehung einer bigamischen Ehe, strafbar gem. §171 StGB, dürfte § 1579 Nr. 2 BGB[580], bei einer arglistigen Täuschung § 1579 Nr. 6 BGB (offensichtlich schwerwiegendes Fehlverhalten) erfüllt sein. In den übrigen Fällen des § 1318 Abs. 2 BGB könnte man den Unterhaltsanspruch gem. § 1579 Nr. 7 BGB ausschließen.

---

[578] Vgl. *Peter*, S. 59 ff.

[579] § 240 Abs. 4 S. 2 Nr. 1 geändert durch Gesetz vom 11.2.2005, BGBl. I 2005, S. 239.

[580] *Peter*, S. 60.

Ein gerechter Interessenausgleich wäre also grundsätzlich über die Härteklausel des § 1579 BGB möglich, jedoch bestehen zwischen dem Ausschluss gem. § 1318 Abs. 2 BGB und § 1579 BGB auch Unterschiede[581]: Der Ausschluss gem. § 1579 BGB hängt im Gegensatz zu dem gem. § 1318 Abs. 2 BGB letztlich immer von einer Billigkeitsabwägung des Richters ab[582]. Des Weiteren wird beim Ausschluss gem. § 1318 Abs. 2 Nr. 2 BGB das Interesse einer dritten Person (die in erster Ehe mit einem Bigamisten verheiratete Person) mitberücksichtigt, was § 1579 BGB nicht anordnet. § 1579 BGB schafft also nur mit kleineren Nachteilen zu Lasten des gutgläubigen, bedrohten oder getäuschten Ehegatten und der dritten Person einen gerechten Interessenausgleich.

b) Versorgungsausgleich

Der öffentlich-rechtliche Versorgungsausgleich ist im Rahmen einer Scheidung gem. § 1587 c BGB, der privatrechtliche gem. § 1587 h BGB ausschließbar. Den öffentlich-rechtlichen Versorgungsausgleich kann man ausschließen, soweit die Inanspruchnahme des Verpflichteten unter Berücksichtigung der beiderseitigen Verhältnisse (...) grob unbillig wäre; den schuldrechtlichen, soweit die Inanspruchnahme unter Berücksichtigung der beiderseitigen *wirtschaftlichen* Verhältnisse eine unbillige Härte bedeuten würde. Bei der Billigkeitsabwägung im Sinne des § 1587 c Nr. 1 BGB dürfen alle Umstände, auch wenn sie keinen wirtschaftlichen Bezug aufweisen und nicht im Zusammenhang mit der Scheidung stehen, mit einbezogen werden[583], ebenso voreheliche Verfehlungen[584]. Der Ausschluss des öffentlich-rechtlichen Versorgungsausgleichs kann somit auch als Sanktion wegen eines groben *persönlichen* Fehlverhaltens erfolgen[585].

Beim Ausschluss des schuldrechtlichen Versorgungsausgleichs hingegen darf der Richter dem Wortlaut nach nur die beiderseitigen *wirtschaftlichen*, nicht auch die persönlichen Verhältnisse der Ehegatten mit in die Billigkeitserwägungen einbeziehen. Das hieße bei einer strengen Wortlautauslegung, für den Ausschluss des schuldrechtlichen Versorgungsausgleichs wäre, um einen gerechten Interessenausgleich zu schaffen und den Sanktionscharakter aufrecht zu erhalten, § 1318 Abs. 3 BGB unverzichtbar. Jedoch wendet man § 1587 c Nr. 1 BGB auf § 1587 h BGB [586] analog an, da der schuldrechtliche Versorgungsausgleich subsidiär gegenüber dem öffentlich-rechtlichen ist und er keinen weiteren An-

---

581 Siehe hierzu *Peter*, S. 64 f.

582 Palandt/*Brudermüller*, § 1579 Rn. 1.

583 *Peter*, S. 66; MünchKomm/*Dörr*, § 1587 c Rn. 33; Palandt/*Brudermüller*, § 1587 c Rn. 26; Staudinger/*Rehme*, § 1587 c Rn. 21.

584 *Peter*, S. 67; *Huber*, S. 66.

585 Staudinger/*Rehme*, § 1587 c Rn. 48.

586 *BGH* FamRZ 1987, 145, 147; MünchKomm/*Dörr*, § 1587 h Rn. 3; Staudinger/*Rehme*, § 1587 h Rn. 2. Palandt/*Brudermüller*, § 1587 h Rn. 2, bezeichnet die unterschiedlichen Regelungen der § 1587 c) und h) als Versehen des Gesetzgebers.

spruch als der öffentlich-rechtliche gewähren darf[587]. Eine Miteinbeziehung der gegenseitigen persönlichen Belange ist also auch im Rahmen des schuldrechtlichen Versorgungsausgleichs möglich, § 1318 Abs. 3 BGB ist nicht unverzichtbar. Zwar bleiben bei den Billigkeitserwägungen im Rahmen der §§ 1587 c und h BGB, anders als bei § 1318 Abs. 3 BGB, die Belange Dritter außer Betracht. Wie beim Ausschluss des Unterhaltsanspruchs hängt die Entscheidung letztlich von der Billigkeitsabwägung des Richters ab, ansonsten kann ein gerechtes Ergebnis allein über § 1587 c BGB erlangt werden[588].

c) Zugewinnausgleich

§ 1381 BGB ermöglicht einen Ausschluss des Zugewinns, soweit der Ausgleich nach den Umständen des Falles, § 1318 Abs. 3 BGB erlaubt ihn, soweit der Ausgleich im Hinblick auf die Umstände bei der Eheschließung oder bei Verstoß gegen § 1306 BGB im Hinblick auf die Belange der dritten Person grob unbillig wäre. Mit Ausnahme der Beachtung einer dritten Person im Fall des § 1306 BGB entsprechen sich die Vorschriften inhaltlich, eine Billigkeitserwägung findet in beiden Fällen statt. Ein gerechter Interessenausgleich kann somit eingeschränkt auch über das Scheidungsfolgenrecht geschaffen werden.

d) Erbrecht

Durch die Abschaffung der Eheaufhebung wäre § 1933 S. 2 BGB überflüssig, ihn könnte der Gesetzgeber streichen. § 1318 Abs. 5 BGB würde als typische Norm der Eheaufhebung wegfallen, das Ehegattenerbrecht könnte man nicht mehr in den dort genannten Fällen ausschließen. Auch wenn es sich bei § 1318 Abs. 5 BGB um eine nicht ganz gelungene und verbesserungsbedürftige Norm handelt, so kommt ihr trotzdem die wichtige Funktion zu, das Verhalten des „bösen" Ehegatten zu sanktionieren. Ohne sie wäre ein bigamischer oder – wie das Zwangsheirat-Bekämpfungsgesetz es vorsieht – drohender Ehegatte erbberechtigt. Sein Fehlverhalten bliebe nicht nur sanktionslos, der Ehegatte würde sogar unter Umständen für sein Vorgehen belohnt. Eine solche Rechtslage ist inakzeptabel. Der Gesetzgeber müsste eine neue Härteklausel in § 1933 BGB einfügen, die das Erbrecht in speziellen Fällen, nämlich in denen des § 1318 Abs. 5 BGB, ausschließt, da ansonsten die Abschaffung des § 1318 Abs. 5 BGB zu keinem gerechten Ergebnis führen würde.

e) Ehename

Den Ehenamen dürfte der Ehegatte, der seinen Geburtsnamen abgelegt hat, gem. § 1355 Abs. 5 BGB behalten, da er ja „geschieden" ist. Diese Lösung bezüglich des Ehenamens nach erfolgter Aufhebung befürwortet auch heute schon die

---

587 MünchKomm/*Dörr*, § 1587 h Rn. 3; Staudinger/*Rehme*, § 1587 h Rn. 2.

588 *Peter*, S. 65.

wohl herrschende Meinung[589]. Wollte man hingegen dem bösgläubigen, drohenden oder täuschenden Ehegatten die Weiterführung des Ehenamens untersagen, so müsste eine neue Härteklausel in § 1355 BGB eingefügt werden. Durch die Abschaffung des Eheaufhebungsrechts könnte man also nur ein bedingt befriedigendes Ergebnis erlangen.

f) Ergebnis: Interessenausgleich über Härteklauseln

Die Abschaffung der Eheaufhebung würde im Hinblick auf die Rechtsfolgen zu einer nur bedingt befriedigenden Rechtslage führen. Der Ausschluss des Unterhaltsanspruchs sowie des Anspruchs auf Versorgungs- und Zugewinnausgleich durch die Härteklauseln des Scheidungsfolgenrechts wäre zwar möglich, würde aber die in erster Ehe mit einem Bigamisten verheiratete Person benachteiligen. Darüber hinaus wären der Ausschluss des Unterhaltsanspruchs und des Anspruchs auf Zugewinn- und Versorgungsausgleich anders als heute von den Billigkeitserwägungen des Richters abhängig. Bezüglich des Namensrechts entstünden keine großen Unterschiede zur heutigen Rechtslage. Ein gänzlich unbefriedigendes Ergebnis würde man jedoch im Erbrecht durch die Abschaffung des § 1318 Abs. 5 BGB erlangen. Hier müsste der Gesetzgeber eine zusätzliche Norm in das Erbrecht einfügen, die zu einem gerechten Interessenausgleich führt und das Verhalten des „bösen" Ehegatten sanktioniert. Im Ergebnis kann also mit Hilfe der bestehenden Härteklauseln des Scheidungsrechts kein befriedigender Interessenausgleich hergestellt werden. Dieses Ergebnis spricht für die Beibehaltung der heutigen Rechtslage.

5. Unterschiedliche Tatbestandsvoraussetzungen

Ein Ehegatte, der seine Ehe auflösen will und dem ein Antragsrecht gem. § 1316 BGB zusteht, wählt wohl meist die Eheaufhebung statt der Scheidung, weil sich die Rechtsfolgen günstiger für ihn darstellen. Jedoch bestehen neben dieser Motivation noch weitere, teils rationale, teils emotionale Erwägungen, die den Ehegatten zur Aufhebung statt zur Scheidung bewegen.

Zwar ist in den meisten Fällen der Eheaufhebung auch eine Scheidung möglich, jedoch existieren Fälle, in denen die Aufhebung schneller oder einfacher erfolgen kann als die Scheidung. So müssen die Ehegatten bei der Eheaufhebung weder das Trennungsjahr nach § 1566 Abs. 1 BGB noch bei fehlender Zustimmung eines Ehegatten die dreijährige Trennungsfrist des § 1566 Abs. 2 BGB einhalten[590]. Im Fall der einverständlichen Scheidung wird dieser Unterschied nicht allzu groß sein, da auch der Eheaufhebungsprozess ebenso lang wie die Scheidung andauern kann und sich im Ablauf möglicherweise komplizierter gestaltet als ein Scheidungsverfahren. Dem zeitlichen Unterschied kommt je-

---

[589] Siehe S. 135 ff.
[590] Vgl. *Peter,* S. 48.

doch Bedeutung zu, wenn der Ehegatte (Antragsgegner) der Scheidung nicht zustimmt und für die Scheiternsvermutung eine Trennungszeit von drei Jahren erfüllt sein muss. In diesem Fall bietet die Aufhebung der Ehe einen erheblichen zeitlichen Vorteil. Des Weiteren findet die Härteklausel des § 1568 BGB, die in Extremfällen die Scheidung untersagt, auf die Eheaufhebung keine Anwendung[591]. Auch hier kann die Eheaufhebung zu einer schnelleren Beendigung der Ehe führen als die Scheidung.

Es bestehen also nicht nur auf der Rechtsfolgen-, sondern auch auf der Tatbestandsseite beachtliche Unterschiede zwischen Eheaufhebung und Scheidung. Diese Unterschiede sollten, um den getäuschten, bedrohten oder gutgläubigen Ehegatten zu schützten, erhalten bleiben. Die unterschiedlichen Tatbestandsvoraussetzungen sprechen somit für die Beibehaltung der Eheaufhebung.

6. Prozesskosten

Ein weiterer Vorteil der Eheaufhebung ist für den gutgläubigen, bedrohten oder getäuschten Ehegatten die Verteilung der Prozesskosten. Bei einer Ehescheidung sind die Kosten gem. § 93 a Abs. 1 ZPO gegeneinander aufzuheben. Dies ist zwar gem. § 93 a Abs. 3 S. 1 ZPO auch bei der Eheaufhebung der Regelfall, gem. § 93 a Abs. 3 S. 2 ZPO kann das Gericht sie aber bei Gutgläubigkeit, arglistiger Täuschung oder Drohung nach billigem Ermessen anderweitig verteilen. Diese Regelung sanktioniert das Verhalten des einen und schützt den anderen Ehegatten. Sie stellt für den Letztgenannten einen Vorteil gegenüber dem Scheidungsrecht dar und sollte zu seinen Gunsten erhalten bleiben. Diese Erwägungen sprechen somit gegen die Abschaffung der Eheaufhebung.

7. Kein Verbund mit Folgesachen

Ein weiterer rationaler Vorteil der Eheaufhebung gegenüber der Scheidung liegt darin, dass beim Aufhebungsverfahren kein Verfahrensverbund mit den Folgesachen im Sinne der §§ 623, 629 ZPO vorgeschrieben ist[592], was das Aufhebungsverfahren zeitlich verkürzt. Werden Scheidung und Aufhebung nebeneinander beantragt, so besteht vorläufig ein Verbundszwang mit den Folgesachen (§§ 622 ff. ZPO), damit das Scheidungsverfahren nicht anders abläuft als bei einem alleinigen Scheidungsantrag. Ist im Ergebnis dem Aufhebungsantrag statt zu geben, so muss über die Folgesachen getrennt entschieden werden[593]. Die Ehegatten können sie als allgemeine Familiensachen selbständig vor dem Fami-

---

591 *Schwab*, FS Beitzke, S. 357, 358 f.

592 *AG Kamen* FamRZ 1978, 12; *Peter*, S. 50; *Bergerfurth*, FamRZ 1976, 581, 582; *Finger*, NJW 1981, 1534, 1536; *Schwab*, FS Beitzke, S. 357, 366 f.; *Bergerfurth*/Rogner, Rn. 496.

593 *Peter*, S. 50; *Finger*, NJW 1981, 1534, 1536; *Schwab*, FS Beitzke, S. 357, 368.

liengericht (§ 621 ZPO) geltend machen[594]. Gibt das Gericht nicht dem Antrag auf Aufhebung, sondern dem auf Scheidung statt, so bleibt der Verbund bestehen. Scheidung und Aufhebung unterscheiden sich also in einem weiteren Aspekt: Aufgrund des nicht vorhandenen Verbundszwangs kann die Aufhebung schneller und einfacher erfolgen. Dieser Vorteil – und somit auch die Eheaufhebung – sollte beibehalten werden.

8. Emotionaler Aspekt

Neben den hier genannten rechtlichen und rationalen Unterschieden zwischen Scheidung und Aufhebung der Ehe darf man nicht den emotionalen oder psychologischen Aspekt übersehen. Manche Ehegatten, die eine Aufhebung der Ehe beantragen, wollen verdeutlichen, dass sie die Ehe nicht wegen Scheiterns der ehelichen Gemeinschaft, sondern wegen eines Mangels, der bereits bei der Eheschließung vorlag, beenden[595]. Da auch heute noch Teile der Gesellschaft eine Scheidung nicht gut heißen, ist dieses emotionale Interesse zu berücksichtigen; es spricht für die Erhaltung der Eheaufhebung.

9. Beachtung der Willens- und Eheschließungsfreiheit

Bei der Diskussion um die Abschaffung der Eheaufhebung darf man neben den hier genannten praktischen Gründen nicht die eigentlichen Gründe für die Existenz der Eheaufhebung vergessen: Die Beachtung der Willens- und Eheschließungsfreiheit[596]. Die Eheschließungsfreiheit ist ein Grund- und Menschenrecht, welches Art. 6 Abs. 1 GG sowie Art. 16 der Allgemeinen Erklärung der Menschenrechte und Art. 12 der Europäischen Konvention zum Schutz der Menschenrechte und Grundfreiheiten garantieren. Art. 2 Abs. 1 GG schützt die Willensfreiheit. Würde der Gesetzgeber die Aufhebung der Ehe abschaffen, so könnte die Ehe nur noch durch Scheidung aufgelöst werden. Soweit ein gerechter Interessenausgleich über das Scheidungsfolgenrecht möglich wäre, dürften keine verfassungsrechtlichen Probleme entstehen[597]. Jedoch ginge die Signalwirkung des § 1314 BGB verloren, die besagt, dass Ehen, welche gegen ein Eheverbot verstoßen oder bei dessen Eingehung ein Ehegatte einem Willensmangel unterlag, fehlerhaft sind. Die Eheschließungs- und Willensfreiheit als elementare Bestandteile unserer demokratischen Grundordnung würden zu we-

---

[594] *Bergerfurth,* FamRZ 1976, 581, 582. Da auch das Versorgungsausgleichsverfahren im Fall der Eheaufhebung nicht von Amts wegen eingeleitet wird (§ 623 Abs. 3 S. 1 ZPO bezieht sich nur auf das Scheidungsverfahren), ist hier ein Parteiantrag notwendig, vgl. *Peter*, S. 51; *Schwab,* FS Beitzke, S. 357, 368.

[595] *Molls*, S. 125; *Peter,* S. 53; *Neuhaus,* FS Ficker, S. 337, 359.

[596] Vgl. hierzu *Beitzke,* FamRZ 1981, 1122 ff., der die Eheschließungsfreiheit und ein weitgehendes Aufhebungs- bzw. Anfechtungsrecht verteidigt.

[597] So auch *Peter,* S. 53.

nig Beachtung finden. Dieses Argument spricht gegen die Abschaffung der Eheaufhebung.

10. Antragsrecht der Behörde

Bei einem Verstoß gegen die §§ 1303, 1304, 1306, 1307, 1311 BGB und in den Fällen des § 1314 Abs. 2 Nr. 1 und 5 BGB steht gem. § 1316 Abs. 1 Nr. 1 BGB das Recht, den Antrag auf Aufhebung zu stellen, nicht nur den Ehegatten, sondern auch der zuständigen Behörde zu. Die Abschaffung der Eheaufhebung hätte zur Folge, dass die Behörde in den genannten Fällen kein Recht mehr besäße, die Auflösung der Ehe zu beantragen, da es gem. § 1564 S. 1 BGB nur den Ehegatten zusteht, die Scheidung zu beantragen. Eine bigamische Ehe, die gegen ein Eheverbot und gegen das Wesen der Ehe[598] verstößt, könnte also, wenn die Ehegatten keinen Antrag auf Scheidung stellen, nicht geschieden oder in sonstiger Weise aufgelöst werden. Diese Rechtslage wäre inakzeptabel, den Eheverboten käme nur noch eine rein deklaratorische Wirkung zu. Der Erhalt des behördlichen Antragsrechts spricht also eindeutig gegen die Abschaffung der Eheaufhebung[599].

Man könnte in Erwägung ziehen, nur die Fälle der Eheaufhebung abzuschaffen, in denen der Verwaltungsbehörde kein Antragsrecht zusteht, also die Fälle des § 1314 Abs. 2 Nr. 2-4 BGB. Ähnlich waren die Vorschläge *Höhnes*[600] und *Fingers*[601] nach einer Abschaffung der Eheaufhebung, welche nach damaliger Rechtslage auch nur die Fälle des (heute nicht mehr rechtlich relevanten) Irrtums und der mangelnden Einwilligung des gesetzlichen Vertreters sowie der Täuschung und der Drohung meinten. Aber auch wenn man nur die Aufhebungsgründe des § 1314 Abs. 2 Nr. 2-4 BGB abschaffen würde, wäre diese Änderung weiterhin nicht mit der Eheschließungs- und Willensfreiheit vereinbar, da der emotionale oder psychologische Aspekt der Eheaufhebung ignoriert werden würde. Der drohende oder täuschende Ehegatte könnte finanzielle Vorteile aus der Ehe ziehen. Eine Abschaffung der Aufhebungsgründe des § 1314 Abs. 2 Nr. 2-4 BGB kommt also nicht in Betracht.

11. Überschneidung der Scheidungs- und Aufhebungsgründe

Der von *Höhne* vorgebrachten und bis 1998 noch berechtigten Kritik, die Aufhebungsgründe (§§ 28 ff. EheG) und „Scheidungsgründe" seien nicht vernünftig voneinander abzugrenzen[602], was gegen ein Nebeneinander der Institute und für die Abschaffung der Eheaufhebung spräche, entzog der Gesetzgeber mit der

---

598 Aus § 1353 Abs. 1 S. 2 HS. 2 BGB ergibt sich die Pflicht zur ehelichen Treue und Einehe; sie ist Bestandteil des Wesens der Ehe.

599 Vgl. *Peter*, S. 55.

600 *Höhne*, S. 60 f.

601 *Finger*, NJW 1981, 1534, 1541.

602 *Höhne*, S. 68, 77 f.; *Finger*, FuR 1996, 124, 126 f.

Streichung des Eigenschaftsirrtums als Aufhebungstatbestand die Grundlage. Beim Eigenschaftsirrtum war oft unklar, ob die Ursache für das Zerbrechen der Ehe durch den Irrtum bei der Eheschließung gelegt worden war oder erst im Verlauf der Ehe entstand, die Ehe also scheiterte. In beiden Fällen konnte die Ehe aufgehoben werden, auch wenn in letzterer Konstellation eigentlich ein Fall der Scheidung vorlag. Eine klare Abgrenzung der beiden Institute war nicht möglich, eine Korrektur wünschenswert. Heute, nach der Abschaffung des Eigenschaftsirrtums, lassen sich Eheaufhebung und Ehescheidung klar voneinander abgrenzen: Bei der Eheaufhebung beruht das Scheitern auf einem bereits bei der Eheschließung vorhandenen Mangel, bei der Scheidung auf einer Fehlentwicklung nach der Eheschließung[603]. Jedoch liegt weiterhin eine einseitige Überschneidung der beiden Institute vor[604]: Alle Ehen, die aufhebbar sind, können geschieden, aber nicht alle scheidbaren Ehen aufgehoben werden. Im ersten Fall können Aufhebung und Scheidung sogar alternativ in einem Verfahren beantragt werden[605], was jedoch nicht bedeutet, dass die Eheaufhebung neben der Scheidung überflüssig sei. Denn die unter 2.- 10. dargestellten Unterschiede zwischen Scheidung und Eheaufhebung sind erheblich und rechtfertigen eine Existenz dieser beiden Institute nebeneinander[606]. Die einseitige Überschneidung von Scheidung und Eheaufhebung ist also kein Argument für die Abschaffung der Eheaufhebung.

12. Aufhebungsgründe als Scheidungsgründe

Eheaufhebung und Ehescheidung weisen sowohl auf Rechtsfolgen- als auch auf Tatbestandsseite einige Unterschiede auf, was für die Beibehaltung der Eheaufhebung spricht. Möglicherweise könnte man jedoch auf das Institut der Eheaufhebung verzichten, wenn man die heutigen Aufhebungstatbestände zu Scheidungsgründen erklären und für diese spezielle Regelungen bezüglich des Antragsrechts, der Rechtsfolgen und des Verfahrensverbands treffen würde. Damit wäre die Eheaufhebung abgeschafft und trotzdem für einen gerechten Interessenausgleich zwischen den Ehegatte gesorgt.

Diese Änderung würde aber das eigentliche Ziel, eine Vereinfachung des Eherechts, verfehlen: Denn auch wenn es nur noch die Möglichkeit der Scheidung gäbe, so müsste man bei den Scheidungsgründen weiterhin zwischen Zerrüttungsscheidung und sonstiger Scheidung differenzieren. Außerdem müsste der Gesetzgeber in das Scheidungs- und Scheidungsfolgenrecht viele neue Spezialnormen einfügen, die mit Sicherheit wieder für einige Verwirrungen in Rechtsprechung und Literatur sorgen würden[607]. Die heutigen Aufhebungsgrün-

603 *Peter*, S. 32; *Schmidt-Dalhoff*, S. 50; *Dölle*, S. 305.
604 Vgl. *Peter*, S. 32 ff.
605 Vgl. MünchKomm/*Bernreuther*, ZPO § 610 Rn. 1; Musielak/*Borth*, § 610 Rn. 1; 5.
606 Im Ergebnis auch *Peter*, S. 69.
607 So auch *Peter*, S. 69.

de würden zu Scheidungsgründen. Hierin liegt das größte Problem dieses Lösungsvorschlags: Das heutige Scheidungsrecht kennt nur den Scheidungsgrund des Scheiterns, vgl. §§ 1565 f. BGB. Würde der Gesetzgeber nun die Aufhebungs- zu Scheidungsgründen machen, so bedeutete dies eine Verletzung des Zerrüttungsprinzips. Zwar differenzieren die Härteklauseln des Scheidungsfolgenrechts heute noch, wie bereits beschrieben, mittelbar zwischen „schuldigem" und „nicht schuldigem" Ehegatten, der Gesetzgeber hat das Verschuldensprinzip also nicht gänzlich aus dem Scheidungsrecht verbannt. Des Weiteren findet genau diese Differenzierung heute im Aufhebungsrecht statt. Entscheidend ist jedoch, dass seit der ersten Eherechtsreform dem Verschulden für den Scheidungs*grund,* nicht etwa für den *Aufhebungs*grund oder die Scheidungs*folgen* keine Bedeutung mehr zukommt. Dieser Grundsatz würde durch die Umwandlung der Aufhebungs- in Scheidungsgründe gebrochen. Es ist deshalb nicht nur davon abzusehen, die Eheaufhebung ganz abzuschaffen, sondern auch davon, die Eheaufhebung in die Ehescheidung mit Erhaltung der rechtlichen Besonderheiten zu integrieren.

13. Ergebnis: Beibehaltung der Eheaufhebung

Einzig die beiderseitige Ex-nunc-Wirkung und die Statistik sprechen für eine Abschaffung der Eheaufhebung. Zwar ist die Zahl der Fälle der Aufhebung im Vergleich zur Scheidung verschwindend gering, möglicherweise kommt aber dem Tatbestand der widerrechtlichen Drohung, und somit auch der Eheaufhebung an sich, nach der Verwirklichung des Zwangsheirat-Bekämpfungsgesetzes wieder mehr Bedeutung zu. Fälle, in denen die Tatbestände der Eheaufhebung einschlägig sind, wird es also auch in der Zukunft noch geben. Der Ansicht *Peters*, das Institut der Eheaufhebung dürfe nicht abgeschafft werden, ist im Ergebnis zuzustimmen. *Zahas* und *Höhnes* Ansichten sind zumindest in Hinblick auf die heutige Rechtslage abzulehnen.

Würde man die Eheaufhebung abschaffen, so wäre ein befriedigender Interessenausgleich auf der Rechtsfolgenseite über die Härteklauseln des Scheidungsrechts nicht möglich. Erhebliche Unterschiede zwischen Eheaufhebung und Scheidung, die für den Erhalt der §§ 1314 ff. BGB sprechen, bestehen auch auf der Tatbestandseite und bezüglich des Verbundszwangs mit den Folgesachen. Der Wegfall des Antragsrechts der zuständigen Behörde würde gegen die Grundsätze des Eherechts, die Missachtung der Willens- und Eheschließungsfreiheit gegen das Grundgesetz und die Menschenrechte verstoßen. Deshalb ist von einer Abschaffung der Eheaufhebung und einer ausschließlichen Auflösung der Ehe und Regelung der Folgen über das heutige Scheidungsrecht dringend abzuraten. Auch die Umwandlung der Aufhebungsgründe zu Scheidungsgründen würde zu keiner Vereinfachung des Eherechts führen, weshalb von dieser Idee nur abgeraten werden kann. Das Lebenspartnerschaftsgesetz in seiner aktuellen Fassung zeigt, wie viele Probleme entstehen können, wenn man Scheidung und Aufhebung zu einem Institut vereinigt[608].

Solange sich eine Ehescheidung aufgrund der Einhaltung des Trennungsjahres und des Verbundszwangs in der Regel langwieriger und bezüglich der Rechtsfolgen für den getäuschten, bedrohten oder gutgläubigen Ehegatten ungünstiger gestaltet, kann auf die Aufhebung der Ehe nicht verzichtet werden und wird der Willensmangel bei Eingehung der Ehe weiterhin rechtlich relevant bleiben. Der Gesetzgeber sollte jedoch die bereits genannten und dringend erforderlichen Korrekturen innerhalb der §§ 1314 ff. BGB vornehmen, um Uneinheitlichkeiten zu beseitigen und den Schutz des bedrohten, getäuschten oder gutgläubigen Ehegatten zu verbessern.

608 Siehe hierzu S. 180 f.

C. Der Willensmangel bei Begründung der Lebenspartnerschaft

I. Die aktuelle Rechtslage im Überblick

Wie der Willensmangel bei Eingehung der Ehe führt auch der Willensmangel bei Begründung der Lebenspartnerschaft zur Aufhebbarkeit. Die Aufhebung der Lebenspartnerschaft regelt § 15 LPartG. Abs. 2 S. 1 der Norm erfasst die mit der Ehescheidung vergleichbaren Aufhebungsfälle, S. 2 die Fälle des Willensmangels. Der Satz verweist auf die Regelungen des BGB (§ 1314 Abs. 2 Nr. 1-4 BGB). § 15 Abs. 4 LPartG erklärt § 1315 Abs. 1 Nr. 3 und 4 BGB (Bestätigung) sowie § 1317 BGB (Antragsfrist) für anwendbar. Die Rechtsfolgen der Aufhebung finden sich in den §§ 16-20 LPartG. Sie sind auf *alle* Fälle der Aufhebung, also auf die mit der Ehescheidung vergleichbaren Fälle sowie die wegen Willensmangels bei Begründung der Lebenspartnerschaft, anwendbar. Die Aufhebung aufgrund eines Verstoßes gegen ein Eingehungsverbot (§ 1 Abs. 2 LPartG) regelt das Gesetz hingegen nicht ausdrücklich.

II. Historische Entwicklung

1. Das LPartG von 2001

Am 1.8.2001 trat das Gesetz zur Beendigung der Diskriminierung gleichgeschlechtlicher Gemeinschaften vom 16.2.2001 – kurz: Lebenspartnerschaftsgesetz – in Kraft[609]. Das Bundesverfassungsgericht bestätigte in seinem Urteil vom 17.7.2002 die formelle und materielle Vereinbarkeit des Gesetzes mit der Verfassung[610]. Es wies die Bedenken der Antragsstellerinnen (Sächsische Staatsregierung, Landesregierung Freistaat Thüringen, Bayerische Staatsregierung[611]) zurück, das Gesetz stehe mit dem nach Art. 6 Abs. 1 GG gebotenen Schutz von Ehe und Familie nicht im Einklang und wahre nicht das in der Norm enthaltene Abstandsgebot[612]. Entsprechende Bedenken waren natürlich auch dem Gesetzgeber im Gesetzesgebungsprozess bekannt, weshalb das Gesetz vorsorglich, aus Respekt vor Art. 6 Abs. 1 GG, einige „künstliche Unterscheidungen" zwischen Ehe und Lebenspartnerschaft enthielt[613]. Eine dieser Unterscheidungen betraf die Aufhebung der Lebenspartnerschaft.

Die Aufhebung der Lebenspartnerschaft war in den §§ 15 ff. LPartG a. F. geregelt, § 15 Abs. 2 LPartG a. F. nannte die Aufhebungsgründe: Das Gericht hob

---

[609] BGBl. I 2001, S. 266.
[610] *BVerfGE* 105, 313 ff.
[611] *BVerfGE* 105, 313, 314.
[612] *BVerfGE* 105, 313, 321.
[613] BT-Drucks. 15/3445, S. 1.

die Lebenspartnerschaft auf, wenn beide beziehungsweise ein Lebenspartner eine Nichtfortsetzungserklärung abgegeben hatten und seit der Abgabe zwölf beziehungsweise 36 Monate verstrichen waren (Nr. 1 und 2) oder ein Fall der besonderen Härte vorlag (Nr. 3). Unter Aufhebung gem. § 15 LPartG a. F. durfte man nicht die Aufhebung im Sinne des Eherechts aufgrund eines *anfänglichen* Begründungsmangels verstehen, sondern eine Aufhebung im Sinne der Ehescheidung aufgrund eines *nachträglichen* Mangels[614]. Wie eine Lebenspartnerschaft, welche nicht alle Eingehungsvoraussetzungen erfüllte oder bei dessen Eingehung ein Partner einem Willensmangel unterlag, zu behandeln war, normierte das Gesetz von 2001 nicht ausdrücklich.

a) Eingehung und Eingehungsvoraussetzungen

Die Begründungserklärungen der Lebenspartner sind gem. § 1 Abs. 1 S. 1 LPartG gegenseitig und bei gleichzeitiger Anwesenheit persönlich abzugeben und werden gem. S. 3 wirksam, wenn dies vor der zuständigen Behörde erfolgt. Abzugeben ist die Erklärung gegenüber dem anderen Partner, nicht gegenüber dem zuständigen Beamten[615].

Die Eingehungsvoraussetzungen regelte, wie auch heute noch, § 1 Abs. 2 LPartG [keine wirksame Lebenspartnerschaft mit einer minderjährigen, verheirateten oder verpartnerten Person (Nr. 1), mit einer in gerader Linie verwandten Person (Nr. 2), zwischen vollbürtigen Geschwistern (Nr. 3), wenn die Lebenspartner keine Verpflichtungen gem. § 2 LPartG eingehen wollen (Nr. 4)]. Sie stellen das Äquivalent zu den Ehefähigkeitsvoraussetzungen und Eheverboten der §§ 1303-1308 BGB dar. Eine Lebenspartnerschaft, die eine dieser Voraussetzungen nicht erfüllt, kann gem. § 1 Abs. 2 LPartG „nicht wirksam begründet werden". Sie hat niemals wirksam bestanden[616] und muss nicht, wie die Ehe bei einem Verstoß gegen ein Eheverbot oder eine Ehefähigkeitsvoraussetzung, aufgehoben werden. Auf die Unwirksamkeit können sich die Lebenspartner und Dritte jederzeit[617], auch innerhalb eines Prozesses im Wege der Inzidentprüfung[618], berufen. Ansonsten kann jedermann mit einem Feststellungsinteresse

---

614 *Muscheler*, Lebenspartnerschaft, Rn. 536; *Wellenhofer-Klein*, Lebenspartnerschaft, Rn. 284; Hk-LPartR/*Kemper*, 1. Aufl., § 15 Rn. 1; Palandt/*Brudermüller*, 63. Aufl., § 15 LPartG Rn. 1.

615 Vgl. Hk-LPartR/*Kemper*, § 1 Rn. 2; Gernhuber/*Coester-Waltjen*, S. 487.

616 BT-Drucks. 14/3751, S. 36; *Kaiser*, FamRZ 2002, 867 f.; *Muscheler*, Lebenspartnerschaft, Rn. 189; *Wellenhofer-Klein*, Lebenspartnerschaft, Rn. 81. Palandt/*Brudermüller*, 63. Aufl., § 1 LPartG Rn. 8, spricht von einer Unwirksamkeit Ex-tunc. Die Verwendung dieses Begriffs dürfte jedoch verfehlt sein, da die Lebenspartnerschaft, anders als die nichtige Ehe bis 1998, von Anfang an niemals existiert hat.

617 Hk-LPartR/*Kemper*, § 1 Rn. 24.

618 *Muscheler*, Lebenspartnerschaft, Rn. 198.

eine Feststellungsklage auf Feststellung des Bestehens der Lebenspartnerschaft gem. §§ 256 Abs. 1, 661 Abs. 1 Nr. 2 ZPO erheben[619].

b) Der Willensmangel bei Eingehung der Lebenspartnerschaft

Die rechtliche Behandlung des Willensmangels bei Eingehung der Lebenspartnerschaft regelte das Gesetz von 2001, ebenso wie den Verstoß gegen eine Begründungsvoraussetzung, nicht ausdrücklich. Die herrschende Meinung in der Literatur vertrat die Ansicht, die allgemeinen Regeln des BGB, also auch die §§ 116-118[620] und 119 ff.[621] BGB, seien auf die Begründung der Lebenspartnerschaft anwendbar. *Dethloff* hingegen erschien es überzeugender, die Vorschrift über die Aufhebung der Lebenspartnerschaft (§ 15 LPartG a. F.) als *abschließende* Regelung zu betrachten, da eine Aufhebung mit Ex-nunc-Wirkung der gelebten Partnerschaft eher gerecht würde als eine Nichtigkeit oder Anfechtung mit Ex-tunc-Wirkung[622]. Der Ansatz *Dethloffs* erscheint reizvoll: Folgte man ihm, so würde die Lebenspartnerschaft nachträglich nicht mit Ex-tunc-Wirkung vernichtet, sondern nur mit Ex-nunc-Wirkung aufgehoben, und die über Jahre tatsächlich gelebte Partnerschaft wäre nicht einfach ignoriert worden. Dieses Argument veranlasste den Gesetzgeber unter anderem auch dazu, die Ex-tunc-Wirkung bei der Nichtigkeitserklärung der Ehe zu durchbrechen und schließlich 1998 abzuschaffen. Nach *Dethloffs* Lösung wäre bei einem Willensmangel nur eine „normale" Aufhebung im Sinne des § 15 LPartG a. F. in Betracht gekommen, was den großen Nachteil gehabt hätte, dass in der Regel die Wartefrist von zwölf beziehungsweise 36 Monaten einzuhalten gewesen wäre[623]. Man hätte eine willensfehlerhafte Lebenspartnerschaft wie jede andere „gescheiterte" Lebenspartnerschaft behandelt und somit die Willensfreiheit der Lebenspartner völlig missachtet. Außerdem wandte die herrschende Meinung auf die Rückabwicklung des Lebenspartnerschaftsvertrags die Regeln über das fehlerhafte Dauerschuldverhältnis[624] an, sodass die gelebte Gemeinschaft nicht völlig ignoriert wurde. Des Weiteren widersprach *Dethloffs* Lösung dem Willen des Gesetzge-

---

619 *Muscheler*, Lebenspartnerschaft, Rn. 199; Hk-LPartR/*Kemper*, § 1 Rn. 25.

620 *Battes*, FuR 2002, 49, 54; *Kaiser*, FamRZ 2002, 867 f.; *Lipp*, StAZ 2002, 354, 358; *Schwab*, FamRZ 2001, 385, 388; *Meyer/Mittelstädt*, S. 35; *Muscheler*, Lebenspartnerschaft, Rn. 190; Palandt/*Brudermüller*, 63. Aufl., § 1 LPartG Rn. 8.

621 *Battes*, FuR 2002, 49, 54; *Kemper*, FF 2001, 156, 158; *Kemper*, FPR 2003, 1 f.; *Lipp*, StAZ 2002, 354, 358; *Schwab*, FamRZ 2001, 385, 388; *Weinrich*, FuR 2001, 481; *Muscheler*, Lebenspartnerschaft, Rn.190; *Wellenhofer-Klein*, Lebenspartnerschaft, Rn. 87 ff.; *Windel*, S. 45, 55 f.; Erman/*Kaiser*, § 1 LPartG Rn. 11; Palandt/*Brudermüller*, 63. Aufl., § 1 LPartG Rn. 8.

622 *Dethloff*, NJW 2001, 2598, 2600; vgl. auch *Grziwotz*, DNotZ 2001, 280, 292 f.

623 *Muscheler*, Lebenspartnerschaft, Rn. 190.

624 *Muscheler*, Lebenspartnerschaft, 1. Aufl., Rn. 67 ff.; *Battes*, FuR 2002, 49, 54; *Lipp*, StAZ 2002, 354, 358; *Rieger*, FamRZ 2001, 1497, 1502; Hk-LPartR/*Kemper*, 1. Aufl., § 1 Rn. 58; MünchKomm/*Wacke*, § 1 LPartG Rn. 18.

bers, der die allgemeinen zivilrechtlichen Grundsätze bis zur Reformierung des Lebenspartnerschaftsrechts für anwendbar hielt[625]. Aus diesen Gründen ist die bis 2005 vertretene Mindermeinung abzulehnen und der herrschenden Meinung zu folgen. Ein Rückgriff auf die §§ 116-118, 119 ff. BGB war also zulässig.

c) Vertraglicher Charakter der Lebenspartnerschaft

Gerade die Anwendbarkeit der §§ 116 ff., 119 ff. BGB verdeutlichte den stark ausgeprägten vertraglichen Charakter der Aufhebung der Lebenspartnerschaft. Ihre Begründung war – und ist auch heute noch – ein Vertrag[626]. Ein Rückgriff auf die allgemeinen Regeln, auch die §§ 104, 105, 138 BGB, war möglich[627]. Der Bestand des Rechtsverhältnisses Lebenspartnerschaft wurde jedoch durch das Lebenspartnerschaftsgesetz in der Fassung von 2001 nur unzureichend geschützt und entsprach eher dem Schutz eines schuldrechtlichen Vertragsverhältnisses als dem eines Statusverhältnisses.

2. Das LPartG von 2005

Das Bundesverfassungsgerichtsurteil aus dem Jahr 2002 machte „den Weg frei", für „die weitgehende Gleichstellung der eingetragenen Lebenspartnerschaft ... mit der Ehe"[628]. Am 1.1.2005 trat das Gesetz zur Überarbeitung des Lebenspartnerschaftsrechts vom 15.12.2004 in Kraft[629]. Durch das Gesetz erfolgte eine Annäherung der Lebenspartnerschaft an die Ehe in *einigen*, jedoch nicht in *allen* Punkten. So führte der Gesetzgeber zum Beispiel das „Verlöbnis" der Lebenspartner (§ 1 Abs. 3 LPartG), den gesetzlichen Güterstand der Zugewinngemeinschaft (§ 6 LPartG) und die Stiefkindadoption (§ 9 Abs. 7 LPartG) ein, es erklärt § 1357 BGB (§ 8 Abs. 2 LPartG) sowie § 2077 BGB (§ 10 Abs. 5 LPartG) für anwendbar[630].

Eine der schwerwiegendsten und umstrittensten Veränderungen erfolgte im Hinblick auf die Aufhebung der Lebenspartnerschaft. Zum einen modifizierte der Gesetzgeber die bereits existierenden Aufhebungsgründe (§ 15 Abs. 2 S. 1 LPartG): Er schaffte die Nichtfortsetzungserklärung des § 15 Abs. 2 Nr. 1 und 2 LPartG a. F. als Aufhebungsvoraussetzung ab und machte stattdessen einen Antrag und eine ein- beziehungsweise dreijährige Trennungsfrist, deren Beginn auch schon *vor* Antragsstellung liegen kann, zur Voraussetzung (§ 15 Abs. 2 S.

---

625 BT-Drucks. 14/3751, S. 36; siehe auch *Muscheler*, Lebenspartnerschaft, Rn. 190.

626 *BVerfGE* 105, 313, 317; Hk-LPartR/*Kemper*, § 1 Rn. 3; a. A. MünchKomm/*Wacke*, § 6 LPartG Rn. 1.

627 *Kaiser*, FamRZ 2002, 867 f.; *Lipp*, StAZ 2002, 354, 358; *Muscheler*, Lebenspartnerschaft, Rn. 190.

628 BT-Drucks. 15/3345, S. 14.

629 BGBl. I 2004, S. 3396.

630 Eine ausführliche Beschreibung der Änderungen findet sich bei *v. Dickhuth-Harrach*, FPR 2005, 273 ff.; *Finger*, MDR 2005, 121 ff.; *Grziwotz*, DNotZ 2005, 13 ff.; *Kaiser*, StAZ 2006, 65 ff.; *Stüber*, FamRZ 2005, 574 ff.; *Wellenhofer-Klein*, NJW 2005, 705 ff.

1 Nr. 1 und 2 LPartG). Die Aufhebung aus Gründen der unzumutbaren Härte, § 15 Abs. 2 Nr. 3 LPartG a. F. – jetzt § 15 Abs. 2 S. 1 Nr. 3 LPartG – blieb bestehen. Zwar setzt die Aufhebung der Lebenspartnerschaft auch heute noch nicht ausdrücklich ein Scheitern voraus, jedoch sind die Aufhebungsgründe des § 15 Abs. 2 S. 1 LPartG den Scheidungsgründen, § 1565, 1566 BGB, sehr ähnlich.

Zum anderen fügte der Gesetzgeber neue Aufhebungsgründe hinzu: Der neu eingeführte § 15 Abs. 2 S. 2 LPartG regelt die Aufhebung der Lebenspartnerschaft bei einem Willensmangel und verweist auf die Aufhebungsgründe des § 1314 Abs. 2 Nr. 1-4 BGB; auf den Aufhebungsgrund Scheinehe, Nr. 5, verweist die Norm nicht, da eine Scheinpartnerschaft gem. § 1 Abs. 2 Nr. 4 LPartG von Anfang an nichtig ist. Die Rechtsfolgen der Aufhebung normierte der Gesetzgeber in den §§ 16 ff. LPartG. Diese Vorschriften unterscheiden *nicht* danach, ob eine Lebenspartnerschaft aus Gründen des S. 1 oder 2 aufgehoben worden ist. Auch in Hinblick auf die Wirkung und das Aufhebungsverfahren unterscheiden sich die Aufhebung nach S. 1 und 2 nicht wesentlich. In beiden Fällen muss die Aufhebung gerichtlich beantragt werden, und das Gericht hebt gem. § 15 Abs. 1 LPartG die Partnerschaft mit Ex-nunc-Wirkung auf.

Grundsätzlich stellt das LPartG von 2005 also die Aufhebung wegen eines *anfänglichen* Willensmangels der Aufhebung wegen eines *nachträglichen* Mangels gleich. Übertrüge man dieses Modell auf das Eherecht hieße das, dass die Willensmängel bei Eingehung der Ehe zu speziellen Scheidungsgründen würden. Dieser Vorschlag wurde bezüglich der Ehe im vorhergehenden Abschnitt der Arbeit bereits ausführlich diskutiert und abgelehnt[631].

Ob dem Gesetzgeber die Regelung der Aufhebung der Lebenspartnerschaft und die Reform des Lebenspartnerschaftsrechts gelungen ist sowie die Frage, ob auch heute noch ein Rückgriff auf die allgemeinen Normen möglich ist, wird im Folgenden näher zu untersuchen sein.

III. Der Tatbestand des Willensmangels

Zunächst einmal soll jedoch ein Überblick über die Tatbestände des Willensmangels gegeben werden.

1. § 15 Abs. 2 S. 2 LPartG

§ 15 Abs. 2 S. 2 LPartG verweist auf die Aufhebungsgründe des § 1314 Abs. 2 Nr. 1-4 BGB. Diese Aufhebungsgründe sind der Ehe und der Lebenspartnerschaft gemein, und es kann hier grundsätzlich auf die Ausführungen zur Ehe verwiesen werden. Jedoch ergeben sich in wenigen Fällen bei der Aufhebung der Lebenspartnerschaft wegen Willensmangels Besonderheiten gegenüber der Ehe.

---

631 Siehe S. 149 f.

a) § 15 Abs. 2 S. 2 LPartG, § 1314 Abs. 2 Nr. 1 BGB

Befand sich ein Lebenspartner bei der Begründung der Lebenspartnerschaft im Zustand der Bewusstlosigkeit oder vorübergehenden Störung der Geistestätigkeit, so kann die Lebenspartnerschaft gem. § 15 Abs. 2 S. 2 LPartG, § 1314 Abs. 2 Nr. 1 BGB aufgehoben werden. Dieser Fall kommt wohl bei der Begründung der Lebenspartnerschaft genauso selten vor wie bei der Eingehung der Ehe. Bezüglich dieses Tatbestands bestehen keine Unterschiede zwischen der Aufhebung der Ehe und der Lebenspartnerschaft.

b) § 15 Abs. 2 S. 2 LPartG, § 1314 Abs. 2 Nr. 2 BGB

Der typische Fall des § 1314 Abs. 2 Nr. 2 BGB ereignet sich bei einer Eheschließung im Ausland[632]: Zwei Deutsche oder ein Deutscher und ein Nichtdeutscher heiraten im Ausland und beide oder eine Person wissen nicht, dass es sich bei der Zeremonie um eine Eheschließung handelt. Diese Fälle lassen sich nicht auf die Begründung der Lebenspartnerschaft übertragen, da die registrierte gleichgeschlechtliche Partnerschaft gem. Art. 17 b EGBGB insgesamt dem Recht des Registerstaates unterliegt[633]. Begründung, Wirkung und Aufhebung der gleichgeschlechtlichen Partnerschaft richten sich also nach den Regeln des Landes, in dem die Partnerschaft registriert wurde[634]. Erfolgte die Registrierung in Deutschland, richtet sich die Partnerschaft nach deutschem Recht, wurde sie im Ausland registriert, richtet sie sich nach ausländischem Recht. Der Gesetzgeber entschied sich, die Lebenspartnerschaft dem Recht des Registerstaates zu unterstellen, um die in Deutschland lebenden Ausländer nicht zu diskriminieren. Würde man nämlich an das Recht des Heimatlands anknüpfen, welches möglicherweise die Lebenspartnerschaft nicht kennt, so bliebe es den in Deutschland lebenden Ausländern verwehrt, eine Lebenspartnerschaft einzugehen[635].

Eine Nebenfolge der Regelung ist, dass sich die von Deutschen im Ausland registrierten Partnerschaften nach ausländischem Recht richten. Da es sich bei der Verweisung in Art. 17 b Abs. 1 EGBGB um eine Sachnormverweisung handelt, ist auch eine Rück- oder Weiterverweisung in das deutsche Recht nicht zu beachten[636]. Eine nur im Ausland begründete Lebenspartnerschaft kann also niemals nach deutschem Recht aufgehoben werden. Der Tatbestand des § 1314

---

632 Vgl. *Jayme*, StAZ 1982, 208; siehe auch S. 65 ff.

633 Hk-LPartR/*Kemper*, § 15 Rn. 31.

634 Palandt/*Heldrich*, Art. 17 b EGBGB Rn. 3. Eine Einschränkung bezüglich der Wirkungen besteht jedoch gem. Art. 17 b Abs. 4 LPartG: Die Wirkungen einer im Ausland eingetragenen Lebenspartnerschaft gehen nicht weiter als nach den Vorschriften des BGB und LPartG vorgesehen.

635 BT-Drucks. 14/3751, S. 60; *Wagner*, IPRax 2001, 280, 289.

636 BT-Drucks. 14/3751, S. 60; MünchKomm/*Coester*, Art. 17 b EGBGB Rn. 14; Palandt/*Heldrich*, Art. 17 b EGBGB Rn. 3.

Abs. 2 Nr. 2 BGB wird somit bei der Lebenspartnerschaft noch seltener vorkommen als bei der Ehe[637].

c) § 15 Abs. 2 S. 2 LPartG, § 1314 Abs. 2 Nr. 3 BGB

Gem. § 15 Abs. 2 S. 2 LPartG, § 1314 Abs. 2 Nr. 3 BGB kann eine Lebenspartnerschaft aufgehoben werden, wenn ein Lebenspartner durch eine arglistige Täuschung über solche Umstände zur Begründung der Lebenspartnerschaft bestimmt worden ist, die ihn bei Kenntnis der Sachlage und bei richtiger Würdigung des *Wesens der Lebenspartnerschaft* von der Begründung abgehalten hätten. Wie die Ehe kann die Lebenspartnerschaft nicht aufgehoben werden, wenn die Täuschung Vermögensverhältnisse betrifft oder ein Dritter die Täuschung ohne Wissen des anderen Partners verübt hat.

aa) Fälle der arglistigen Täuschung

Bei der Eingehung einer Lebenspartnerschaft täuschen die Partner teilweise über die gleichen, teilweise aber auch über andere Dinge als bei der Eingehung der Ehe: So dürfte eine Täuschung über die Zeugungsfähigkeit oder Unfruchtbarkeit grundsätzlich bedeutungslos sein, es sei denn, die Partner haben zuvor etwas anderes vereinbart. Eine Täuschung über eine bestehende Schwangerschaft oder Vaterschaft kann nur in der Konstellation vorkommen, dass eine Partnerin der anderen die Schwangerschaft, die ein Dritter „verursacht" hat, verschweigt beziehungsweise ein Partner dem anderen verschweigt, dass er eine Dritte geschwängert hat. Ansonsten täuschen die Lebenspartner aber über die gleichen Dinge wie die Ehegatten.

bb) Das Wesen der Lebenspartnerschaft

Schon bei der Ehe, einer seit Ewigkeiten existierenden und gesellschaftlich anerkannten Lebensform, lässt sich nur schwer feststellen, was ihr *Wesen* ist und wie man es *richtig würdigt*[638]. Wie soll man dies dann bei der Lebenspartnerschaft, die erst seit 2001 existiert und welche manche Teile der Gesellschaft nur tolerieren oder nicht anerkennen, feststellen? Was man unter dem Wesen der *Lebenspartnerschaft* zu verstehen hat, lässt sich noch schwerer bestimmen als das Wesen der Ehe. § 2 LPartG definiert die Lebenspartnerschaft näher und legt, wie § 1353 BGB für die Ehe, die Rechte und Pflichten fest. Das Gesetz bezeichnet die Lebenspartnerschaft als eine „Fürsorge- und Unterstützungsgemeinschaft"[639], die Lebenspartner tragen füreinander Verantwortung und sind zur Fürsorge, Unterstützung sowie zur gemeinsamen Lebensgestaltung verpflichtet. Die sich aus § 1353 BGB ergebenden Rechte und Pflichten sind jedoch weitge-

637 Hk-LPartR/*Kemper*, § 15 Rn. 31.
638 Siehe S. 75 ff.
639 Hk-LPartR/*Kemper*, § 2 Rn. 4.

hender als die sich aus § 2 LPartG ergebenden[640]: § 1353 BGB spricht statt nur von einer Verpflichtung zur Fürsorge und Unterstützung sowie einer gemeinsamen Lebens*gestaltung* von einer ehelichen Lebens*gemeinschaft.* Eine Lebens*gemeinschaft* bringt mehr Rechte und Pflichten mit sich als eine bloße gemeinschaftliche Lebens*gestaltung*. Aus § 2 LPartG ergibt sich weder eine Pflicht zur Wohn- und Haushaltsgemeinschaft[641] noch eine Pflicht zur Geschlechtsgemeinschaft[642] und zur sexuellen Treue[643]. Diese Pflichten müssen die Lebenspartner extra vereinbaren, sie entstehen nicht, wie es bei der Eheeingehung der Fall ist, mit der Begründung beziehungsweise Eingehung und müssen nicht, wenn sie ungewollt sind, abbedungen werden.

Die wenigen Pflichten aus § 2 LPartG stehen nicht zur Disposition der Lebenspartner, sie können nicht durch Vereinbarung abbedungen werden. Besteht zwischen den Lebenspartnern Einigkeit darüber, dass sie keine Verpflichtungen im Sinne des § 2 LPartG eingehen wollen, so kann die Lebenspartnerschaft schon gem. § 2 Abs. 2 Nr. 4 LPartG nicht wirksam begründet werden. Es besteht keine Lebenspartnerschaft. Allen Lebenspartnerschaften gemein sind somit die Pflichten aus § 2 LPartG. Sie gehören zum Wesen der Lebenspartnerschaft.

Eine Täuschung über diese Pflichten ist folglich immer objektiv kausal. Die darüber hinaus bestehenden Rechte und Pflichten können die Lebenspartner individuell vereinbaren. Erschwerend kommt hinzu, dass zur Aufhebung der Lebenspartnerschaft, anders als zur Aufhebung der Ehe, keine gefestigte und über Jahrzehnte gewachsene Rechtsprechung besteht. Im Rahmen der Prüfung der objektiven Kausalität ist bei der Lebenspartnerschaft noch stärker auf den subjektiven Aspekt abzustellen als bei der Ehe, da außer den in § 2 LPartG festgelegten Pflichten alle Pflichten individuell vereinbart werden müssen.

Der Verweis auf § 1314 Abs. 2 Nr. 3 BGB ist, wie die Norm selbst, unglücklich. Diesen Mangel könnte der Gesetzgeber durch die vorgeschlagene Umformulierung des § 1314 Abs. 2 Nr. 3 BGB beheben[644]. Bezogen auf die Lebenspartnerschaft lautete die Formel: *Eine Täuschung über solche Umstände ist objektiv kausal, die für die Grundlage der partnerschaftlichen Gemeinschaft und des Familienlebens von wesentlicher Bedeutung sind.* Die Einbeziehung des Familienlebens in die Prüfung der objektiven Kausalität dürfte, auch wenn Lebenspartner keine gemeinsamen leiblichen Kinder haben können, keine Proble-

---

640 BT-Drucks. 14/3751, S. 36; *Muscheler*, Lebenspartnerschaft, Rn. 337; Hk-LPartR/*Kemper*, § 2 Rn. 2; MünchKomm/*Wacke*, § 2 LPartG Rn. 1.

641 *Muscheler*, Lebenspartnerschaft, Rn. 431; Hk-LPartR/*Kemper*, § 2 Rn. 2. A. A. MünchKomm/*Wacke*, § 2 LPartG Rn. 3.

642 *Muscheler*, Lebenspartnerschaft, Rn. 431; Hk-LPartR/Kemper, § 2 Rn. 15; Palandt/*Brudermüller*, § 2 LPartG Rn. 2.

643 *Muscheler*, Lebenspartnerschaft, Rn. 431. Für eine Pflicht zur sexuellen Treue Hk-LPartR/*Kemper*, § 2 Rn. 16; MünchKomm/*Wacke*, § 2 LPartG Rn. 4.

644 Siehe S. 75 ff.

me mit sich bringen, da das Gesetz die Beziehung zwischen Lebenspartnern und Kinder regelt (vgl. § 9 LPartG) und sie somit eine Familie begründen können.

d) § 15 Abs. 2 S. 2 LPartG, § 1314 Abs. 2 Nr. 4 BGB

Eine Aufhebung der Lebenspartnerschaft wegen widerrechtlicher Drohung dürfte in der Praxis noch seltener vorkommen als die Aufhebung der Ehe aus demselben Grund. Motive, die einen Ehegatten oder Dritten dazu bewegen, den anderen Ehegatten zu bedrohen, sind heute meist traditioneller oder (angeblich) religiöser Art. Da die Lebenspartnerschaft beziehungsweise die Registrierung einer gleichgeschlechtlichen Lebensgemeinschaft in keinem Kulturkreis und keiner Religion traditionell verwurzelt ist, wird eine Drohung auch nicht aus diesen Motiven erfolgen. Der Aufhebungstatbestand der widerrechtlichen Drohung wird, bezogen auf die Lebenspartnerschaft, von nur sehr geringer Bedeutung sein.

e) Ergebnis: § 15 Abs. 2 S. 2 LPartG

Im Jahr 2004 kam auf 576 Ehescheidungen eine Eheaufhebung[645]. Bezogen auf die Lebenspartnerschaft und das Jahr 2005 sowie die darauf folgenden Jahre dürfte die Zahl der Aufhebungen gem. § 15 Abs. 2 S. 2 LPartG im Verhältnis zu der Zahl der Aufhebungen gem. § 15 Abs. 2 S. 1 LPartG erheblich niedriger sein. Der Hauptgrund liegt darin, dass Verstöße gegen Eingehungsvoraussetzungen (§ 1 Abs. 2 LPartG) nicht, wie bei der Ehe, zur Aufhebbarkeit, sondern zur Unwirksamkeit führen und die Zahl der Tatbestände viel geringer ist als bei der Ehe. Des Weiteren lassen sich unter die Tatbestände des § 1314 Abs. 2 Nr. 2 und 4 BGB bei der Lebenspartnerschaft weitaus weniger Fälle subsumieren als bei der Ehe. Der geringere Anwendungsbereich der Aufhebung gem. § 15 Abs. 2 LPartG war dem Gesetzgeber wahrscheinlich nicht bewusst. Es drängt sich die Frage auf, ob man, um mehr Fälle des Willensmangels zu erfassen, auch heute noch auf die allgemeinen Regeln zurückgreifen darf.

2. Anwendbarkeit sonstiger, vom LPartG nicht berücksichtigter Willensmängel des BGB

Bis zur Überarbeitung des Lebenspartnerschaftsrechts im Jahr 2005 regelte das Gesetz die Willensmängel bei Eingehung der Lebenspartnerschaft nicht aus-

[645] Statistisches Jahrbuch 2006, S. 56.

drücklich. Die herrschende Meinung hielt die §§ 116 ff.[646] und §§ 119 ff.[647] BGB für anwendbar[648].

a) Anwendbarkeit der §§ 119 ff. BGB

Heute regelt das Lebenspartnerschaftsgesetz in § 15 Abs. 2 S. 2 LPartG die rechtliche Behandlung einiger weniger Willensmängel. Es stellt sich die Frage, ob das Lebenspartnerschaftsgesetz in den *ungeregelten* Fällen noch einen Rückgriff auf die allgemeinen Regeln, also die §§ 119 ff. BGB, zulässt oder ob die Regelungen des LPartG, wie die des Eherechts[649], abschließend sind. Ungeregelt ließ der Gesetzgeber die Fälle des Inhalts- (§ 119 Abs. 1 Alt. 1 BGB), Erklärungs- (Alt. 2) und Eigenschaftsirrtums (§ 119 Abs. 2 BGB).

aa) Bedürfnis der Anwendbarkeit

Zunächst soll geklärt werden, ob die Frage nach der Anwendbarkeit der allgemeinen Regeln bloß theoretischer Natur ist oder Fälle des § 119 BGB tatsächlich in der Praxis vorkommen und somit ein wirkliches Bedürfnis nach ihrer Anwendbarkeit besteht.

(1) Inhaltsirrtum, § 119 Abs. 1 Alt. 1 BGB

Eine Lebenspartnerschaft war bis 2005 gem. § 119 Abs. 1 Alt. 1 BGB anfechtbar, wenn sich zumindest ein Lebenspartner über den Inhalt der abzugebenden Willenserklärung irrte, wahrscheinlich, weil er nicht gewusst hatte, dass es sich um eine Eingehung der Lebenspartnerschaft handelte[650]. Genau diesen Fall regelt schon § 1314 Abs. 2 Nr. 2 BGB, welcher die Anwendbarkeit des allgemeinen § 119 Abs. 1 Alt. 1 BGB ausschließt.

---

646 *Battes*, FuR 2002, 49, 54; *Kaiser*, FamRZ 2002, 867 f.; *Lipp*, StAZ 2002, 354, 358; *Schwab*, FamRZ 2001, 385, 388; *Meyer/Mittelstädt*, S. 35; *Muscheler*, Lebenspartnerschaft, Rn. 190; Palandt/*Brudermüller*, 63. Aufl., § 1 LPartG Rn. 8. A. A. *Dethloff*, NJW 2001, 2598; *Grziwotz*, DNotZ 2001, 280, 292.

647 *Battes*, FuR 2002, 49, 54; *Kemper*, FF 2001, 156, 158; *Kemper*, FPR 2003, 1 f.; *Lipp*, StAZ 2002, 354, 358; *Schwab*, FamRZ 2001, 385, 388; *Weinrich*, FuR 2001, 481; *Muscheler*, Lebenspartnerschaft, Rn. 190; *Wellenhofer-Klein*, Lebenspartnerschaft, Rn. 87 ff.; *Windel*, S. 45, 55 f.; Erman/*Kaiser*, § 1 LPartG Rn. 11; Hk-LPartR/*Kemper*, 1. Aufl., § 1 Rn. 30; MünchKomm/*Wacke*, § 1 LPartG Rn. 18; Palandt/*Brudermüller*, 63. Aufl., § 1 LPartG Rn. 8. A. A. *Dethloff*, NJW 2001, 2598, 2600; vgl. auch *Grziwotz*, DNotZ 2001, 280, 292 f.

648 Siehe S. 155 f.

649 Siehe S. 99 ff.

650 Vgl. Hk-LPartR/*Kemper*, 1. Aufl., § 1 Rn. 36.

(2) Erklärungsirrtum, § 119 Abs. 1 Alt. 2 BGB

Bis zur Eherechtsreform im Jahr 1998 regelte das Ehegesetz den Erklärungsirrtum in § 31 Abs. 1 S. 1 Alt. 2 EheG[651]. Da diesem Tatbestand keine praktische Relevanz zukam – Fälle, in denen der Erklärungsirrtum relevant wurde, kannte die Rechtsprechung nicht[652] – strich ihn der Gesetzgeber[653]. Die Frage nach der Anwendbarkeit des Erklärungsirrtums ist auch in Bezug auf die Lebenspartnerschaft bloß eine theoretische. Ein echtes Bedürfnis nach einem Rückgriff auf § 119 Abs. 1 Alt. 2 BGB besteht nicht.

(3) Eigenschaftsirrtum, § 119 Abs. 2 BGB

Gem. § 119 Abs. 2 BGB könnte eine Lebenspartnerschaft aufgehoben werden, wenn ein Irrtum über solche Eigenschaften des Partners vorläge, die im Verkehr als wesentlich angesehen werden und der Lebenspartner bei Kenntnis der Sachlage und verständiger Würdigung des Falls die Erklärung nicht abgegeben hätte. Der Eigenschaftsirrtum berechtigte bis 1998 gem. § 32 EheG zur Aufhebung der Ehe, von 2001 bis 2005 gem. § 119 Abs. 2 BGB zur Anfechtung der Lebenspartnerschaft. Fälle, in denen sich ein Ehegatte bei Eingehung der Ehe über eine wesentliche Eigenschaft des Partners irrte, kennt die Rechtsprechung viele[654]. Deshalb ist davon auszugehen, dass dieser Irrtum auch bei der Lebenspartnerschaft häufig vorkommt und ein Bedürfnis nach der Anwendbarkeit des § 119 Abs. 2 BGB besteht.

(4) Zwischenergebnis

Bezüglich des Eigenschaftsirrtums besteht also ein praktisches, bezüglich des Erklärungsirrtums nur ein theoretisches Bedürfnis, § 119 BGB auf die Lebenspartnerschaft anzuwenden. § 119 Abs. 1 Alt. 1 BGB (Inhaltsirrtum) wird durch den spezielleren § 1314 Abs. 2 Nr. 2 BGB verdrängt. Ein Rückgriff auf diese Norm ist nicht möglich.

bb) Anwendbarkeit

Zumindest bezüglich des Eigenschaftsirrtums besteht das Bedürfnis, ihn auf die Lebenspartnerschaft anzuwenden. Fraglich ist jedoch, ob das Gesetz einen Rückgriff auf die allgemeinen Regeln zulässt. Der Gesetzgeber äußert sich in der Gesetzesbegründung zum Lebenspartnerschaftsgesetz zu diesem Problem unmissverständlich: „Im neuen § 15 Abs. 2 Satz 2 werden die bislang nach allgemeinen Regeln zu behandelnden Willensmängel bei der Begründung der Lebenspartnerschaft einer Spezialregelung unterworfen. Diese lehnt sich an die

---

651 Beispiel: Ein Ehegatte will die Eheschließung nicht, sagt aber aus Versehen „Ja" anstelle von „Nein", *Dölle*, S. 314.

652 Gernhuber/*Coester-Waltjen*, 4. Aufl., S. 131.

653 Siehe S. 100 f.

654 Vgl. Nachweis bei Staudinger/*Klippel*, 12. Aufl., § 32 EheG Rn. 12 ff.

Vorschriften der §§ 1314 f. BGB an. Die allgemeinen Regelungen der §§ 119 ff. BGB sind damit ausgeschlossen".[655] Ein Rückgriff auf die §§ 119 ff. BGB ist also nicht möglich[656].

Die Entscheidung des Gesetzgebers ist fragwürdig, betrachtet man die wenigen Fälle, welche sich unter § 1314 Abs. 2 Nr. 1-4 BGB subsumieren lassen. Wie gezeigt, dürfte einzig der Fall einer widerrechtlichen Drohung praxisrelevant sein, wenn auch in geringerem Maße als bei der Ehe. Der Verweis auf das Eherecht erscheint etwas unüberlegt und unbedacht, die Aufhebungsgründe des § 1314 Abs. 2 Nr. 1-4 BGB „passen" nicht zur Lebenspartnerschaft. Ein Bedürfnis, den Eigenschaftsirrtum auf die Lebenspartnerschaft anzuwenden, besteht hingegen. Der Gesetzgeber strich diesen Irrtum 1998 unter anderem mit dem Argument aus dem Ehegesetz, er stelle einen typischen Fall des Scheiterns dar und die gescheiterte Ehe müsse durch Scheidung aufgelöst werden[657]. Dieses Argument lässt sich nicht exakt auf die Lebenspartnerschaft übertragen, da eine Aufhebung gem. § 15 Abs. 2 S. 1 LPartG, anders als bei der Ehe, *kein Scheitern*, sondern bloß eine ein- oder dreijährige Trennungszeit und einen entsprechenden Antrag voraussetzt. Scheitern der Partnerschaft ist also laut Gesetz keine zwingende Voraussetzung für die Aufhebung. Die Partnerschaft wird jedoch in den meisten Fällen trotzdem *tatsächlich* gescheitert sein, und die Voraussetzungen der Aufhebung ähneln denen der Scheidung sehr[658]. Das Argument, die Fälle des Eigenschaftsirrtums müssten durch Scheidung geklärt werden und ließen sich auch sachgerechter durch diese lösen, lässt sich auf die Lebenspartnerschaft somit übertragen.

Außerdem bedeutete ein Rückgriff auf die §§ 119 ff. BGB eine Anfechtung mit Ex-tunc-Wirkung (§ 142 Abs. 1 BGB) statt eine Aufhebung mit Ex-nunc-Wirkung. Die über Jahre gelebte tatsächliche Gemeinschaft würde nachträglich vernichtet, Folgen für die Zukunft, wie zum Beispiel Unterhaltsansprüche, gäbe es nicht[659]. Diese Rechtslage bestand zwar auch bis 2005, eine Anfechtung gem. § 119 BGB war möglich. Sie war zum einen aber schon damals unbefriedigend. Zum anderen wäre heute nicht zu rechtfertigen, weshalb eine Aufhebung wegen arglistiger Täuschung gem. § 15 Abs. 2 S. 2 LPartG, § 1314 Abs. 2 Nr. 3 BGB

655 BT-Drucks. 15/3445, S. 16.

656 So auch die einhellige Meinung in der Literatur, siehe nur *v. Dickhuth-Harrach*, FPR 2005, 273, 277; *Stüber*, FamRZ 2005, 574 f.; *Wellenhofer-Klein*, NJW 2005, 705; Hk-LPartR/*Kemper*, § 1 Rn. 30 f.; *Schwab*, Familienrecht, Rn. 876. Den Ausschluss des § 119 BGB anzweifelnd *Muscheler*, Familienrecht, Rn. 849.

657 Begründung zum Gesetzentwurf Bundesregierung, BT-Drucks. 13/4898, S. 19. Siehe S. 100 ff. Kritisch zur Anwendbarkeit des § 119 Abs. 2 BGB auch *Kemper*, FPR 2001, 449, 452.

658 Hk-LPartR/*Kemper*, § 15 Rn. 3.

659 Unterhaltsansprüche konnten den Lebenspartnern auch nicht bei Anwendung der Grundsätze des Dauerschuldverhältnisses zugesprochen werden, vgl. Hk-LPartR/*Kemper*, 1. Aufl., § 1 Rn. 59.

mit Ex-nunc-, eine Anfechtung wegen Eigenschaftsirrtums mit Ex-tunc-Wirkung erfolgen sollte[660]. Im Ergebnis ist also ein Rückgriff auf die §§ 119 ff. BGB abzulehnen und dem Gesetzgeber zuzustimmen.

b) Anwendbarkeit der §§ 116 ff. BGB

Der Gesetzgeber nahm in der Gesetzesbegründung keine ausdrückliche Stellung zur Anwendbarkeit der *§§ 116 ff. BGB* ein, er sprach nur davon, dass die Anwendbarkeit der *§§ 119 ff. BGB* ausgeschlossen sei[661]. Auch in der Ursprungsversion des Lebenspartnerschaftsgesetzes war nicht eindeutig, ob man auf die §§ 116-118 BGB zurückgreifen durfte. Die herrschende Meinung ging bis zur Gesetzesreform nicht nur von einer Anwendbarkeit der §§ 119 ff. BGB, sondern auch der §§ 116-118 BGB[662], aus. Auch heute ist nicht ganz klar, ob die §§ 116 ff. BGB auf die Lebenspartnerschaft anwendbar sind.

aa) Bedürfnis der Anwendbarkeit

Gem. § 116 S. 2 BGB ist eine Erklärung nichtig, wenn der Erklärende sich insgeheim vorbehält, das Erklärte nicht zu wollen und der andere den Vorbehalt kennt, gem. § 117 Abs. 1 BGB ist sie nichtig, wenn die Erklärung mit Einverständnis des anderen nur zum Schein abgegeben wird und gem. § 118 BGB, wenn die Willenserklärung nicht ernstlich gemeint ist.

Der Fall des § 117 Abs. 1 BGB, das Scheingeschäft beziehungsweise die Scheinpartnerschaft, welche in der Regel aus aufenthaltsrechtlichen Gründen geschlossen wird, dürfte in der Praxis tatsächlich vorkommen: Ein Indiz dafür ist, dass an vielen Lebenspartnerschaften ausländische Staatsangehörige beteiligt sind. Zahlen hierzu gibt es leider nur vereinzelt[663]. Im Land Sachsen sind etwa an 2/3 der registrierten Partnerschaften ausländische Staatsangehörige beteiligt, in Berlin an 45,5%, in Nordrhein-Westfalen an 26% und in Rheinland-Pfalz an etwa 28%. Die Vermutung, dass eine geringe Zahl dieser Partnerschaften nur zum Schein begründet worden sind, liegt nahe. Des Weiteren kennt die Rechtsprechung einige, wenn auch nicht viele Fälle, in denen eine Schein*ehe* eingegangen oder aufgehoben werden sollte[664]. Hieraus lässt sich der Schluss ziehen, dass auch bei der Lebenspartnerschaft die Problematik der Scheinpartnerschaft existiert und ein grundsätzliches Bedürfnis nach einem solchen Aufhebungs- oder Nichtigkeitsgrund besteht.

---

660 Vgl. Gernhuber/*Coester-Waltjen*, S. 489.

661 BT-Drucks. 15/3445, S. 16.

662 *Battes*, FuR 2002, 49, 54; *Kaiser*, FamRZ 2002, 867 f.; *Lipp*, StAZ 2002, 354, 358; *Schwab*, FamRZ 2001, 385, 388; *Meyer/Mittelstädt*, S. 35; *Muscheler*, Lebenspartnerschaft, Rn. 190; Palandt/*Brudermüller*, 63. Aufl., § 1 LPartG Rn. 8. A. A. *Dethloff*, NJW 2001, 2598; *Grziwotz*, DNotZ 2001, 280, 292. Siehe auch S. 155 f.

663 Siehe zum Folgenden Hk-LPartR/*Stüber*, Einf., Rn. 39.

664 Z. B. *BGH* NJW 2005, 2781; *KG* NJW-RR 2001, 1373.

Zu klären bleibt jedoch, ob bei der Lebenspartnerschaft ein Rückgriff auf § 117 Abs. 1 BGB überhaupt notwendig ist oder § 1 Abs. 2 Nr. 4 LPartG schon die Nichtigkeit der Scheinpartnerschaft anordnet und § 117 BGB als allgemeine Norm verdrängt.

§ 117 Abs. 1 BGB und § 116 S. 2 BGB unterscheiden sich in der Theorie nur geringfügig, der erstere setzt *Einig-Sein*, der letztere nur *Kenntnis* des Vorbehalts des anderen Partners voraus. In der Praxis dürfte sich die Abgrenzung schwierig gestalten und der Nachweis dieses kleinen Unterschieds kaum gelingen. Auch die Fälle, in denen ein Partner die Begründungserklärung nur zum Scherz abgibt und davon ausgeht, dass der andere Partner die mangelnde Ernstlichkeit erkennt (§ 118 BGB), sind schwer vorstellbar und extrem selten. Die Frage nach der Anwendbarkeit der §§ 116 und 118 BGB ist eher eine theoretische als eine praktische.

Ein wirkliches Bedürfnis, die §§ 116 und 118 BGB auf die Lebenspartnerschaft anzuwenden, besteht also nicht. Bezüglich § 117 Abs. 1 BGB muss geklärt werden, ob dieser vom spezielleren § 1 Abs. 2 Nr. 4 LPartG verdrängt wird und eine Anwendbarkeit somit ausgeschlossen ist.

bb) Anwendbarkeit

Für die Anwendbarkeit der §§ 116 ff. BGB spricht, dass der Gesetzgeber sie in der Gesetzesbegründung nicht ausdrücklich ausgeschlossen hat, die Anwendbarkeit der §§ 119 ff. BGB hingegen schon[665], obwohl die herrschende Meinung sowohl die §§ 116 ff. BGB als auch die §§ 119 ff. BGB bis 2005 für anwendbar hielt. Die heute wohl herrschende Meinung[666] vertritt die Ansicht, ein Rückgriff auf die §§ 116 ff. BGB sei möglich, teilweise mit der Begründung, dass § 1 Abs. 2 Nr. 4 LPartG nicht auf § 1314 Abs. 2 Nr. 5 BGB verweise und auch selbst kein Aufhebungsverfahren anordne und nur so eine Nichtigkeit der Scheinehe möglich sei[667].

(1) § 117 BGB

Wacke[668] lehnt einen Rückgriff auf § 117 Abs. 1 BGB mit der Begründung ab, die Spezialnorm des § 1 Abs. 2 Nr. 4 LPartG (Schein*partnerschaft*) verdränge § 117 Abs. 1 BGB (Schein*geschäft*). Entscheidend für die Lösung dieses Problems ist die Frage, welche Funktion oder Bedeutung man § 1 Abs. 2 Nr. 1-4 LPartG zumisst: Ordnet die Norm beim Verstoß gegen eine Voraussetzung die

---

665 BT-Drucks. 15/3445, S. 16.

666 *Finger*, MDR 2005, 121 f.; *Walter*, MittBayNot 2005, 193, 195; *Weber*, ZFE 2005, 187 f.; *Muscheler*, Familienrecht, Rn. 849; Palandt/*Brudermüller*, § 15 LPartG Rn. 7.

667 *Finger*, MDR 2005, 121 f.; *Walter*, MittBayNot 2005, 193, 195; *Weber*, ZFE 2005, 187 f.; Palandt/*Brudermüller*, § 15 LPartG Rn. 7.

668 MünchKomm/*Wacke*, § 1 LPartG Rn. 18 (noch zur alten Rechtslage, aber auf die neue Rechtslage übertragbar).

Nichtigkeit der Lebenspartnerschaft an oder besteht bloß eine nicht ordnungsgemäß begründete, aber trotzdem wirksame Lebenspartnerschaft, sodass ein Rückgriff auf § 117 Abs. 1 BGB zur Auflösung notwendig wäre? Der Wortlaut des § 1 Abs. 2 LPartG scheint eindeutig. Er stellt fest, dass eine Lebenspartnerschaft, in welcher die Partner keine Verpflichtungen im Sinne des § 2 LPartG eingehen wollen, *nicht wirksam begründet werden kann*. Schnell möchte man den Schluss ziehen, dass diese nicht wirksam *begründete* Partnerschaft auch niemals wirksam *bestanden* hat und eine „Nicht-Partnerschaft" vorliegt mit der Folge, dass ein Rückgriff auf § 117 Abs. 1 BGB nicht notwendig beziehungsweise nicht zulässig ist. Vergleicht man jedoch die Begründungsvoraussetzungen der Lebenspartnerschaft (§ 1 Abs. 2 LPartG) mit den Eheeingehungsvoraussetzungen (§§ 1303 ff. BGB), so fällt die Ähnlichkeit des Wortlauts zwischen § 1 Abs. 2 LPartG und § 1304 BGB auf. Ersterer besagt „Eine Lebenspartnerschaft *kann nicht wirksam begründet werden...*", letzterer „...*kann* eine Ehe *nicht eingehen*". Der Wortlaut ist sinngleich, somit müssten es die Rechtsfolgen eigentlich auch sein. Eine Ehe, welche gegen § 1304 BGB verstößt, ist wirksam, aber gem. § 1314 Abs. 1 BGB aufhebbar. Also müsste konsequenterweise auch die Lebenspartnerschaft, welche gegen eine Voraussetzung des § 1 Abs. 2 LPartG verstößt, wirksam, aber aufhebbar sein. Im Fall der Scheinpartnerschaft käme deshalb § 117 Abs. 1 BGB als entsprechender Auflösungstatbestand zu § 1314 Abs. 2 Nr. 5 BGB in Betracht[669].

Diese Interpretation des § 1 Abs. 2 LPartG brächte jedoch zahlreiche Probleme und Unklarheiten mit sich: Spräche man § 117 Abs. 1 BGB für den Fall des § 1 Abs. 2 Nr. 4 LPartG dieselbe Funktion wie § 1314 Abs. 1 BGB für einen Verstoß gegen eine Eheeingehungsvoraussetzung zu, so benötigte man konsequenterweise auch für die Fälle des § 1 Abs. 2 Nr. 1-3 LPartG eine Norm, welche die Nichtigkeit der Lebenspartnerschaft anordnen würde. Solch eine Norm existiert jedoch nicht. Folglich wäre eine Lebenspartnerschaft, die gegen eine Begründungsvoraussetzung des § 1 Abs. 2 Nr. 1-3 LPartG verstößt, wirksam und lediglich gem. § 15 Abs. 2 S. 1 LPartG aufhebbar. § 1 Abs. 2 Nr. 1-3 LPartG würde nur noch rechtliche Relevanz zukommen, wenn dem zuständigen Beamten der Mangel *vor* Begründung bekannt wäre[670].

Diese Interpretation des § 1 Abs. 2 LPartG ist jedoch nicht gewollt. Vielmehr sollte ein Verstoß gegen § 1 Abs. 2 LPartG schon gar keine wirksame Lebenspartnerschaft begründen[671], da ansonsten eine bereits begründete bigamische oder zwischen vollbürtigen Geschwistern bestehende Lebenspartnerschaft in

---

669 So sieht es die herrschende Meinung, *Finger*, MDR 2005, 121 f.; *Walter*, MittBayNot 2005, 193, 195; Palandt/*Brudermüller*, § 15 LPartG Rn. 7.

670 Er dürfte die Registrierung der Lebenspartnerschaft nicht vornehmen.

671 *Muscheler*, Lebenspartnerschaft, Rn. 189; Hk-LPartR/*Kemper*, § 1 Rn. 22; MünchKomm/*Wacke*, § 1 LPartG Rn. 19; Palandt/*Brudermüller*, § 1 LPartG Rn. 6 (widersprüchlich zu § 15 LPartG Rn. 7); *Schwab*, Familienrecht, Rn. 876.

Hinblick auf die Aufhebung wie jede andere Lebenspartnerschaft behandelt werden müsste. Der Gesetzgeber würde in diesem Punkt grundlos den Bestand der Lebenspartnerschaft stärker als den der Ehe schützen. Wahrscheinlich hat er bei der Formulierung des § 1 Abs. 2 LPartG die Ähnlichkeit zu § 1304 BGB und die daraus entstehenden Unklarheiten einfach übersehen. Schließlich sind die §§ 1303, 1306, 1307 und 1311 BGB auch weniger streng formuliert als § 1304 BGB („soll nicht", „darf nicht"), die Ähnlichkeiten des § 1 Abs. 2 LPartG zu § 1304 BGB bestehen eher zufällig. Es ist nicht davon auszugehen, dass der Gesetzgeber bei einem Verstoß gegen § 1 Abs. 2 LPartG bloß eine Aufhebung nach den allgemeinen Regeln beabsichtigte. Somit ist eine Scheinpartnerschaft gem. § 1 Abs. 2 Nr. 4 LPartG von Anfang an nichtig und ein Rückgriff auf § 117 Abs. 1 BGB ausgeschlossen. § 117 BGB wird also vom spezielleren § 1 Abs. 2 Nr. 4 LPartG verdrängt.

(2) §§ 116 und 118 BGB

Zu klären bleibt noch, ob ein Rückgriff auf die §§ 116 und 118 BGB möglich ist. Gegen die Anwendbarkeit der §§ 116 und 118 BGB könnte sprechen, dass durch die Reform des Lebenspartnerschaftsrechts im Jahr 2005 eine Annäherung der Aufhebung der Lebenspartnerschaft an das Eherecht stattfand: Ein Willensmangel bei Begründung der Lebenspartnerschaft führt heute nicht mehr zur Anfechtbarkeit derselben, sondern lediglich zur Aufhebbarkeit gem. § 15 Abs. 2 S. 2 LPartG, welcher auf § 1314 Abs. 2 Nr. 1-4 BGB verweist. Auf Tatbestandsseite werden der Willensmangel bei Eingehung der Ehe und bei Begründung der Lebenspartnerschaft heute *grundsätzlich* gleich behandelt, was für die Nichtanwendbarkeit der §§ 116, 118 BGB spricht. Zwischen der Aufhebung der Ehe und der Lebenspartnerschaft bestehen aber noch erhebliche Unterschiede: Zum einen behandelt das Gesetz Scheinehe und Scheinpartnerschaft unterschiedlich. § 15 Abs. 2 S. 2 LPartG verweist nicht auf § 1314 Abs. 2 Nr. 5 BGB, weil die Nichtigkeit der Scheinpartnerschaft bereits in § 1 Abs. 2 Nr. 4 LPartG angeordnet ist. Zum anderen regelt das Gesetz die Rechtsfolgen der Aufhebung der Ehe und Lebenspartnerschaft vollkommen unterschiedlich. § 15 LPartG verweist auch nicht auf § 1318 BGB, sodass die Rechtsfolgen der §§ 16 ff. LPartG anzuwenden sind, welche man mit den Folgen der Ehescheidung vergleichen kann. Man darf also die Nichtanwendbarkeit der §§ 116 und 118 BGB auf die Lebenspartnerschaft nicht mit dem Argument, Ehe und Lebenspartnerschaft seien nach der Reform bezüglich der Aufhebung gleich zu behandeln, begründen.

Die Gesetzesbegründung schweigt zu der Frage, weshalb der Gesetzgeber den neuen § 15 Abs. 2 S. 2 LPartG einführte, welcher die allgemeinen Regeln (§§ 119 ff. BGB) verdrängt. Über die Motive lässt sich nur spekulieren. Die Einführung der Norm dient dem *Bestandsschutz* der Lebenspartnerschaft, welcher bis zur Reform erheblich hinter dem Niveau des Schutzes einer Ehe zurückblieb[672]. Die Lebenspartnerschaft kann nicht mehr durch private Willenserklärung gegenüber dem anderen angefochten werden, was zu Unsicherheiten über das Bestehen der Partnerschaft führen konnte. Die Anfechtungs- beziehungsweise Aufhebungsgründe wurden reduziert und für sie die Aufhebung mit Ex-nunc-Wirkung angeordnet. Die Erhöhung des Bestandsschutzes der Lebenspartnerschaft und Angleichung an die Ehe war erforderlich, da der Lebenspartnerschaft eine ähnliche soziale Bedeutung wie der Ehe zukommt. Mit Eingehung der Ehe sowie Begründung der Lebenspartnerschaft entscheiden sich die Partner, ein Leben lang für den anderen soziale und finanzielle Verantwortung zu übernehmen. Einzig der Umstand, dass die Lebenspartner keine gemeinsamen leiblichen Kinder haben können, unterscheidet die beiden Rechtsformen voneinander. Trotzdem können auch Lebenspartner eine rechtliche (Stiefkindadoption, § 9 Abs. 7 LPartG) oder faktische Familie gründen, welcher der erhöhte Bestandsschutz der Lebenspartnerschaft zugute kommt. All diese Argumente, welche für die Einführung des § 15 Abs. 2 S. 2 LPartG sprechen, sind zugleich auch Argumente gegen die Anwendbarkeit der §§ 116 ff. BGB. Die Lebenspartnerschaft bedarf des gleichen rechtlichen Schutzes wie die Ehe. Auch die Argumente gegen eine Anwendbarkeit der §§ 116 ff. BGB auf die Ehe[673] sind auf die Lebenspartnerschaft übertragbar. Ein Rückgriff auf die §§ 116 ff. BGB ist bei der Lebenspartnerschaft nicht mehr möglich[674].

c) Ergebnis: Vertraglicher Charakter der Lebenspartnerschaft

Die Reform von 2005 veränderte die Behandlung des Willensmangels bei Begründung der Lebenspartnerschaft grundlegend. Bis 2005 waren noch die allgemeinen Regeln (§§ 116 ff., 119 ff. BGB) auf die Lebenspartnerschaft anwendbar und die Lebenspartnerschaft mit einem schuldrechtlichen Vertrag vergleichbar, was dem Willen des Gesetzgebers entsprach[675]. Heute hingegen verdrängt die Spezialregelung des § 15 Abs. 2 S. 2 LPartG die §§ 116 ff., 119 ff. BGB, welche die Aufhebung nur noch in wenigen Fällen und mit Ex-nunc-Wirkung erlaubt. Die Frage, ob ein Rückgriff auf die §§ 104, 105, 138 BGB noch möglich ist, soll dahin stehen, weil diese Normen nicht die Folgen eines Willensmangels im Sinne der hier verwandten Definition regeln[676]. Die Begründung der Lebenspartnerschaft ist auch heute noch ein Vertrag[677].

Die Lebenspartnerschaft hat sich durch die Reform von 2005 insgesamt vom schuldrechtlichen Vertrag entfernt und in vielen Bereichen der Ehe angenähert. Diese Systemveränderung rechtfertigt es, heute die §§ 116 ff. und 119 ff. BGB

---

672 Vgl. *Stüber*, FamRZ 2005, 574 f.

673 Siehe S. 99.

674 Zum gleichen Ergebnis kommt Gernhuber/*Coester-Waltjen*, S. 489.

675 BT-Drucks. 14/3751, S. 36; siehe auch *Muscheler*, Lebenspartnerschaft, Rn. 190.

676 Die Anwendbarkeit dieser Normen bejahend *Muscheler*, Familienrecht, Rn. 849.

677 Hk-LPartR/*Kemper*, § 1 Rn. 3.

nicht mehr auf die Lebenspartnerschaft anzuwenden. Die Veränderung ist grundsätzlich positiv zu beurteilen, da, wie bereits beschrieben, die Lebenspartnerschaft die gleiche soziale Funktion wie die Ehe ausfüllt und damit auch den gleichen Bestandsschutz wie die Ehe verdient. Jedoch verursachte die Reform und die Annäherung der Lebenspartnerschaft an die Ehe auch neue Unklarheiten und Ungenauigkeiten, was im weiteren Verlauf dieser Arbeit noch zu zeigen ist.

IV. Ausschluss der Aufhebung

§ 15 Abs. 4 LPartG besagt, dass eine Aufhebung nach Abs. 2 S. 2 bei einer Bestätigung der Lebenspartnerschaft ausgeschlossen ist und erklärt § 1315 Abs. 1 Nr. 3 und 4 BGB für anwendbar, welche die Bestätigung der Ehe regeln. Bei der Aufhebung der Lebenspartnerschaft aufgrund eines Willensmangels gilt bezüglich der Bestätigung das gleiche wie für die Ehe[678].

Probleme entstehen jedoch im Fall der Scheinpartnerschaft. Da die Scheinpartnerschaft gem. § 1 Abs. 2 Nr. 4 LPartG nichtig ist und rechtlich niemals existierte, besteht auch nicht die Möglichkeit der Heilung. Waren sich die Partner bei Begründung der Lebenspartnerschaft darüber einig, keine Verpflichtungen im Sinne des § 2 LPartG einzugehen, fanden sie aber nach Begründung der Lebenspartnerschaft Gefallen aneinander und entschlossen sich, doch eine partnerschaftliche Lebensgemeinschaft zu führen, so bleibt die Lebenspartnerschaft trotzdem rechtlich unwirksam. Die einzige Möglichkeit, eine wirksame Lebenspartnerschaft herzustellen, ist die nochmalige Vornahme des rechtlichen Begründungsaktes, was naturgemäß nur möglich ist, soweit beide Partner noch leben. Ist einer der Partner bereits verstorben, so können sich dessen Erben auf die Nichtigkeit der Partnerschaft berufen. Dies hat zur Folge, dass der überlebende Partner als gesetzlicher Erbe entfällt, auch wenn eine jahrelang tatsächlich gelebte partnerschaftliche Lebensgemeinschaft bestand[679]. Diese Rechtslage ist grob unbillig[680]. Gründe, wieso das Fehlverhalten der Lebenspartner strenger als das der Ehegatten zu bewerten ist, sind nicht ersichtlich. Der Gesetzgeber sollte diese grob unbillige Rechtslage schnellstmöglich beseitigen und die Scheinpartnerschaft der Scheinehe zumindest rechtlich gleichstellen.

V. Verfahren

Das Verfahren zur Aufhebung der Lebenspartnerschaft ist eine Lebenspartnerschaftssache gem. § 661 Abs. 1 Nr. 1 ZPO. Der Gesetzgeber hat das Verfahren in Lebenspartnerschaftssachen dem Verfahren in Ehesachen (§ 606 ZPO) grund-

---

678 Siehe S. 110 f.

679 Vgl. *Muscheler*, Lebenspartnerschaft, Rn. 186.

680 V. *Dickhuth-Harrach*, FPR 2005, 273, 277; *Stüber*, FamRZ 2005, 574 f.; *Walter*, MittBayNot 2005, 193, 195; *Muscheler*, Lebenspartnerschaft, Rn. 186; Hk-LPartR/*Kemper*, § 1 Rn. 15 ff.

sätzlich nachgebildet[681]. Die §§ 606 ff., 622 ff. ZPO sind entsprechend anwendbar[682].

1. Antragsberechtigung

Die Berechtigung, den Antrag auf Aufhebung der Lebenspartnerschaft wegen Willensmangels zu stellen, steht gem. 15 Abs. 2 S. 2 LPartG, 1316 Abs. 1 Nr. 2 BGB in den Fällen des § 1314 Abs. 2 Nr. 2 bis 4 BGB den dort genannten Lebenspartnern zu, also demjenigen, der einem Willensmangel unterliegt. Es stellt sich die Frage, wem im Fall des § 1314 Abs. 2 Nr. 1 BGB das Antragsrecht zusteht. Das Lebenspartnerschaftsgesetz verweist nicht auf § 1316 Abs. 1 Nr. 1 BGB. Diese Norm regelt das Antragsrecht bei Verstößen gegen eine Eheeingehungsvoraussetzung (§§ 1303, 1304. 1305, 1307, 1311 BGB) und für den Fall des § 1314 Abs. 2 Nr. 1 BGB (Bewusstlosigkeit oder vorübergehende Störung der Geistestätigkeit). Da Verstöße gegen Eingehungsvoraussetzungen nicht zur Aufhebbarkeit der Lebenspartnerschaft, sondern zur Nichtigkeit gem. § 1 Abs. 2 LPartG führen[683], unterließ der Gesetzgeber es wohl, in § 15 Abs. 2 S. 2 LPartG auf § 1316 Abs. 1 Nr. 1 BGB zu verweisen. Übersehen hat er dabei jedoch, dass § 1316 Abs. 1 Nr. 1 BGB auch die Antragsberechtigung im Fall des § 1314 Abs. 2 Nr. 1 BGB regelt, welche nun bezüglich der Lebenspartnerschaft ungeregelt ist. Wendet man das Gesetz wortwörtlich an, so steht in diesem Fall niemandem das Recht zu, die Aufhebung der Lebenspartnerschaft im Sinne des § 15 Abs. 2 S. 2 LPartG zu beantragen. Dieses Ergebnis kann vom Gesetzgeber nicht gewollt sein, es ist von einem redaktionellen Versehen auszugehen.

Um zu einem sachgemäßen Ergebnis zu gelangen, könnte man § 1316 Abs. 1 Nr. 1 BGB analog anwenden. Eine planwidrige Regelungslücke liegt, wie gezeigt, vor. Wie Eheleute haben Lebenspartner ein Interesse an der Beantragung der Aufhebung. Bezüglich des Antragsrechts der *Lebenspartner* ist also eine analoge Anwendung der Norm möglich. Fraglich ist jedoch, ob § 1316 Abs. 1 Nr. 1 BGB auch im Hinblick auf das Antragsrecht der *Behörde* analog angewendet werden kann. Es stellt sich die Frage, wer die zuständige Behörde im Fall der Aufhebung der Lebenspartnerschaft ist. § 1316 Abs. 1 Nr. 1 S. 2 und 3 BGB ermächtigen die Landesregierung für den Fall der Ehe, durch Rechtsverordnung die zuständige Behörde zu bestimmen oder die Ermächtigung hierzu auf die zuständigen obersten Landesbehörden zu übertragen. In Nordrhein-Westfalen sind laut der entsprechenden Rechtsverordnung die Bezirksregierungen Köln und Arnsberg die zuständigen Behörden[684]. Eine entsprechende Verordnung existiert für die Lebenspartnerschaft mangels Ermächtigungsgrundlage nicht. Sowohl eine analoge Anwendung der Ermächtigungsrundlage als auch

681 Hk-LPartR/*Kemper*, Vor § 661 ZPO Rn. 1.
682 Hk-LPartR/*Kemper*, § 661 ZPO Rn. 13.
683 Siehe S. 166 ff.
684 VO v. 26.5.1998, GVBl. 391.

eine analoge Anwendung der von der Landesregierung erlassenen Rechtsverordnung würde gegen den Grundsatz des Vorbehalts des Gesetzes verstoßen. Eine *zuständige Verwaltungsbehörde* gibt es für die Lebenspartnerschaft somit nicht. Also steht das Antragsrecht im Fall des § 1314 Abs. 2 Nr. 1 BGB nur den Lebenspartnern analog § 1316 Abs. 1 Nr. 1 BGB, nicht aber einer Verwaltungsbehörde, zu. Dieses Ergebnis ist durchaus zufriedenstellend, da schon bei der Ehe das Antragsrecht der Behörde im Fall des § 1314 Abs. 2 Nr. 1 BGB nicht zu rechtfertigen ist[685].

2. Antragsfrist

§ 15 Abs. 4 LPartG erklärt § 1317 BGB für anwendbar, mit der Folge, dass der Antrag auf Aufhebung in den Fällen des § 15 Abs. 2 S. 2 LPartG, 1314 Abs. 2 Nr. 2-4 BGB nur innerhalb eines Jahres nach Entdeckung des Irrtums oder der Täuschung oder mit Aufhören der Zwangslage gestellt werden kann. Grundsätzlich gilt für die Lebenspartnerschaft hier das Gleiche wie das für die Ehe Gesagte[686]. Jedoch besteht bei der Lebenspartnerschaft kein so dringendes Bedürfnis, die Antragsfrist im Fall der widerrechtlichen Drohung auszuweiten, da eine „Zwangspartnerschaft" aus traditionellen oder religiösen Motiven nicht vorkommt.

3. Prozesskosten

Bei der Aufhebung der Lebenspartnerschaft sind die Prozesskosten gem. § 93 a Abs. 5, Abs. 1 und 2 ZPO gegeneinander aufzuheben, es sei denn, es liegt ein in Abs. 2 genannter Ausnahmefall vor. § 93 a Abs. 5 ZPO erklärt lediglich die Absätze 1 und 2 für anwendbar und nicht etwa auch Abs. 3 S. 2, welcher es dem Gericht bei einer Eheaufhebung gestattet, nach billigem Ermessen die Kosten dem arglistig Täuschenden, widerrechtlich Drohenden oder Bösgläubigen aufzuerlegen. Der gutgläubige, getäuschte oder bedrohte Lebenspartner wird also schlechter behandelt als ein Ehegatte in der selben Situation.

4. Verbundszwang

Bei der Eheaufhebung besteht zwischen dem Aufhebungsverfahren und den Folgesachen *kein* Verbundszwang im Sinne der §§ 623, 629 ZPO. Anders ist dies bei der Aufhebung der Lebenspartnerschaft: Hier besteht in *allen* Fällen der Aufhebung ein Verbundszwang gem. §§ 661 Abs. 2, 661 Abs. 1 Nr. 1, 623 ZPO. Denn § 661 Abs. 1 Nr. 1 ZPO spricht allgemein von Aufhebung und differenziert nicht zwischen einer Aufhebung gem. § 15 Abs. 2 S. 1 und 2 LPartG. Somit besteht bei der Aufhebung der Lebenspartnerschaft wegen Willensmangels,

---

685 Siehe S. 113 f.
686 Siehe S. 114 ff.

anders als bei der Aufhebung der Ehe, Verbundszwang. Gründe für diese Ungleichbehandlung sind nicht ersichtlich.

VI. Rechtsfolgen

1. Einführung

Die Rechtsfolgen der Aufhebung regeln die §§ 16-20 LPartG. Das Gesetz differenziert auf der Rechtsfolgenseite nicht zwischen einer mit der Ehescheidung vergleichbaren Aufhebung gem. § 15 Abs. 2 S. 1 LPartG und einer Aufhebung aufgrund eines Willensmangels gem. § 15 Abs. 2 S. 2 LPartG; die §§ 16 ff. LPartG sind auf alle Arten der Aufhebung anwendbar.

2. Textgeschichte

Bis zur Reform des Lebenspartnerschaftsrechts im Jahr 2005 bestand auf der Rechtsfolgenseite eine Differenzierung zwischen der Aufhebung gem. § 15 LPartG a. F. (Lebenspartner wollen Partnerschaft nicht weiter fortsetzen) und der Anfechtung aufgrund eines Willensmangels. Die Rechtsfolgen der Aufhebung regelten die §§ 16-19 LPartG a. F., die Folgen der Anfechtung legte das LPartG nicht fest. Eine erfolgreich angefochtene Lebenspartnerschaft führte zur Nichtigkeit mit Ex-tunc-Wirkung gem. § 142 Abs. 1 BGB. Die herrschende Meinung wandte auf die Rückabwicklung des angefochtenen Lebenspartnerschaftsvertrags die Regeln über das fehlerhafte Dauerschuldverhältnis[687] an, sodass die gelebte Gemeinschaft nicht völlig ignoriert wurde. Mit der Reform im Jahr 2005 fand eine grundlegende Änderung des Systems der Aufhebung statt.

3. Nachpartnerschaftlicher Unterhalt, § 16 LPartG

Der Gesetzgeber reformierte im Rahmen des Gesetzes zur Überarbeitung des Lebenspartnerschaftsrechts § 16 LPartG und glich den nachpartnerschaftlichen Unterhaltsanspruch größtenteils dem nachehelichen Unterhaltsanspruch an. § 16 LPartG erklärt die §§ 1570 bis 1581 und 1583 bis 1586 b BGB für anwendbar. Unterschiede bestehen nur bezüglich des Rangverhältnisses mehrerer Unterhaltsbedürftiger. Statt auf § 1582 BGB zu verweisen, regelt § 16 Abs. 2 LPartG das Rangverhältnis für die Lebenspartnerschaft speziell. § 16 Abs. 2 LPartG entspricht § 16 Abs. 3 LPartG a. F. Bei der Lebenspartnerschaft werden gem. § 16 Abs. 2 LPartG im Fall des § 1581 BGB (Mangelfall) als Erstes die Unterhaltsansprüche der minderjährigen, unverheirateten Kinder sowie der unverheirateten Kinder bis zur Vollendung des 21. Lebensjahrs, welche noch im Haushalt der Eltern oder eines Elternteils leben und sich in der allgemeinen Schulausbildung

---

[687] *Battes*, FuR 2002, 49, 54; *Lipp*, StAZ 2002, 354, 358; *Rieger*, FamRZ 2001, 1497, 1502; *Muscheler*, Lebenspartnerschaft, Rn. 207 ff.; Hk-LPartR/*Kemper*, 1. Aufl., § 1 Rn. 58; MünchKomm/*Wacke*, § 1 LPartG Rn. 18.

befinden (privilegierte Kinder), und des früheren oder aktuellen (wenn nicht gegenüber einem früheren Ehegatten nach § 1582 BGB nachrangig) Ehegatten befriedigt. Dann folgen die Ansprüche des *ehemaligen* Lebenspartners, und, sind diese befriedigt, die des *aktuellen* Lebenspartners und der übrigen Verwandten[688].

Die Angleichung des Unterhaltsrechts an die Ehe ist zunächst einmal begrüßenswert. Jedoch zieht der Gesetzgeber im Mangelfall den aktuellen und ehemaligen Ehegatten dem ehemaligen und aktuellen Lebenspartner vor. Der ehemalige Ehegatte steht, anders als der ehemalige Lebenspartner, den privilegierten Kindern gleich[689]. Der Unterhaltsverpflichtete kann durch Eingehung einer Ehe den Unterhaltsanspruch des ehemaligen Lebenspartners verkürzen oder vollkommen entwerten[690]. Die Eltern-Kind-Beziehung sowie die Beziehung zwischen aktuellen und geschiedenen Ehegatten bewertet das Gesetz also höher als die Beziehung zwischen Lebenspartnern. Der Grund hierfür mag darin liegen, dass der besondere Schutz des Art. 6 Abs. 1 GG nur der Ehe und Familie zukommt[691]. Diese Ungleichbehandlung der Lebenspartnerschaft gegenüber der Ehe ist verfassungsrechtlich nicht geboten, aber dennoch erlaubt: Das Bundesverfassungsgericht entschied im Jahr 2002, dass es aus verfassungsrechtlichen Gründen nicht erforderlich sei, gleichgeschlechtliche Partnerschaften mit weniger Rechten als die Ehe auszustatten, Art. 6 Abs. 1 GG es aber erlaube, die Ehe gegenüber der Lebenspartnerschaft bevorzugt zu behandeln[692]. Diese Diskriminierung der Lebenspartnerschaft ist also hinzunehmen, weil durch Art. 6 Abs. 1 GG gerechtfertigt. Eine Gleichbehandlung mit der Ehe wäre jedoch wünschenswert. Es ist zu hoffen, dass der Gesetzgeber die Rangverhältnisse, wie angekündigt und als Begründung für die Beibehaltung der alten Rechtslage angeführt,[693] im Rahmen der bevorstehenden Unterhaltsreform tatsächlich überarbeitet.

4. Unterhalt wegen Pflege und Erziehung eines gemeinschaftlichen Kindes

In Bezug auf den nachpartnerschaftlichen Unterhalt wegen Pflege und Erziehung eines gemeinschaftlichen Kindes (möglich durch eine Stiefkindadoption gem. § 9 Abs. 7 LPartG) bestehen keine Unterschiede zur Ehe. Zu beachten ist, dass nach der aktuellen Rechtslage sogar der nachpartnerschaftliche Unterhaltsanspruch des das gemeinsame Kind betreuenden Lebenspartners im Mangelfall

---

688 Umfassende Darstellung bei *Muscheler*, Lebenspartnerschaft, Rn. 607.

689 Der geschiedene Ehegatte steht, obwohl in § 1609 Abs. 2 S. 1 BGB nicht ausdrücklich erwähnt, den privilegierten Kindern gleich, *Muscheler*, Familienrecht, Rn. 442.

690 Hk-LPartR/*Kemper*, § 16 Rn. 190.

691 Die Lebenspartnerschaft fällt nicht unter den Begriff der Ehe, *BVerfGE* 105, 131, 342. A. A. *Möller*, DÖV 2005, 64, 70.

692 *BVerfGE* 105, 313, 348.

693 BT-Drucks. 15/3445, S. 16.

dem Unterhaltsanspruch des aktuellen oder ehemaligen Ehegattens, auch wenn dieser kein Kind zu betreuen hat, gem. § 16 Abs. 2 LPartG nachrangig ist[694].

5. Zugewinn- und Versorgungsausgleich

§ 6 LPartG erklärt § 1363 Abs. 2 und die §§ 1364 bis 1390 BGB für anwendbar, bezüglich des Güterstands bestehen zwischen der Ehe und Lebenspartnerschaft keine Unterschiede mehr. Seit der Reform von 2005 ist auch eine Erklärung über den Vermögensstand vor Begründung der Lebenspartnerschaft (§ 6 LPartG a. F.) nicht mehr erforderlich, die Lebenspartner leben gem. § 6 LPartG im Güterstand der Zugewinngemeinschaft, wenn sie nichts anderes vereinbart haben. Nach Beendigung der Lebenspartnerschaft wird die Zugewinngemeinschaft gem. § 6 LPartG, §§ 1371 ff. BGB abgewickelt.

Den Versorgungsausgleich regelt der 2005 neu eingefügte § 20 LPartG. Zuvor fand ein Versorgungsausgleich zwischen den Lebenspartnern nicht statt. Diese Neuregelung stellt in der Praxis eine der wichtigsten Änderungen des Lebenspartnerschaftsrechts dar[695]. § 20 Abs. 4 LPartG verweist auf die §§ 1587 a bis 1587 p BGB. Inhaltliche Unterschiede zwischen dem Versorgungsausgleich nach Beendigung der Ehe und Beendigung der Lebenspartnerschaft bestehen nicht.

6. Hausrat

Die Verteilung des Hausrats und die Zuweisung der gemeinsamen Wohnung ist in den §§ 17-19 LPartG geregelt, laut § 18 Abs. 3 LPartG sind die §§ 3 bis 7 HausratsVO anwendbar. Die §§ 17-19 LPartG wurden durch die Reform von 2005 nicht geändert. Die Regelungen sind denen der Ehe nachgebildet und stimmen teilweise mit ihnen überein. Gewichtige Unterschiede bestehen nicht.

7. Erbrecht

Das Erbrecht der Lebenspartner regelt § 10 LPartG. Gem. § 10 Abs. 3 LPartG ist das Erbrecht des überlebenden Lebenspartners ausgeschlossen, wenn zur Zeit des Todes des Erblassers die Voraussetzungen für die Aufhebung der Lebenspartnerschaft gem. § 15 Abs. 2 Nr. 1 oder 2 LPartG gegeben waren und der Erblasser die Aufhebung bereits beantragt oder ihr zugestimmt hatte (Nr. 1) oder der Erblasser einen Antrag nach § 15 Abs. 2 Nr. 3 LPartG gestellt hatte und dieser Antrag begründet war (Nr. 2). § 10 Abs. 3 LPartG ist die Parallelnorm zu § 1933 BGB. Im Rahmen der Reform modifizierte der Gesetzgeber § 10 Abs. 7 LPartG, welcher § 2077 BGB nun auch für Verlobte für anwendbar erklärt.

---

694 *Muscheler*, Lebenspartnerschaft, Rn. 608.

695 So auch *Wellenhofer-Klein*, NJW 2005, 705, 709; Hk-LPartR/*Kemper*, § 20 Rn. 1.

a) § 10 Abs. 3 LPartG

Bei § 10 Abs. 3 LPartG bestehen zum einen dieselben Probleme wie bei § 1933 BGB: Das Erbrecht entfällt nur, wenn der *Erblasser*, nicht wenn der *Erbe* die Aufhebung beantragt oder ihr zugestimmt hat. Es liegt ein Verstoß gegen das Gegenseitigkeitsprinzip vor[696]. Zum anderen zeigt schon der Wortlaut der Norm, dass der Gesetzgeber § 10 LPartG nicht an die überarbeitete Fassung des § 15 LPartG angepasst hat, wodurch weitere Unstimmigkeiten entstehen. § 10 Abs. 3 LPartG verweist auf „§ 15 Abs. 2 Nr. 1 oder 2" und auf „§ 15 Abs. 2 Nr. 3". Diese Verweisung war bis zur Reform korrekt, nach der Reform und der Einführung des § 15 Abs. 2 *S. 2* LPartG müsste die Norm eigentlich auf „§ 15 Abs. 2 *S. 1* Nr. 1 oder 2" und „§ 15 Abs. 2 *S. 1* Nr. 3" verweisen.

§ 10 Abs. 3 LPartG verweist auch nicht auf die Fälle des § 15 Abs. 2 S. 2 LPartG. Hat der Erblasser einen Antrag auf Aufhebung der Lebenspartnerschaft wegen Willensmangels im Sinne des § 1314 Abs. 2 Nr. 1-4 BGB gestellt und verstirbt er kurz vor der Verkündung des Aufhebungsurteils, so bleibt der Lebenspartner erbberechtigt. Hätte er hingegen einen Antrag auf Aufhebung gem. § 15 Abs. 2 S. 1 LPartG gestellt und wäre dieser Antrag begründet gewesen, so würde das Erbrecht entfallen[697]. Der Partner, der die Lebenspartnerschaft aufheben lassen möchte, weil er beispielsweise zur Eingehung durch widerrechtliche Drohung gezwungen worden ist, wird auf der Rechtfolgenseite in diesem Punkt grundlos schlechter behandelt als ein Partner, der die Partnerschaft aus sonstigen Gründen aufheben lassen möchte.

Besonders fragwürdig stellt sich diese Ungleichbehandlung dar, wenn man § 10 Abs. 5 LPartG mit in die Betrachtung einbezieht, der da lautet: „Auf eine letztwillige Verfügung, durch die der Erblasser seinen Lebenspartner bedacht hat, ist § 2077 des Bürgerlichen Gesetzbuchs entsprechend anzuwenden." § 2077 Abs. 1 S. 3 BGB erklärt eine letztwillige Verfügung, durch die der Erblasser seinen Ehegatten bedacht hat, für unwirksam, wenn der Erblasser zur Zeit seines Todes berechtigt war, die Scheidung oder *Aufhebung der Ehe* zu beantragen, und den Antrag gestellt hat. § 2077 BGB ist für letztwillige Verfügungen die Parallelnorm zu § 1933 BGB beziehungsweise § 10 Abs. 3 LPartG und bezieht sich auf *alle* Fälle der Aufhebung. Sie schließt die Fälle der Aufhebung wegen Willensmangels nicht aus. Eine Differenzierung zwischen der Aufhebung gem. § 15 Abs. 2 S. 1 und 2 LPartG findet hier, anders als bei § 10 Abs. 3 LPartG, nicht statt.

Möglicherweise könnte man § 10 Abs. 3 LPartG in den Fällen des § 15 Abs. 2 S. 2 LPartG analog anwenden: Der falsche Verweis in § 10 Abs. 3 S. 1 Nr. 1 und 2 LPartG zeigt, dass der Gesetzgeber an dieser Stelle die Einführung des § 15 Abs. 2 S. 2 LPartG übersehen hat, eine planwidrige Regelungslücke liegt

---

696 Siehe S. 125 ff.

697 Vgl. *Muscheler*, Familienrecht, Rn. 853.

also vor. Die Interessen desjenigen, der die Lebenspartnerschaft gem. § 15 Abs. 2 S. 1 LPartG, und desjenigen, der sie nach Satz 2 aufheben lässt, sind auch vergleichbar. Beide möchten, dass ihr Lebenspartner nach dem „Scheitern" der Partnerschaft nicht mehr erbt. § 10 Abs. 5 LPartG, § 2077 BGB behandeln die beiden Fälle der Aufhebung ebenfalls gleich. Die schlechtere Behandlung desjenigen, der bei Eingehung der Lebenspartnerschaft einem Willensmangel unterlag, ist nicht gerechtfertig und § 10 Abs. 3 LPartG auf die Fälle des § 15 Abs. 2 S. 2 LPartG entsprechend anzuwenden.

b) § 1318 Abs. 5 BGB

Anders als bei einer aufhebbaren Ehe gem. § 1314 Abs. 2 Nr. 1 BGB findet bei einer aufhebbaren Lebenspartnerschaft gem. § 15 Abs. 2 S. 2 LPartG, § 1314 Abs. 2 Nr. 1 BGB kein Ausschluss des Erbrechts nach § 1318 Abs. 5 BGB statt[698]. Wie eingangs erwähnt, differenziert das LPartG nicht wie das BGB auf der Rechtsfolgenseite zwischen den verschiedenen Aufhebungsgründen.

8. Personenrechtliche Folgen

Der fehlende Verweis in § 15 Abs. 2 S. 2 LPartG auf § 1318 BGB wirkt sich auch auf die personenrechtlichen Folgen der Aufhebung aus.

a) Lebenspartnerschaftsname

Gem. § 3 Abs. 1 S. 1 LPartG können die Lebenspartner einen gemeinsamen Lebenspartnerschaftsnamen bestimmen, welcher nach *Beendigung* der Lebenspartnerschaft gem. § 3 Abs. 3 S. 1 LPartG weitergeführt werden darf. In diesem Punkt wirkt sich die fehlende Verweisung in § 15 Abs. 2 S. 2 LPartG auf § 1318 BGB positiv zugunsten des Lebenspartners aus, der den angenommenen Lebenspartnerschaftsnamen behalten möchte. § 1318 BGB erklärt nämlich nur die in Abs. 2-5 genannten *vermögensrechtlichen* Folgen und somit im Umkehrschluss nicht die *personenrechtlichen* Folgen der Scheidung für anwendbar[699], mit der Folge, dass § 1355 Abs. 5 BGB nicht anwendbar ist und der Ehegatte den angenommenen Ehenamen grundsätzlich ablegen muss[700]. § 1355 Abs. 5 BGB erlaubt es auch nur dem geschiedenen und verwitweten Ehegatten, den Ehenamen weiterzuführen. § 3 Abs. 3 S. 1 LPartG hingegen spricht von Beibehaltung des Lebenspartnerschaftsnamens nach „*Beendigung*" der Lebenspartnerschaft, worunter Tod und Aufhebung gleichermaßen zu verstehen sind[701]. Eine Differenzierung zwischen den verschiedenen Aufhebungsgründen findet nicht

---

698 Vgl. *Muscheler*, Familienrecht, Rn. 853.

699 Siehe S. 135 ff., speziell Fn. 548.

700 Nach der hier vertretenen Ansicht darf sich der gutgläubige, getäuschte oder bedrohte Ehegatte jedoch auf eine analoge Anwendung des § 1355 Abs. 5 BGB berufen, siehe S. 135 ff.

701 Hk-LPartR/*Kemper*, § 3 Rn. 16.

statt. Der Lebenspartnerschaftsname muss also nach erfolgter Aufhebung gem. § 15 Abs. 2 S. 2 LPartG nicht abgelegt werden. Das heißt, auch der Lebenspartner, der seinen Partner zur Eingehung der Lebenspartnerschaft durch Täuschung oder Drohung bewegt hat, darf den angenommenen Namen behalten. Ein Anspruch des getäuschten oder bedrohten Ehegatten gegen den anderen auf Ablegung des Partnerschaftsnamens dürfte – wie bei der Eheaufhebung bis zur Reform im Jahr 1998[702] – nur unter dem Gesichtspunkt des Rechtsmissbrauchs in krassen Einzelfällen gegeben sein.

b) Auswirkungen auf das Eltern-Kindverhältnis

Wie die Aufhebung der Ehe berührt die Aufhebung der Lebenspartnerschaft das Eltern-Kind-Verhältnis grundsätzlich nicht[703]. Auch die Stiefkindadoption, § 9 Abs. 7 LPartG, kann nach Aufhebung der Lebenspartnerschaft nur nach den strengen Regeln der §§ 1760 ff. BGB aufgehoben werden.

9. Ergebnis: Regelung der Rechtsfolgen

Die Regelung der Rechtsfolgen der Aufhebung, §§ 16-20 LPartG, beziehen sich sowohl auf die Aufhebung wegen Willensmangels als auch auf die Aufhebung wegen „Scheiterns" der Partnerschaft. Eine Verweisung in § 15 Abs. 2 S. 2 LPartG auf § 1318 BGB wäre zwar zu erwarten gewesen, findet sich jedoch nicht in der Norm. An dieser Stelle wird die missglückte Wahl des Begriffs „Aufhebung" als Äquivalent zur Scheidung besonders deutlich und zeigt seine Auswirkungen: Anders als bei der Ehe differenziert der Gesetzgeber nicht zwischen Scheidung und Aufhebung, sondern vereinigt beide Institute zum Institut der Aufhebung mit einheitlichen Rechtsfolgen. Diese sind, wie gerade gezeigt, denen der Scheidung sehr ähnlich. Die Unterhalts-, Zugewinn- und Versorgungsausgleichsansprüche des bösgläubigen, täuschenden oder drohenden Lebenspartners entfallen, wie auch beim Ehegatten, nicht ipso iure gem. § 1318 BGB. Ein Ausschluss dieser Ansprüche ist nur über die Härteklauseln[704] der §§ 1579, 1587 c und h, 1381 BGB möglich[705]. Letztendlich liegt die Entscheidung über den vollkommenen oder anteiligen Ausschluss im Ermessen des Richters. Die Regelung der Aufhebungsfolgen ist in diesem Punkt missglückt[706].

---

702 *BGH* NJW-RR 2005, 1521 f.

703 Siehe S. 137.

704 Siehe S. 142 ff.

705 Vgl. *Wellenhofer-Klein,* NJW 2005, 705, 708.

706 Ebenfalls kritisch *v. Dickhuth-Harrach,* FPR 2005, 273, 277; *Finger,* MDR 2005, 121 f.; *Kaiser,* StAZ 2006, 65 f.; *Stüber,* FamRZ 2005, 574, 576; *Walter,* MittBayNot 2005, 193, 195; *Wellenhofer-Klein,* NJW 2005, 705, 708; Hk-LPartR/*Stüber,* Einf., Rn. 52. Stimmen, welche der Regelung der Rechtsfolgen zustimmen, finden sich in der Literatur nicht.

Durch den fehlenden Verweis in § 15 Abs. 2 S. 2 LPartG auf § 1318 BGB kommt eine Anwendung des § 1318 Abs. 5 BGB, welcher den Ausschluss des Erbrechts u. a. im Falle des § 1318 Abs. 2 Nr. 1 BGB anordnet, ebenfalls nicht in Betracht. In diesem Punkt kann auch über eine Härteklausel nicht ein mit der Ehe vergleichbares Ergebnis erzielt werden. Ehe und Lebenspartnerschaft werden ungleich behandelt. In § 10 Abs. 3 LPartG fehlt wahrscheinlich unbeabsichtigt eine Regelung für die Fälle des § 15 Abs. 2 S. 2 LPartG, eine analoge Anwendung der Norm ist hier möglich.

Der täuschende, drohende und bösgläubige Lebenspartner wird auf der Rechtsfolgenseite sowie bei der Aufteilung der Prozesskosten (§ 93 a Abs. 5, 1, 2 ZPO[707]) wie jeder andere Lebenspartner nach Aufhebung der Partnerschaft behandelt, sein Fehlverhalten wird grundsätzlich nicht sanktioniert. Das Gesetz behandelt ihn besser als einen Ehegatten nach erfolgter Aufhebung der Ehe wegen eines Willensmangels.

Der Grund für diese Besserstellung kann nicht darin zu sehen sein, dass der Gesetzgeber die nachpartnerschaftliche Solidarität höher bewertet als die nacheheliche, da er zum einen beim nachpartnerschaftlichen Unterhalt im Mangelfall den aktuellen und ehemaligen Ehegatten als Unterhaltsgläubiger immer dem Lebenspartner vorzieht[708]. Zum anderen missachtet er in den Fällen des § 1 Abs. 2 LPartG die nachpartnerschaftliche Solidarität vollkommen, indem er bei einem Verstoß gegen eine Partnerschaftseingehungsvoraussetzung die Nichtigkeit mit Ex-tunc-Wirkung statt, wie bei der Ehe, Aufhebbarkeit mit Ex-nunc-Wirkung anordnet.

Ein *sachlicher* Grund für die Besserbehandlung des täuschenden, drohenden oder bösgläubigen Lebenspartners ist nicht ersichtlich. Wahrscheinlich wollte der Gesetzgeber für die wenigen Fälle des Willensmangels keine speziellen Rechtsfolgen festlegen, weshalb beim fehlenden Verweis in § 15 Abs. 2 S. 2 LPartG auf § 1318 BGB auch nicht von einer *planwidrigen* Regelungslücke auszugehen ist und eine analoge Anwendung dieser Norm nicht in Frage kommt[709].

VII. Ergebnis: Beurteilung der Reform und Reformbedarf

1. Beurteilung der Reform

Das Lebenspartnerschaftsgesetz in seiner aktuellen Fassung weist bezüglich der Aufhebung wegen Willensmangels und der Regelung der Rechtsfolgen zahlrei-

---

[707] Siehe S. 172.

[708] Siehe S. 173 f.

[709] *Wellenhofer-Klein*, NJW 2005, 705, 708 befürwortet eine analoge Anwendung des § 1318 Abs. 2 BGB für den Fall, dass über die Härterklausel kein gerechter Ausgleich erzielt werden kann.

che Mängel und Unklarheiten auf: Der Begriff Aufhebung wird sowohl für die mit der Scheidung vergleichbaren Fälle als auch für die sonstigen Fälle der Auflösung der Lebenspartnerschaft verwendet. Die aus dem Eherecht bekannten Kategorien der Auflösung werden aufgegeben, was zu Verwirrungen auf der Rechtsfolgenseite führt. Der Verstoß gegen eine Begründungsvoraussetzung führt nicht zur Aufhebbarkeit, sondern zur Nichtigkeit der Partnerschaft. Die Scheinpartnerschaft ist mit Ex-tunc-Wirkung nichtig. Anders als bei der Ehe besteht keine nachträgliche Heilungsmöglichkeit. Des Weiteren ist unklar, ob ein Rückgriff auf die allgemeinen Regeln und Anfechtungsgründe noch wie vor der Reform im Jahr 2005 möglich ist und wem im Fall des § 15 Abs. 2 S. 2 LPartG, § 1314 Abs. 2 Nr. 1 BGB das Recht, die Aufhebung der Lebenspartnerschaft zu beantragen, zusteht. Diese Mängel und Unklarheiten zeigen, dass die Lebenspartnerschaft von einer Gleichbehandlung mit der Ehe noch weit entfernt ist und dringender Reformbedarf besteht. Die Reform von 2005 war nur eine halbherzige, welche viele neue Probleme mit sich gebracht hat.

2. Reformbedarf

Nun gibt es zwei Möglichkeiten, diese Mängel und Unklarheiten zu beseitigen. Entweder man „flickt“ das Lebenspartnerschaftsgesetz provisorisch und beseitigt die gröbsten Mängel. Hierzu dürften, bezogen auf die Aufhebung wegen Willensmangels, die fehlende Verweisung in § 10 Abs. 3 S. 1 auf § 15 Abs. 2 S. 2 LPartG, die Bestimmung des Antragsrechts im Fall des § 1314 Abs. 2 Nr. 1 BGB, die fehlende Verweisung in § 15 Abs. 2 S. 2 LPartG auf § 1318 BGB sowie die fehlende Verweisung in § 93 a Abs. 5 ZPO auf Abs. 3 S. 2 zählen. Die andere Möglichkeit liegt in der vollständigen Angleichung der Lebenspartnerschaft an die Ehe. Die Entscheidung für die eine oder andere Möglichkeit ist eine politische. Rechtlich möglich und mit unserer Verfassung vereinbar sind beide, da das Bundesverfassungsgericht in seiner Entscheidung aus dem Jahr 2002 feststellte, dass die Lebenspartnerschaft gegenüber der Ehe nicht einen gewissen Abstand einhalten müsse (Abstandsgebot)[710], sie ihr rechtlich also gleichgestellt werden dürfe. Jedoch sei eine Gleichbehandlung der Lebenspartnerschaft mit der Ehe aufgrund von Art. 3 Abs. 1 GG nicht erforderlich, da Ehe und Familie durch Art. 6 Abs. 1 GG besonders geschützt werden und dieser die Ungleichbehandlung rechtfertige[711].

Eine Entscheidung für die erste Möglichkeit, die Beseitigung der gröbsten Mängel und Beibehaltung des bisherigen Systems der Aufhebung, wäre ein

[710] *BVerfGE* 105, 313, 321.

[711] *BVerfGE* 105, 313. 348. Auf diese Entscheidung bezog sich auch jungst der *BGH* in seinem Urteil vom 14.2.2007 – IV ZR 267/04, in dem er feststellte, dass ein im öffentlichen Dienst Beschäftigter und in einer Lebenspartnerschaft lebender Mann bezüglich der Rentenanwartschaften und Hinterbliebenenrente schlechter als ein Ehegatte behandelt werden darf. Die Ehe dürfe im Hinblick auf Fortpflanzung und Erziehung bevorzugt werden.

Schritt in die richtige Richtung und würde für Rechtssicherheit sorgen. Die problematische Systematik der Eheaufhebung, die falsch gewählten Begrifflichkeiten, die Missachtung der gelebten Gemeinschaft im Fall des Verstoßes gegen eine Begründungsvoraussetzung und die über die Problematik der Aufhebung hinausgehende Schlechterbehandlung der Lebenspartnerschaft gegenüber der Ehe würden jedoch bestehen bleiben. Wünschenswert wäre zumindest in Hinblick auf die Aufhebung der Lebenspartnerschaft eine Gleichstellung der Lebenspartnerschaft mit der Ehe, da sich zum einen im Eherecht die Differenzierung zwischen Scheidung und Aufhebung bewährt hat. Von einer Abschaffung der Eheaufhebung ist abzuraten[712]. Zum anderen wäre eine rechtliche Gleichbehandlung der Ehe und Lebenspartnerschaft angemessen. Mit Eingehung der Ehe und Begründung der Lebenspartnerschaft entscheiden sich die Partner, ein Leben lang für den anderen Partner soziale und finanzielle Verantwortung zu übernehmen. Beide Lebensformen verfolgen ein ähnliches Ziel, nämlich dem Partner Sicherheit und Rückhalt zu geben, auch um, wenn gewollt und möglich, Kinder zu bekommen oder zu erziehen. Eine rechtliche Gleichbehandlung wäre darum langfristig wünschenswert.

3. Reformbemühungen des Gesetzgebers

Bestrebungen, das Lebenspartnerschaftsrecht zu reformieren, bestehen seitens des Gesetzgebers jedoch nicht. Jüngst haben Bündnis 90/ Die Grünen den Entwurf eines Lebenspartnerschaftsgesetzergänzungsgesetzes (LPartG ErgG)[713] in den Bundestag eingebracht. Dieses sieht eine Gleichstellung im Erbschaft-, Einkommen- und Schenkungssteuerrechts vor sowie die Einführung der bundesweiten Zuständigkeit der Standesbeamten für die Begründung der Lebenspartnerschaft. Eine Reformierung der Aufhebung sieht das Gesetz nicht vor. Es ist unwahrscheinlich, dass dieses Gesetz im Bundestag eine Mehrheit findet.

Auf die Frage, ob die Bundesregierung eine Überarbeitung oder Ergänzung des Lebenspartnerschaftsgesetzes plane, welche einige Abgeordnete und die FDP-Fraktion im Rahmen der Kleinen Anfrage zur Reform des Lebenspartnerschaftsgesetzes[714] stellten, antwortete die Bundesregierung, sie prüfe den gesetzgeberischen Handlungsbedarf mit der gebotenen Sorgfalt. Bezüglich der Auflösung der Lebenspartnerschaft bestehe jedoch kein Handlungsbedarf für den Gesetzgeber[715]. Auf eine Reformierung des Lebenspartnerschaftsgesetzes wird also noch lange zu warten sein.

---

712 Siehe S. 138 ff.
713 BT-Drucks. 16/3423.
714 BT-Drucks. 16/420.
715 BT-Drucks. 16/534, S. 2.

D. Schlussbemerkung

Wie im ersten Teil der Arbeit gezeigt, sollte das System der Eheaufhebung beibehalten und sollten die Aufhebungsgründe nicht etwa zu speziellen Scheidungsgründen gemacht werden[716]. Jedoch beinhalten die Regelungen über die Aufhebung der Ehe einige Mängel und Unklarheiten: Die Formulierung des § 1314 Abs. 2 Nr. 3 BGB ist zwar verfassungsgemäß, jedoch unzeitgemäß und unklar, da das „Wesen der Ehe" heute nicht mehr eindeutig bestimmbar ist[717]. Das geplante Zwangsheirat-Bekämpfungsgesetz sollte der Gesetzgeber endlich realisieren. Jedoch ist zu empfehlen, vom Ausschluss des Unterhaltsanspruchs des nicht drohenden Ehegatten bei Unkenntnis der Drohung durch Dritte abzusehen[718]. Durch die Realisierung des Zwangsheirat-Bekämpfungsgesetzes würde auch eine notwendige Korrektur des § 1318 Abs. 5 BGB stattfinden: Der Gesetzentwurf sieht vor, eine Heilungsmöglichkeit in § 1318 Abs. 5 BGB aufzunehmen. Diese Korrektur ist zwingend notwendig, da die Norm in ihrer jetzigen Fassung dem System der Eheaufhebung widerspricht[719]. Des Weiteren sollte das Erbrecht des bösgläubigen Ehegatten nicht nur in den Fällen des § 1314 Abs. 1 BGB, sondern auch in allen Fällen des Abs. 2 gem. § 1318 Abs. 5 BGB ausgeschlossen werden[720]. Völlig widersprüchlich ist die Beziehung zwischen § 1933 S. 3 und § 1318 Abs. 2 BGB. Dieser Widerspruch könnte durch die von *Dieckmann* vorgeschlagene Wortlautänderung des § 1933 S. 3 BGB („..., bei einem Erbrechtsverlust gem. § 1933 S. 2 aber nur gem. § 1318 Abs. 1, 2 und nur, sofern das Erbrecht des Ehegatten nicht bereits gem. § 1318 Abs. 5 beziehungsweise § 1933 S. 4 BGB entfallen ist") aufgelöst werden[721]. Bezüglich § 1933 und § 2077 BGB ist dem Lösungsvorschlag *Battes* zu folgen: Das Erbrecht des Ehegatten sollte entfallen beziehungsweise die letztwillige Verfügung unwirksam sein, wenn *ein* Ehegatte die Aufhebung der Ehe (oder Scheidung) beantragt hat[722].

Das LPartG weist bezüglich der Aufhebung der Lebenspartnerschaft wegen Willensmangels einige Fehler auf. Zudem findet eine Gleichbehandlung der Lebenspartnerschaft mit der Ehe nicht statt. Der Gesetzgeber sollte die fehlerhafte Verweisung in § 10 Abs. 3 LPartG auf § 15 Abs. 2 [S. 1] Nr. 1, 2 oder 3 LPartG korrigieren[723] und im Fall des § 15 Abs. 2 S. 2 HS. 2 LPartG auch auf § 1316 Abs. 1 Nr. 1 BGB verweisen[724]. Des Weiteren sollte er die fehlende Verweisung

[716] Siehe S. 138 ff., 150 f.
[717] Siehe S. 75 ff., 82 ff.
[718] Siehe S. 121.
[719] Siehe S. 132 f.
[720] Siehe S. 132.
[721] Siehe S. 134.
[722] Siehe S. 134 f.
[723] Siehe S. 176 ff.
[724] Siehe S. 171 f.

in § 93 a Abs. 5 ZPO auf § 93 a Abs. 3 S. 2 ZPO[725], die fehlende Verweisung in § 15 Abs. 2 S. 2 LPartG auf § 1318 BGB[726] und die fehlende Verweisung in § 10 Abs. 3 S. 1 auf § 15 Abs. 2 S. 2 LPartG[727] in die entsprechenden Normen einfügen.

Das Modell der Aufhebung der Lebenspartnerschaft ist kein Zukunftsmodell für die Aufhebung der Ehe. Eine Angleichung der Aufhebung der Lebenspartnerschaft an das bewährte Ehescheidungs- und Eheaufhebungsrecht ist zu empfehlen, da nur so Ehe und Lebenspartnerschaft angemessen geschützt werden können. Darüber hinaus wäre eine völlige Gleichstellung von Ehe und Lebenspartnerschaft wünschenswert.

---

725 Siehe S. 172.
726 Siehe S. 178 f.
727 Siehe S. 176 f.

Kolibri 360 GmbH
Ferdinand-Jühlke-Straße 7
99095 Erfurt, Deutschland
produktsicherheit@kolibri360.de

Druck:
CPI Druckdienstleistungen GmbH
im Auftrag der
Kolibri 360 GmbH
Ferdinand-Jühlke-Str. 7
99095 Erfurt